Zweitausend Jahre Christentum

Band II, 2

Die Gegenwart

Ein Arbeitsbuch von

Martin Stupperich, Amrei Stupperich,
Jörg Ohlemacher

Vandenhoeck & Ruprecht · Göttingen

Das Schulbuchwerk »**Zweitausend Jahre Christentum**« besteht aus drei Bänden:

Band I Von der verfolgten Kirche bis zur Reformation
Band II,1 Das Zeitalter der Revolutionen
Band II,2 Die Gegenwart

Durch alle drei Bände lassen sich epochenübergreifende Themen und Problemstellungen verfolgen:

Epochenübergreifende Themen	Band I (Kapitel 1–17)	Band II, 1 (Kapitel 18–23)	Band II, 2 (Kapitel 24–31)
1. Christentum und Politik	6–8, 10–15, 17	20, 22	28, 30, 31
2. Christen und Juden	1, 2, 8	22	24, 25, 31
3. Verhältnis Kirche und Staat	1, 2, 5–7	20	24, 29, 31
4. Christentum und soziale Bewegungen	5, 12–14	20–23	25, 29, 30
5. Christentum und Entwicklung der Ethik	2, 7, 9, 10, 16	18	24, 26–30
6. Kirche und Krieg	2, 4–6, 8, 10, 14, 17	20, 22	24–27, 30
7. Papsttum und Katholizismus	2–7, 10–13, 15, 17	18, 20, 23	24, 26, 29–31
8. Mönchstum und Askese	2–4, 6, 7, 9, 10, 13, 17	20	28, 30, 31
9. Christentum und Kultur	1, 3, 5, 8, 9, 12, 13	18, 19, 21, 22	24, 29–31
10. Bekämpfung des Christentums	1, 2, 5, 8	19, 20, 22	24, 25, 31
11. Protestantisch-katholischer Gegensatz	15–17	18, 22, 23	27, 29
12. Auseinanderentwicklung von Ost- und Westkirche	2, 4, 5, 7		26, 31
13. Reformbewegung in den Kirchen	10, 12, 13, 17		26, 28
14. Mission	1, 4		27, 28, 30
15. Naherwartung, Weltende und Jüngstes Gericht	1, 3, 7–11, 13, 14	18	29, 31
16. Volksfrömmigkeit	2, 4–6, 8, 10, 11, 13, 14, 16, 17	19, 23	28–31
17. Christliche Lehrentwicklung	2, 3, 5, 13, 15–17	19, 23	24–27, 31

ISBN 3-525-77552-0

Printed in Germany.
Karthographie: M. und A. Hermes, Göttingen
Schrift: Times auf der Lasercomp (Monotype)
Gesamtherstellung: Universitätsdruckerei H. Stürtz AG, Würzburg

Inhalt

Erläuterungen der Abkürzungen für das Verzeichnis der **Jugend- und Sachbücher** am Ende jedes Kapitels:
Tb = Taschenbuch; Ju = Jugendbuch/Jugendroman.
Bei allen nicht näher bezeichneten Titeln handelt es sich um Sachbücher.

Vorwort

In diesem Band von »Zweitausend Jahre Christentum« geht es um die Gegenwart in etwas weiterem Sinne. Die Problemstellungen, die das 19. Jahrhundert der Kirche im 20. aufgegeben hat, werden ebenso miteinbezogen wie die weltweiten Zusammenhänge. Es zeigt sich, daß eine angemessene Urteilsbildung gerade im Blick auf die Gegenwartsfragen nur möglich ist, wenn man die geschichtlichen Voraussetzungen ausreichend miteinbezieht.

Fast zweitausend Jahre gibt es das Christentum in der Weltgeschichte. Was hat es gewollt, was hat es bewirkt? Und was ist überhaupt »Christentum«? Was verbirgt sich unter diesem Sammelbegriff? Sind es die orthodoxen Christen des Ostens, die Katholiken des Westens oder die Lutheraner in Deutschland oder die Reformierten in der Schweiz? Schon die Nennung dieser Gruppierungen zeigt an, daß »Christentum« eine sehr vielgestaltige Größe ist. Allein im Ökumenischen Rat der Kirchen sind mehr als dreihundert Kirchen zusammengeschlossen.
Die Frage drängt sich auf: Wie ist es zu so unterschiedlichen Ausprägungen gekommen? Wer diese Frage beantworten will, der muß sich auf die Geschichte einlassen, der bekommt es zu tun mit Politik, mit Herrschafts- und Abhängigkeitsverhältnissen, mit Kriegen und Katastrophen, mit Seuchen und Verfolgungen, ebenso auch mit technischer Fortentwicklung und menschlichen Begegnungen. Da Christen zu allen Zeiten die Ereignisse und Schicksale ihrer Zeitgenossen teilten, wird es wichtig sein, diese Lebensumstände und das Geschehen in einem bestimmten Zeitabschnitt sehr genau anzusehen, um zu erfahren, ob und wie die Christen auf die Herausforderung ihrer Zeit eine Antwort gefunden haben, die sich von den Antworten anderer unterschied.

Daher ist es ein Hauptanliegen des Arbeitsbuches »Zweitausend Jahre Christentum« die Frage zu untersuchen nach der

Abhängigkeit der Geschichte des Christentums von der allgemeinen Geschichte.

Nur wer die Bedingungen einer Zeit kennt, kann Antworten und Lösungsversuche, die auf Fragestellungen und Probleme gefunden wurden, auf ihre Angemessenheit hin beurteilen.
Nun ist das Christentum im Laufe seiner Geschichte geistig wie organisatorisch-institutionell auch zu einem Machtfaktor geworden. Päpste haben Kriege geführt, Kaiser gebannt, aber auch für die Einrichtung geistiger Zentren, die Errichtung von Schulen und wissenschaftlichen Bibliotheken gesorgt. Das Kirchenvolk war oft identisch mit dem nationalen Volk. Darum ist es das andere Interesse dieses Buches, der Frage nachzugehen,

wie das Christentum in die allgemeine Geschichte hineingewirkt hat.

Bei diesen Fragestellungen von Geschichte, Macht und geistigem Einfluß darf aber nicht vergessen werden, daß das Christentum nicht etwa nur als Gesamtgröße in Erscheinung getreten ist. Mindestens ebenso wichtig wie die Darstellung der großen Entwicklungslinien ist

die Frage nach der Haltung der einzelnen Christen und Gemeinden,

derer, die nicht in herrschaftlicher Stellung über viele entscheiden konnten. Wie hat die christliche Bevölkerung mit den Entscheidungen der Mächtigen gelebt, wie hat sie *ihr* Christentum verstanden?

Um den Umgang mit dem Buch zu erleichtern, folgen die Kapitel einem festen Aufbau. Er besteht aus drei Elementen:

1. **Die Übersichtstabelle:** Sie ermöglicht es, die Hauptereignisse eines Zeitabschnitts auf einen Blick zu überschauen.
Die wichtigsten Orientierungsdaten sind durch Fettdruck hervorgehoben. Mit Bedacht sind neben die Ereignisse aus der Geschichte des Christentums solche aus Politik, Wirtschaft, Kultur usw. gesetzt worden, damit von Anfang an die Zusammenhänge deutlich werden.

2. **Der Einführungstext:** In einer knapp gehaltenen Darstellung werden die Hauptprobleme einer Epoche in ihren Zusammenhängen benannt. Auch hier sind die wichtigsten Begriffe und Namen wieder durch Fettdruck hervorgehoben.

3. **Die Quellen:** Den größten Teil des Buches nehmen Quellenstücke ein, Texte und Bilder, Zeugnisse der Zeiten, zu denen wir keinen direkten Zugang mehr haben. Mit hinzu kommen Karten und Graphiken zur Verdeutlichung. Dieses Material soll eine selbständige Erarbeitung und Aneignung der wichtigsten Problemstellungen ermöglichen. Arbeitsaufträge sind als Vorschläge dazugegeben, um die sachgemäße Aufschlüsselung der Quellen zu gewährleisten und die Vielfalt der historischen Methoden einzuüben. Die Verbindung der Quellenstücke und ihre Einordnung in die sachlich gebotenen Zusammenhänge wird durch den Einführungstext geboten.

Bestimmte Fragestellungen hat es im Verlauf der Geschichte des Christentums immer wieder gegeben wie »das Verhältnis von Kirche und Staat«, »Christen und Juden«, »Christentum und soziale Bewegungen«. Eine Auswahl solcher Fragestellungen findet sich in der Überblickstabelle »Epochenübergreifende Themen« (s.S. 2). Das Buch ermöglicht also, bestimmten Fragestellungen und Strukturen von langer Dauer im Rahmen der Christentumsgeschichte, ihren Veränderungen im Detail, deren Ursachen sowie der zu erwartenden Zukunftsentwicklung auf die Spur zu kommen. Damit ist zugleich gesagt, daß der Gegenwartsbezug einer bestimmten Thematik nicht durch oberflächliche Parallelen, sondern durch den Nachweis gegeben ist, daß ein Problem über die Zeiten hin bedeutsam bleibt.
Die Anlage des Buches ermöglicht ein differenziertes Arbeiten. Jeder kann eigene Schwerpunkte setzen je nachdem, ob seine Interessen stärker bei der Geschichte der Frömmigkeit, der der Institutionen oder der Wechselwirkungen zwischen Staat und Kirche usw. liegen. Der Aufbau des Buches ermöglicht das persönliche Lesen und Durcharbeiten genauso wie die Gruppenarbeit.
Jedes Kapitel schließt mit einer *Auswahl von Jugendbüchern* und allgemeinverständlichen Sachbüchern, die die selbständige Weiterbeschäftigung mit den dargebotenen Themen ermöglichen.

Dieser Band ist Teil des Unterrichtswerkes »Zweitausend Jahre Christentum«. Wer die vorausgegangene Geschichte des Christentums verfolgen will, der findet die Informationen in den beiden Teilbänden:

I Von der verfolgten Kirche bis zur Reformation
II, 1 Das Zeitalter der Revolutionen.

Die Auswahl der epochenübergreifenden Themen umfaßt auch diese Bände. Jeder Teilband ist aber in sich abgeschlossen und unabhängig von den anderen zu benutzen.

Besonders zu danken ist Frau Dr. Eva-Maria Smolka, Hildesheim, für ihren kritischen Rat bei der Entstehung des Buches.

Die Verfasser

24. Das Christentum in der Zeit des Nationalsozialismus und des Zweiten Weltkrieges

Die Zeit im Überblick

Kirchengeschichte	Politische Geschichte
	1929–32 Weltwirtschaftskrise
	1932 6 Mill. Arbeitslose in Deutschland
1933 Reichskonkordat zwischen dem Deutschen Reich und dem Vatikan 1933 23. Juli, Mehrheit der Deutschen Christen bei Kirchenwahlen Gründung der »Deutschen Evangelischen Kirche«, Reichsbischof Ludwig Müller 6. September, Beschluß des sogenannten Arierparagraphen Oktober, Gründung des Pfarrernotbundes	1933 30. Januar, **Hitler wird Reichskanzler** Mai/Juni, Auflösung bzw. Verbot von Parteien und Gewerkschaften (KPD im März) Dezember, NSDAP wird (alleinige) Staatspartei
1934 Mai, **Barmer Bekenntnissynode**	1934 Juni/Juli, Ausschaltung der SA
1935 Einrichtung eines Reichsministeriums für kirchliche Angelegenheiten	
	1936 März, Einmarsch der Wehrmacht in das entmilitarisierte Rheinland
1937 Enzyklika Pius XI. »Mit brennender Sorge« Pfarrer Paul Schneider und Martin Niemöller inhaftiert	1938 9. November, Zerstörung von jüdischen Synagogen und Geschäften
	1939 1. September, Beginn des Zweiten Weltkriegs mit dem deutschen Einmarsch in Polen
1941 **Predigten des Kardinals von Galen in Münster/Westf. gegen NS-Verbrechen** 1943 Widerstandsgruppe »Weiße Rose« verhaftet	seit 1940 **Einrichtung des Vernichtungslagers Auschwitz.** Systematische Ermordung von nahezu 6 Millionen Juden, etwa 600000 Zigeunern und etwa 70000 Geisteskranken
	1944 20. Juli, Attentatsversuch auf Hitler
	1945 8. Mai, bedingungslose Kapitulation Deutschlands
	1945 August, **Abwurf der ersten (amerikanischen) Atombomben auf die japanischen Städte Hiroshima und Nagasaki**

Radikalisierte völkische Kräfte innerhalb der Kirche der Weimarer Republik griffen schon Anfang der zwanziger Jahre auf Ideen der **Verbindung von Christentum und Deutschtum** aus dem 19. Jahrhundert zurück. Diese deutschchristlichen Bestrebungen fanden 1924 organisatorische Gestalt in der »Deutsch-christlichen Arbeitsgemeinschaft«, hinter der als Träger große nationale Vereinigungen standen. Es wurde eine »heldische« Weltanschauung und »nordische Religion« gefordert; das Alte Testament wurde abgelehnt, das Neue Testament umgedeutet (Jesus als »heldische« Führergestalt). Seit Beginn der dreißiger Jahre waren bereits Verbindungen zwischen Christlich-Völkischen und NSDAP (z.B. in Thüringen) festzustellen.

Die **Nationalsozialistische Deutsche Arbeiterpartei (NSDAP)** war in ihren Anfängen eine Partei der Deklassierten und durch die Niederlage im Weltkrieg Entwurzelten. Bedingt durch die Weltwirtschaftskrise erreichte sie Ende der zwanziger Jahre immer größere Teile der Bevölkerung, so daß sie bei den Reichstagswahlen im September 1930 18,2% der Wähler gewinnen konnte (1928: 2,6%). Nunmehr setzten auch einflußreiche Kreise der Großindustrie auf die NSDAP.

Man kann sagen, daß die **Machtübernahme Hitlers** im Januar 1933 von den konservativen Kräften in Deutschland, zu denen in dieser Zeit auch die protestantischen Kirchen in der überwiegenden Mehrzahl ihrer Mitglieder zu zählen sind, freudig begrüßt wurde. Dabei galt der Jubel weniger Hitler und seiner Partei, als vielmehr der von ihm versprochenen Beseitigung von Republik und Demokratie. Beides wurde gleichgesetzt mit der Revolution, die die »gottgewollten« Ordnungen beseitigte, mit kirchenfeindlicher Sozialdemokratie und Unterwer-

Gespensterstunde 1930: Der politische Karikaturist John Heartfield (=Helmut Herzfelde), 1891–1968, nahm Hitlers Anbiederungsversuche bei den Konservativen aufs Korn (rechts mit dem Kronprinzen). Das Gesicht von Franz von Papen (links) war aus Zensurgründen abgeschnitten. Die Fotomontage zeigt zugleich die Unterschätzung der Ziele Hitlers in der Zeit um 1930.

fung unter die die »nationale Ehre« kränkenden Reparationsansprüche der alliierten Siegermächte.
Mit dem Auftreten des »Führers«, der von sich selbst sagte, die »Vorsehung« habe ihn berufen, die nationale Wiedergeburt herbeizuführen, verbanden viele Kirchenleute auch die Hoffnung auf Sicherung des Christentums in Deutschland.
Welche politischen Ziele Hitler in Deutschland verwirklichen wollte, hatte er in seinem Buch »Mein Kampf« (1. Aufl. 1925/26) ausgeführt; über die praktische Durchführung hatten die brutalen Auftritte der Nationalsozialisten in Wahlkämpfen und ihr Verhalten im Reichstag beredtes Zeugnis abgelegt. Dennoch bestand auch im Bereich der protestantischen Kirchen keine Bereitschaft, sich den Blick dafür zu schärfen, daß die Herrschaft des Nationalsozialismus zur Zerstörung der Menschenwürde und Brutalisierung des öffentlichen Lebens und schließlich in das Risiko eines neuen Weltkrieges führen mußte.
Hitler schien die Erwartungen, die die Kirchen in ihn setzten, zunächst zu erfüllen. In seinem Verhalten den Kirchen gegenüber folgte er jedoch politischer Taktik. Die dahinter stehenden parteiideologischen Vorstellungen zu Religion und Kirche blieben ohne Abstrich bestehen. Am deutlichsten waren die nationalsozialistischen Vorstellungen zur Religion in Alfred Rosenbergs Buch *»Der Mythos des 20. Jahrhunderts«* zusammengefaßt (1. Aufl. 1930). Totalitätsanspruch und Rassenlehre waren als Eckpfeiler deutlich herausgehoben. Rosenberg wies der Religion die Aufgabe zu, der nationalen Ehre zu dienen. Gott selbst war für ihn nur in Verbindung mit dem germanischen Blut – das hieß zugleich der germanischen Seele – denkbar. Eine Religion, die sich der »deutschen Wiedergeburt« widersetzte, hatte damit auch vom Wesen der Religion her ihr Existenzrecht verwirkt. Die Alternative für die nationalsozialistische Politik war damit von Anfang an klar: Entweder die Kirchen unterstützten diesen nationalsozialistischen Anspruch, oder aber sie waren entschieden zu bekämpfen.
Hitler versuchte gleich nach der Machtübernahme, die Kirchen zu Bündnispartnern zu machen. So sah man es in den ersten Monaten seiner Kanzlerschaft häufig, daß uniformierte Nationalsozialisten der SA in geschlossenen Kolonnen an Gottesdiensten teilnahmen und auf diese Weise um Sympathie warben.

Propaganda-Foto: Der »Führer« auf dem Hausaltar

Im Sommer 1933 schloß Hitler mit der katholischen Kirche ein **Reichskonkordat** ab, in dem der katholischen Kirche in Deutschland die Freiheit ihres Bekenntnisses sowie die Erhaltung des katholischen Religionsunterrichtes und der Bekenntnisschulen zugesichert wurde. Der Erzbischof von München, Kardinal Faulhaber, der später die Übergriffe des Nationalsozialismus zurückwies, schickte daraufhin ein überschwenglich formuliertes Danketelegramm an Hitler.
Es entsprach der bisherigen Linie der NSDAP, in kirchenpolitischen Fragen nicht Stellung zu beziehen und auf diese Weise ein positives Verhältnis zu beiden Kirchen zu wahren. Dennoch drang ein Teil der nationalsozialistisch eingestellten evangelischen Christen auf mehr Einfluß ihrer politischen Richtung innerhalb der Kirche. Schon vor der »Machtergreifung« hatten sich daher die evangelischen Nationalsozialisten anläßlich der Wahlen zur preußischen Generalsynode (1932) als Gruppe der **Deutschen Christen (DC)** zusammengeschlossen. Zwar konnten sie bei diesen Wahlen bereits ein Drittel der Stimmen auf sich vereinen, der ei-

Wahlwerbung zu den Kirchenwahlen am 23. Juli 1933

Nach der Wahl zum Reichsbischof: Dr. Ludwig Müller

gentliche Durchbruch gelang der »Glaubensbewegung Deutsche Christen« jedoch erst mit den allgemeinen Kirchenwahlen vom 23. Juli 1933. Die Tatsache, daß Hitler mit einer Rundfunkrede zugunsten der DC am Vorabend der Kirchenwahlen den kirchenpolitischen Neutralitätskurs seiner Partei verließ, führte zu einem überwältigenden Wahlsieg der deutschchristlichen Listen und damit zu DC-Mehrheiten in den landeskirchlichen Synoden. Neun Tage vor dem 23. Juli war unter Zustimmung aller Landeskirchen eine einheitliche *»Deutsche Evangelische Kirche«* gegründet worden (DEK), deren Nationalsynode den Wehrkreispfarrer Ludwig Müller (DC) zu ihrem Reichsbischof wählte.

Der Begriff »positives Christentum« diente den Nationalsozialisten dazu, alles das als »negativ« auszuscheiden, was im Widerspruch zur nationalsozialistischen Weltanschauung stand, die zum obersten Maßstab erhoben wurde. Auf dieser Grundlage veranstalteten die »Deutschen Christen« im November 1933 eine Großkundgebung im Berliner Sportpalast. Dort forderten sie die Rückkehr zu einem »heldischen Jesus« und den Aufbau einer »völkischen« Kirche. In der neuen völkischen Kirche sollte auch der *»Arierparagraph«* Anwendung finden, d.h. alle »nichtarischen« Pastoren sollten aus dem Kirchendienst entlassen werden, so wie kurz zuvor alle »Nichtarier« aus dem Staatsdienst entlassen worden waren. Aufgrund der enthüllenden Parolen der Sportpalastkundgebung wandten sich zahlreiche Anhänger von der DC-Bewegung ab. Die »Deutschen Christen« spalteten sich in eine gemäßigte und eine radikalere Richtung. Damit verlor die »Glaubensbewegung« insgesamt an Einfluß.

Schon im September 1933 hatte die Generalsynode der Kirche der altpreußischen Union mit ihrer deutschchristlichen Mehrheit den gegen die Juden gerichteten Arierparagraphen für ihren Bereich beschlossen. Gegen diesen Paragraphen in der Kirche und die damit zum Ausdruck kommende nationalsozialistische Verfälschung des Evangeliums bildete sich im September 1933 – vor allem auf Betreiben von Pastor Martin Niemöller – der *Pfarrernotbund,* der sich bald zur **Bekennenden Kirche** erweiterte. Es gelang der NS-Führung nicht, diese innerkirchliche Opposition in den Landeskirchen in nationalsozialistische Bahnen zu zwingen.

Eine der Wurzeln der innerkirchlichen Opposition war die theologische Neubesinnung von Teilen der evangelischen Theologen und Pastoren nach der Niederlage im Ersten Weltkrieg und die damit verbundene Neuentdeckung der reformatorischen Theologie Luthers. Ihnen schlossen sich viele Gemeindechristen an, die

Reichstagung der »Deutschen Christen« im Berliner Sportpalast, November 1933

immer deutlicher erkannten, daß das »positive Christentum« des Nationalsozialismus wenig mit ihrem Bibelverständnis gemein hatte. Auf der **Bekenntnissynode** der innerkirchlichen Opposition der Deutschen Evangelischen Kirche **in Barmen** im Mai 1934 konstituierte sich die »Bekennende Kirche« als allein rechtmäßige. Zugleich beschloß die Synode eine von dem Theologen Karl Barth maßgeblich mitformulierte *»Theologische Erklärung«*, die entscheidend wurde für den Widerstand gegen den na-

Martin Niemöller (geb. 1892)
Im Ersten Weltkrieg U-Boot-Kommandant, später Theologiestudium und Pfarrer in Berlin-Dahlem. Seit 1937 inhaftiert, seit 1941 bis Kriegsende im KZ Dachau. Seine Haltung während des Dritten Reiches und seine Beteiligung am Stuttgarter Schuldbekenntnis von 1945 machten ihn später zum Wegbereiter der Wiedereingliederung der evangelischen Kirche Deutschlands in die Ökumene.

tionalsozialistischen Totalitätsanspruch. In der Erklärung heißt es, die Kirche verwerfe es als falsche Lehre, neben Jesus Christus noch andere Mächte und Ereignisse als Gottes Offenbarung anzuerkennen.

Im Herbst 1934 wurde in Dahlem auf der 2. Bekenntnissynode eine eigene »Vorläufige Kirchenleitung« gebildet, der es jedoch nicht gelang, das reichsbischöfliche Regiment entscheidend zu beeinträchtigen. Die Tatsache aber, daß die »Bekennende Kirche« sich als die allein rechtmäßige Kirche verstand, führte zu einem Zustand grundlegender Spaltung zwischen den und innerhalb der Landeskirchen, der den Einheitsbestrebungen des NS-Staates zuwiderlief. Der Staat versuchte daher zunächst zu vermitteln und bestellte zu diesem Zweck im Juli 1935 eigens einen Reichsminister für kirchliche Angelegenheiten. Der Ausgleichsversuch mißlang, da die NS-geführten Kirchen einseitig begünstigt wurden.

Die Haltung der »Bekennenden Kirche« zu diesen Ausgleichsversuchen des Staates führte im Zusammenhang mit dem Problem des aktiven kirchlichen Widerstands zur Spaltung der »Bekennenden Kirche« auf der 4. Bekenntnissynode in Bad Oeynhausen. Einem lutherischen Flügel, der sich strikt an der Zwei-Reiche-Lehre Luthers (s. Bd. I) orientierte, stand fortan der »Dahlemer Flügel« (Niemöller u.a.) gegenüber, der sich aktiv gegen nationalsozialistische Rechtsbrüche zur Wehr setzte.

Das Konkordat von 1933 hatte für die katholische Kirche angesichts der kirchenpolitischen Taktik Hitlers nicht die erhoffte Freiheit von staatlichen Übergriffen gebracht. Schon Ende 1933 wandte sich **Kardinal Faulhaber** gegen die nationalsozialistische Vergötzung der germanischen Rasse und die damit verbundene Herabsetzung des christlichen Glaubens. Nach Absprache mit den deutschen Bischöfen und nach

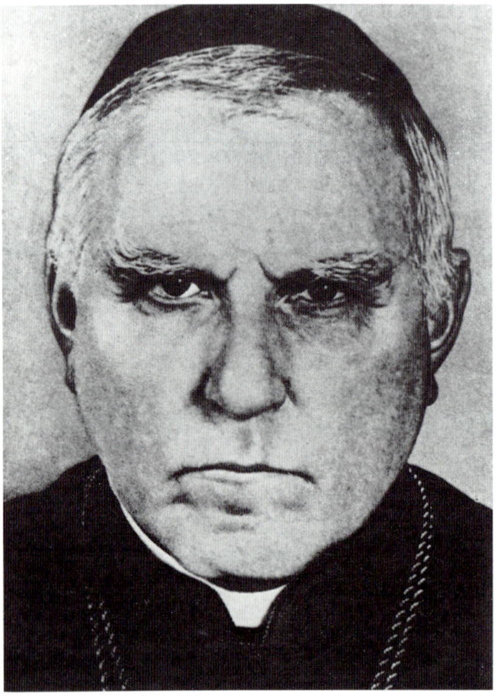

Clemens August Graf von Galen (1878–1946), Bischof von Münster

Friedrich von Bodelschwingh (1877–1946)

Als Nachfolger seines Vaters F. v. Bodelschwingh Leiter der Anstalten von Bethel. Im März 1933 war er zum Reichsbischof gewählt worden, konnte jedoch nicht durchgesetzt werden, da er der Reichsregierung nicht genehm war und die lutherischen Landeskirchen ein gutes Verhältnis zum Staat wahren wollten.

Paul Schneider (1897–1939), evangelischer Pfarrer in Dickenschied/Hunsrück

Schneider kam frühzeitig in Konflikt mit den nationalsozialistischen Machthabern. Nach mehrmaligen Inhaftierungen wurde er 1937 in das KZ Buchenwald verschleppt und dort ermordet.

Theophil Wurm (1868–1953), Landesbischof von Württemberg

Wurm war maßgeblich beteiligt an der Arbeit der »Bekennenden Kirche«. Nach Kriegsende wirkte er mit am Neuaufbau der evangelischen Kirche und wurde erster Ratsvorsitzender der EKD.

einem Entwurf Kardinal Faulhabers schrieb Papst Pius XI. 1937 die *Enzyklika »Mit brennender Sorge«* gegen die Übergriffe des Nationalsozialismus. Der Staat schritt mit Polizeimaßnahmen gegen die Veröffentlichung dieses päpstlichen Rundschreibens ein.

Größte Wirkung gewannen drei Predigten, die der Bischof von Münster, **Graf von Galen,** im Sommer 1941 wegen der Rechtswidrigkeiten der Geheimen Staatspolizei gegen katholische Ordensleute hielt. Er prangerte als Grundübel des nationalsozialistischen Staates die »Willkür und Rechtlosigkeit« an. Vor allem wandte er sich gegen die Tötung »lebensunwerten Lebens«, wie sie in Heil- und Pflegeanstalten – vor der Öffentlichkeit weitgehend getarnt – praktiziert wurde. Als Flugschriften vervielfältigt gelangten Galens Predigten in alle Teile Deutschlands. Sie bewirkten mit anderen Maßnahmen der katholischen und evangelischen Kirche, insbesondere dem Widerstand des Leiters der Betheler Anstalten, **Friedrich von Bodelschwingh,** daß die Morde an Geisteskranken tatsächlich eingestellt werden mußten. Die NS-Machthaber wagten es nicht, den sehr beliebten Bischof in ein KZ zu verschleppen; die »Rache« sollte nach Kriegsende vollzogen werden. Indessen wurden jedoch zahlreiche Priester, die seine Predigten verlasen, verfolgt.

Auch aus der »Bekennenden Kirche« wurden viele Pfarrer ihres Amtes enthoben. Bekenntnistreue Gemeinden sicherten ihren Lebensunterhalt. Bald gab es Fürbittlisten der »Bekennenden Kirche«, auf denen Namen ihrer gefangenen Mitglieder verzeichnet waren.

Als 1934 beim Versuch der Eingliederung in die Reichskirche die Kirchenbehörden in Württemberg und Bayern besetzt und die Landesbi-

Dietrich Bonhoeffer (1906–1945)

schöfe *Wurm* und *Meiser* in Hausarrest genommen wurden, gab es große Vertrauenskundgebungen für die Bischöfe. Der Protest aus der Bevölkerung führte zur Zurücknahme der Gewaltmaßnahmen. Viele der den Gemeinden aufgezwungenen deutsch-christlichen Pfarrer wurden boykottiert. Man besuchte die Gottesdienste in Nachbargemeinden.
Trotz des wachsenden Drucks des nationalsozialistischen Staates auf die »Bekennende Kirche« gelang es nicht, die verschiedenen oppositionellen Gruppen innerhalb der evangelischen Kirche zusammenzuführen. Die unterschiedlichen Haltungen zu Hitler und zum NS-Staat, insbesondere während des Krieges, reichten von Burgfrieden-Vorstellungen bis zur Teilnahme an der politischen Widerstandsbewegung. Die beiden Handlungsanweisungen des Neuen Testaments »Man muß Gott mehr gehorchen als den Menschen« (Apg. 5, 29) und »Jedermann sei untertan der Obrigkeit, die Gewalt über ihn hat, denn es ist keine Obrigkeit ohne von Gott« (Röm. 13, 1) schienen zwar den Protest gegen Unrecht zu gebieten, den politischen Umsturz aber zu verbieten. Die meisten Bekenntnispfarrer erklärten sich daher 1938 bereit, einen Treueid auf Hitler abzulegen.
Zu den Mitgliedern der »Bekennenden Kirche«, die zu einem solchen Schritt nicht bereit waren, gehörte u.a. der evangelische Pfarrer **Dietrich Bonhoeffer.** Schon 1934 schrieb er an einen Freund: »Obwohl ich mit vollen Kräften in der kirchlichen Opposition mitarbeite, ist es mir doch ganz klar, daß *diese* Opposition nur ein ganz vorläufiges Durchgangsstadium zu einer ganz anderen Opposition ist und daß die Männer dieses ersten Vorgeplänkels zum geringsten Teil die Männer jenes zweiten Kampfes sind. Und ich glaube, die ganze Christenheit muß mit uns darum beten, daß das ›Widerstehen bis aufs Blut‹ kommt und daß Menschen gefunden werden, die es erleiden.«

Hans Scholl

Alexander Schmorell

Sophie Scholl

Christoph Probst
(linkes Bild)

Willi Graf
(rechtes Bild)

Die hier Abgebildeten gehörten zur studentischen Widerstandsorganisation »Weiße Rose«. Nach einer Flugblattaktion in der Münchener Universität im Februar 1943 wurden sie verhaftet und hingerichtet.

Er stellte sich kurz vor dem Zweiten Weltkrieg der politischen Widerstandsbewegung zur Mitarbeit zur Verfügung und knüpfte Kontakte zu Kreisen im Ausland, die er durch seine ökumenische Arbeit kannte. Im April 1943 wurde Bonhoeffer verhaftet und nach längerer Haft in Berlin im April 1945 im KZ Flossenbürg hingerichtet.
Manche andere Mitglieder der »Bekennenden Kirche« fingen erst an, die Paulusworte aus Röm. 13 nicht mehr auf die nationalsozialistische Herrschaft zu beziehen, als die Vernichtung sogenannten lebensunwerten Lebens und – bei einigen wenigen – auch die Massenvernichtung von Juden bekannt zu werden begann. Auf diese Weise konnten sie sich, wenn auch nicht für einen direkten Widerstand, so doch für ein Handeln gegen die NS-Gesetze frei machen.
Die Wirkung der Kirche bestand vor allem in der Begründung sittlicher Grundeinstellungen, die zum Motiv für manche Widerstandsgruppen wurden, so z.B. die Münchener Gruppe **Weiße Rose** um die Geschwister Scholl (1943). Zwar waren diese wenigen Studenten, die mit vervielfältigten Flugzetteln und Wandparolen gegen das Regime vorgingen, von Anfang an zum Scheitern verurteilt, doch schien ihnen ein Schweigen zu den **Verbrechen des NS-Staates** mit ihrem persönlichen Selbstverständnis nicht vereinbar. Dabei muß berücksichtigt werden, daß ihnen der ganze Umfang der auf verschiedenen Kriegsschauplätzen und in den besetzten Ländern begangenen NS-Verbrechen im Jahre 1943 noch gar nicht bekannt war. Das Ausmaß der Vernichtung von Millionen von Juden, der Hungertod von Massen russischer Kriegsge-

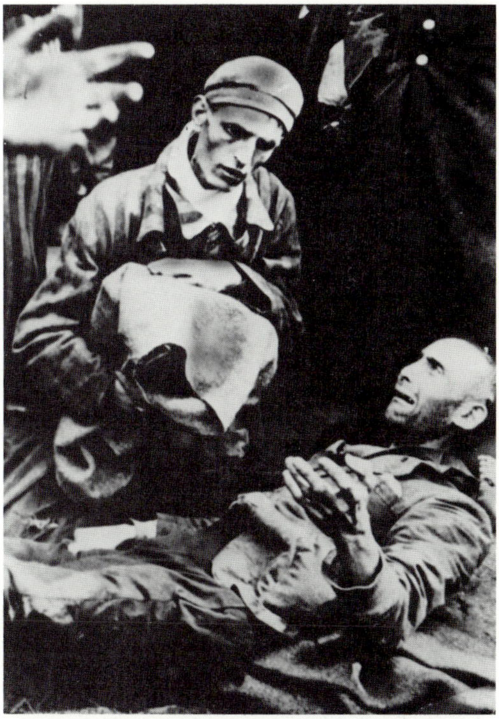

In Wöbbelin bei Ludwigslust (Mecklenburg) befreite KZ-Häftlinge, April 1945

fangener und die Tötung von Menschen politischer und rassischer Minderheiten sowie von Geisteskranken wurde zwar ruchbar, aber die Größenordnungen der Verbrechen ließen sich erst nach der Niederlage Deutschlands im Zweiten Weltkrieg in vollem Umfang erkennen.

Eine neue weltweite Dimension brachte das Ende des Zweiten Weltkrieges. Nach der Kapitulation Deutschlands am 8. Mai 1945 führten die Japaner den Krieg gegen die Vereinigten Staaten weiter. Um sie zur Kapitulation zu zwingen, warfen die Amerikaner die erste **Atombombe** am 6. August 1945 auf Hiroshima ab. 260000 Menschen fanden den Tod, davon 40000 in einer einzigen Sekunde. Die Überlebenden trugen schwere Gesundheitsschäden davon. Am 9. August fiel die zweite Atombombe auf Nagasaki. Kurz darauf kapitulierte Japan.
Die Atombomben von Hiroshima und Nagasaki bedeuteten den Beginn einer neuen weltgeschichtlichen Epoche und stellten auch die Kirchen und die Christen vor neue schwere Probleme.

Quellen

1 Der Aufstieg des Nationalsozialismus

1 a Fotomontage von John Heartfield, politischer Karikaturist (1891–1968)

1 b Hitler 1932, umgeben von jugendlichen Parteianhängern im »Braunen Haus«, der Parteizentrale in München

1c Die Entwicklung der Arbeitslosigkeit in Deutschland 1928–1939

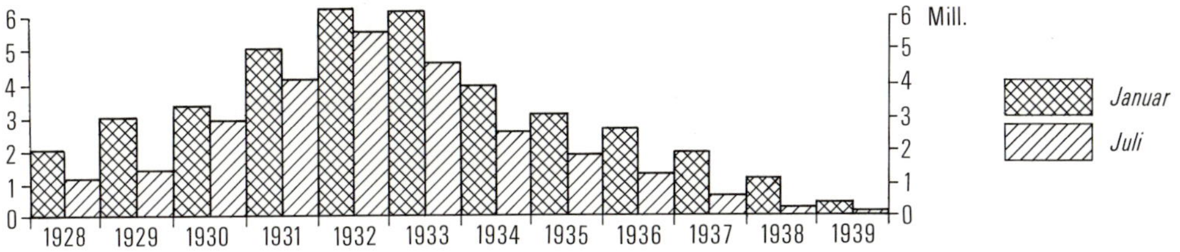

1d Leuchtknöpfe mit dem Portrait Adolf Hitlers

► *Nennen Sie aufgrund der Abbildungen Q 1a–Q 1d Voraussetzungen, die dazu führten, daß der Nationalsozialismus trotz zahlreicher warnender Stimmen einen steilen politischen Aufstieg nehmen konnte.*

► *Versuchen Sie, die einzelnen Punkte nach ihrer Gewichtigkeit zu ordnen.*

2 Nationalsozialistische Stellungnahme zur Kirche im Dritten Reich

(Aus Hitlers Regierungserklärung vom 23. März 1933)

Die nationale Regierung sieht in den beiden christlichen Konfessionen wichtigste Faktoren der Erhaltung unseres Volkstums. Sie wird die zwischen ihnen und den Ländern abgeschlossenen Verträge respektieren, ihre Rechte sollen nicht angetastet werden ... Die nationale Regierung wird in Schule und Erziehung den christlichen Konfessionen den ihnen zukommenden Einfluß einräumen und sicherstellen. Ihre Sorge gilt dem aufrichtigen Zusammenleben zwischen Kirche und Staat. Der Kampf gegen eine materialistische Weltauffassung und für die Herstellung einer wirklichen Volksgemeinschaft dient ebensosehr den Interessen der deutschen Nation wie denen unseres christlichen Glaubens ... Sie erwartet aber und hofft, daß die Arbeit an der nationalen und sittlichen Erhebung (...) die gleiche Würdigung erfährt...

► *Welche Ziele verfolgte Hitler mit seiner Regierungserklärung von 1933 im Hinblick auf die Kirchen?*

3 Die katholische Kirche und die Anfänge des Nationalsozialismus

3a Stellungnahme der Fuldaer Bischofskonferenz vom 17.–19. August 1932

Votum betr. Stellungnahme der deutschen Bischöfe zur nationalsozialistischen Partei.
Sämtliche Ordinariate haben die Zugehörigkeit zu dieser Partei für unerlaubt erklärt, weil

1. Teile des offiziellen Programms derselben, so wie sie lauten und wie sie ohne Umdeutung verstanden werden müssen, Irrlehren enthalten,
2. weil die Kundgebungen zahlreicher führender Vertreter und Publizisten der Partei glaubensfeindlichen Charakter, namentlich feindliche Stellung zu grundsätzlichen Lehren und Forderungen der katholischen Kir-

che, enthalten und diese Kundgebungen keine Ablehnung oder Widerspruch seitens der obersten Parteileitung erfahren haben. Es gilt dies auch von der Stellungnahme in Fragen der konfessionellen Schule, der christlichen Ehe u.a.m.

3. Es ist das Gesamturteil des katholischen Klerus und der treu katholischen Vorkämpfer der kirchlichen Interessen im öffentlichen Leben, daß, wenn die Partei die heiß erstrebte Alleinherrschaft in Deutschland erlangt, für die kirchlichen Interessen der Katholiken die dunkelsten Aussichten sich eröffnen.
4. Es ist nicht entschuldbar, wenn weite Kreise der Partei sich anschließen in der Absicht, nur die wirtschaftlichen Interessen und die Ziele des weltlich-politischen Gebietes, wie sie in der Partei vertreten sind, damit unterstützen zu wollen. Denn die Unterstützung der Partei selbst schließt, man mag wollen oder nicht, die Förderung ihrer Gesamtziele ein. Es kommt hinzu, daß die Verheißungen der Partei als unerfüllbar erscheinen.

3b Reichskonkordat vom 20. Juli 1933

Art. 1. Das Deutsche Reich gewährleistet die Freiheit des Bekenntnisses und der öffentlichen Ausübung der katholischen Religion. Es anerkennt das Recht der katholischen Kirche, innerhalb der Grenzen des für alle geltenden Gesetzes, ihre Angelegenheiten selbständig zu ordnen und zu verwalten und im Rahmen ihrer Zuständigkeit für ihre Mitglieder bindende Gesetze und Anordnungen zu erlassen.

Art. 4. Der Heilige Stuhl genießt in seinem Verkehr und seiner Korrespondenz mit den Bischöfen, dem Klerus und den übrigen Angehörigen der katholischen Kirche in Deutschland volle Freiheit. Dasselbe gilt für die Bischöfe und sonstige Diözesanbehörden für ihren Verkehr mit den Gläubigen in allen Angelegenheiten ihres Hirtenamts ...

Art. 21. Der katholische Religionsunterricht in den Volksschulen, Berufsschulen, Mittelschulen und höheren Lehranstalten ist ordentliches Lehrfach und wird in Übereinstimmung mit den Grundsätzen der katholischen Kirche erteilt.

Art. 23. Die Beibehaltung und Neueinrichtung katholischer Bekenntnisschulen bleibt gewährleistet ...

- *Setzen Sie die Stellungnahme der Fuldaer Bischofskonferenz von 1932 in ein Verhältnis zum Reichskonkordat. Stellen Sie die wichtigsten Widersprüche heraus.*
- *Welche Absichten verband Hitler mit dem Abschluß des Reichskonkordats?*
- *Waren die Befürchtungen der Bischöfe 1933 gegenstandslos geworden?*

4 Die »Glaubensbewegung Deutsche Christen«

4a Aus den Richtlinien der »Deutschen Christen« vom Juni 1932

6. Wir verlangen eine Abänderung des [preußischen] Kirchenvertrages (politische Klausel) [1931] und Kampf gegen den religions- und volksfeindlichen Marxismus und seine christlich-sozialen Schleppenträger aller Schattierungen. Wir vermissen bei diesem Kirchenvertrag das trauende Wagnis auf Gott und die Sendung der Kirche. Der Weg ins Reich Gottes geht durch Kampf, Kreuz und Opfer, nicht durch falschen Frieden.
7. Wir sehen in Rasse, Volkstum und Nation uns von Gott geschenkte und anvertraute Lebensordnungen, für deren Erhaltung zu sorgen, uns Gottes Gesetz ist. Daher ist der Rassenmischung entgegenzutreten. Die deutsche Äußere Mission ruft auf Grund ihrer Erfahrung dem deutschen Volke seit langem zu: »Halte deine Rasse rein!« und sagt uns, daß der Christusglaube die Rasse nicht zerstört, sondern vertieft und heiligt.
8. Wir sehen in der recht verstandenen Inneren Mission das lebendige Tatchristentum, das aber nach unserer Auffassung nicht im bloßen Mitleid, sondern im Gehorsam gegen

Gottes Willen und im Dank gegen Christi Kreuzestod wurzelt. Bloßes Mitleid ist Wohltätigkeit und wird zur Überheblichkeit, gepaart mit schlechtem Gewissen, und verweichlicht ein Volk. Wir wissen etwas von der christlichen Pflicht und Liebe den Hilflosen gegenüber, wir fordern aber auch Schutz des Volkes vor den Untüchtigen und Minderwertigen. Die Innere Mission darf keinesfalls zur Entartung unseres Volkes beitragen. Sie hat sich im übrigen von wirtschaftlichen Abenteuern fernzuhalten und darf nicht zum Krämer werden.

9. In der Judenmission sehen wir eine schwere Gefahr für unser Volkstum. Sie ist das Eingangstor fremden Blutes in unsern Volkskörper. Sie hat neben der Äußeren Mission keine Daseinsberechtigung. Wir lehnen die Judenmission in Deutschland ab, solange die Juden das Staatsbürgerrecht besitzen und damit die Gefahr der Rassenverschleierung und -bastardierung besteht. Die Heilige Schrift weiß auch etwas zu sagen von heiligem Zorn und sich versagender Liebe. Insbesondere ist die Eheschließung zwischen Deutschen und Juden zu verbieten.

► *Was meinten die »Deutschen Christen«, wenn sie die Christlich-Sozialen als die »Schleppenträger des Marxismus« bezeichneten (s. dazu Bd. II, 1, Kap. 22)?*

► *Beschreiben Sie den Zusammenhang zwischen Christentum und Kampf gegen die Rassenmischung vor allem im Blick auf die Juden, den die »Deutschen Christen« meinten feststellen zu müssen.*

4b Aus der Erklärung der »Deutschen Christen« auf der Sportpalastkundgebung im November 1933

Wir müssen fordern: Rückkehr zu einem heldischen Jesus, dessen Leben für uns vorbildliche Bedeutung besitzt, und dessen Tod das Siegel auf dieses Leben ist, das der Beschluß eines heldischen und kämpferischen Lebens für die ihm von seinem Vater übertragene Aufgabe ist. Wir müssen uns daher hüten auch vor der übertriebenen Herausstellung des Gekreuzigten ...

Wir bekennen, daß der einzige wirkliche Gottesdienst für uns der Dienst an unseren Volksgenossen ist, und fühlen uns als Kampfgemeinschaft vor unserem Gott verpflichtet, mitzubauen an einer wehrhaften und wahrhaften völkischen Kirche, in der wir die Vollendung der deutschen Reformation Martin Luthers erblicken und die allein dem Totalitätsanspruch des nationalsozialistischen Staates gerecht wird.

► *Nennen Sie Kritikpunkte der DC an der kirchlichen Glaubenslehre und die vermutliche Begründung dieser Kritik.*

4c Wahlaufruf der »Deutschen Christen« zur Reichstagswahl im November 1932

Aufruf!

Evangelische Volks- und Glaubensgenossen!

Der evangelische Christ, der sein Volk und seine Kirche lieb hat, wählt am 6. November die Hitler-Bewegung.
Die Hitler-Bewegung ist das gewaltige Sammelbecken nationaler und christlicher Kraft; sie bürgt allein für einen Wiederaufstieg des deutschen Volkes und der evangelischen Kirche.
In Hitler sehen wir den von Gott gerufenen und begnadeten Menschen, durch den der lebendige Gott unserem armen deutschen Volke helfen will. Darum wird jeder, dem es um die Güter des Volkstums und des Evangeliums geht, nationalsozialistisch wählen! Hossenfelder.

► *Überlegen Sie, welche Argumente die »Deutschen Christen« für ihre Überzeugung anführen konnten, Hitler sei der »von Gott gerufene und begnadete Mensch«.*

5 Die Auseinandersetzung um den »Arierparagraphen« und die Spaltung der evangelischen Kirche

5a Kirchengesetz betr. die Rechtsverhältnisse der Geistlichen und Kirchenbeamten vom 6. September 1933
(Auszug)

Die Generalsynode der Evangelischen Kirche der altpreußischen Union hat folgendes Kirchengesetz beschlossen:
§ 1. 1. Als Geistlicher oder Beamter der allgemeinen kirchlichen Verwaltung darf nur berufen werden, wer die für seine Laufbahn vorgeschriebene Vorbildung besitzt und rückhaltlos für den nationalen Staat und die Deutsche Evangelische Kirche eintritt.
2. Wer nicht arischer Abstammung oder mit einer Person nichtarischer Abstammung verheiratet ist, darf nicht als Geistlicher und Beamter der allgemeinen kirchlichen Verwaltung berufen werden. Geistliche und Beamte arischer Abstammung, die mit einer Person nichtarischer Abstammung die Ehe eingehen, sind zu entlassen.
Wer als Person nichtarischer Abstammung zu gelten hat, bestimmt sich nach den Vorschriften der Reichsgesetze.
§ 3. 1. Geistliche und Beamte, die nach ihrer bisherigen Betätigung nicht die Gewähr dafür bieten, daß sie jederzeit rückhaltlos für den nationalen Staat und die Deutsche Evangelische Kirche eintreten, können in den Ruhestand versetzt werden.
2. Geistliche oder Beamte, die nichtarischer Abstammung oder mit einer Person nichtarischer Abstammung verheiratet sind, sind in den Ruhestand zu versetzen.
3. Von der Anwendung des Abs. 2 kann abgesehen werden, wenn besondere Verdienste um den Aufbau der Kirche im deutschen Geiste vorliegen.
4. Die Vorschriften des Abs. 2 gelten nicht für Geistliche und Beamte, die bereits seit dem 1. August 1914 Geistliche oder Beamte der Kirche, des Reiches, eines Landes oder einer anderen Körperschaft des öffentlichen Rechtes gewesen sind oder die im Weltkriege an der Front für das Deutsche Reich oder für seine Verbündeten gestanden haben oder deren Väter oder Söhne im Weltkrieg gefallen sind.

5b Martin Niemöller: Die Verpflichtungserklärung des Pfarrernotbundes (Oktober 1933)

1. Ich verpflichte mich, mein Amt als Diener des Wortes auszurichten allein in der Bindung an die Hl. Schrift und an die Bekenntnisse der Reformation als die rechte Auslegung der Hl. Schrift.
2. Ich verpflichte mich, gegen alle Verletzung solchen Bekenntnisstandes mit rückhaltlosem Einsatz zu protestieren.
3. Ich weiß mich nach bestem Vermögen mitverantwortlich für die, die um solchen Bekenntnisstandes willen verfolgt werden.
4. In solcher Verpflichtung bezeuge ich, daß eine Verletzung des Bekenntnisstandes mit der Anwendung des Arierparagraphen im Raum der Kirche Christi geschaffen ist.

► *Stellen Sie die Aussagen des christlichen Glaubens zusammen, die Martin Niemöller zur Begründung des Punktes 4 der Verpflichtungserklärung anführen konnte.*

6 Die Bekennende Kirche
Aus dem Barmer Bekenntnis vom Mai 1934

Wir bekennen uns angesichts der die Kirche verwüstenden und damit auch die Einheit der Deutschen Evangelischen Kirche sprengenden Irrtümer der »Deutschen Christen« und der gegenwärtigen Reichskirchenregierung zu folgenden evangelischen Wahrheiten:
1. »Ich bin der Weg und die Wahrheit und das Leben; niemand kommt zum Vater denn durch mich« (Joh. 14, 6).
»Wahrlich, wahrlich ich sage euch: Wer nicht zur Tür hineingeht in den Schafstall, sondern steigt anderswo hinein, der ist ein Dieb und ein Mörder. Ich bin die Tür; so jemand durch

mich eingeht, der wird selig werden« (Joh. 10, 1.9).
Jesus Christus, wie er uns in der Heiligen Schrift bezeugt wird, ist das eine Wort Gottes, das wir zu hören, dem wir im Leben und im Sterben zu vertrauen und zu gehorchen haben. Wir verwerfen die falsche Lehre, als könne und müsse die Kirche als Quelle ihrer Verkündigung außer und neben diesem einen Worte Gottes auch noch andere Ereignisse und Mächte, Gestalten und Wahrheiten als Gottes Offenbarung anerkennen.
2. »Jesus Christus ist uns gemacht von Gott zur Weisheit und zur Gerechtigkeit und zur Heiligung und zur Erlösung« (1. Kor. 1, 30).
Wie Jesus Christus Gottes Zuspruch der Vergebung aller unserer Sünden ist, so und mit gleichem Ernst ist er auch Gottes kräftiger Anspruch auf unser ganzes Leben; durch ihn widerfährt uns frohe Befreiung aus den gottlosen Bindungen dieser Welt zu freiem dankbaren Dienst an seinen Geschöpfen. Wir verwerfen die falsche Lehre, als gebe es Bereiche unseres Lebens, in denen wir nicht Jesus Christus, sondern anderen Herren zu eigen wären, Bereiche, in denen wir nicht der Rechtfertigung und Heiligung durch ihn bedürften...
5. »Fürchtet Gott, ehret den König!« (1. Petr. 2, 17).
Die Schrift sagt uns, daß der Staat nach göttlicher Anordnung die Aufgabe hat, in der noch nicht erlösten Welt, in der auch die Kirche steht, nach dem Maß menschlicher Einsicht und menschlichen Vermögens unter Androhung und Ausübung von Gewalt für Recht und Frieden zu sorgen.
Die Kirche erkennt in Dank und Ehrfurcht gegen Gott die Wohltat dieser seiner Anordnungen an. Sie erinnert an Gottes Reich, an Gottes Gebot und Gerechtigkeit und damit an die Verantwortung der Regierenden und Regierten. Sie vertraut und gehorcht der Kraft des Wortes, durch das Gott alle Dinge trägt.
Wir verwerfen die falsche Lehre, als solle und könne der Staat über seinen besonderen Auftrag hinaus die einzige und totale Ordnung menschlichen Lebens werden und also auch die Bestimmung der Kirche erfüllen.
Wir verwerfen die falsche Lehre, als solle und könne sich die Kirche über ihren besonderen Auftrag hinaus staatliche Art, staatliche Aufgaben und staatliche Würde aneignen und damit selbst zu einem Organ des Staates werden.
Die Bekenntnissynode der Deutschen Evangelischen Kirche erklärt, daß sie in der Anerkennung dieser Wahrheiten und in der Verwerfung dieser Irrtümer die unumgängliche theologische Grundlage der Deutschen Evangelischen Kirche als eines Bundes der Bekenntniskirchen sieht. Sie fordert alle, die sich ihrer Erklärung anschließen können, auf, bei ihren kirchenpolitischen Entscheidungen dieser theologischen Erkenntnisse eingedenk zu sein. Sie bittet alle, die es angeht, in die Einheit des Glaubens, der Liebe und der Hoffnung zurückzukehren.
Verbum Dei manet in aeternum.

- ► *Stellen Sie die theologischen Aussagen zusammen, die von den Gegnern dieser Erklärung offensichtlich vertreten werden.*
- ► *Welche Bedeutung hatte diese Erklärung vermutlich im Zusammenhang des Kirchenkampfes?*
- ► *Erforschen Sie die Geschichte der »Barmer Erklärung« von 1934 in der Nachkriegszeit. Wo spielte sie eine Rolle?*

7 Die völkische Ersatzreligion des Nationalsozialismus nach dem Scheitern der nationalkirchlichen Pläne

7a Trennung von Kirche und Staat im »Warthegau« (Bis 1919 preußische Provinz Posen, 1919–1939 poln. Woiwodschaft Poznań) (1940)

Erläuterung: Diese »13 Punkte« für die Ordnung der evangelischen Kirche im Warthegau stammten vermutlich aus Hitlers Reichskanzlei und waren als Modell für die geplante Regelung der Kirchenfrage nach dem Kriege gedacht.

1. Es gibt keine Kirchen mehr im staatlichen Sinne, nur religiöse Kirchengesellschaften im Sinne von Vereinen.

2. Die Leitung liegt nicht in Händen von Behörden, sondern es gibt nur Vereinsvorstände.

...

4. Es bestehen keine Beziehungen mehr zu Gruppen außerhalb des Gaues, auch keine rechtlichen, finanziellen oder dienstlichen Bindungen an die Reichskirche.
5. Mitglieder können nur Volljährige durch schriftliche Beitrittserklärung werden. Sie werden aber nicht mehr hineingeboren, sondern müssen erst bei Volljährigkeit ihren Beitritt erklären. Es gibt keine Landes-, Volks- oder Territorialkirchen. Wer vom Altreich neu in den Warthegau zieht, muß sich auch schriftlich erst neu eintragen lassen.

...

6. Alle konfessionellen Untergruppen sowie Organisationen (Jugendgruppen) sind aufgehoben und verboten.
7. Deutsche und Polen dürfen nicht mehr zusammen in einer Kirche sein (Nationalitätenprinzip). Dies tritt für den Nationalsozialismus zum erstenmal in Kraft.
8. In den Schulen darf kein Konfirmandenunterricht mehr abgehalten werden.

...

10. Die Vereine dürfen kein Eigentum wie Gebäude, Häuser, Felder, Friedhöfe haben, außer ihrem Kultraum.
11. Sie dürfen sich ferner nicht in der Wohlfahrtspflege betätigen. Dies steht einzig und allein der NSV [NS-Volkswohlfahrt] zu.
12. Alle Stiftungen und Klöster werden aufgelöst, da diese der deutschen Sittlichkeit und der Bevölkerungspolitik nicht entsprechen.
13. In den Vereinen dürfen sich Geistliche nur aus dem Warthegau betätigen. Dieselben sind nicht hauptamtlich Geistliche, sondern müssen einen Beruf haben.

► *Versuchen Sie, die Wirkung dieser Regelungen für den Bestand der Kirche in Deutschland einzuschätzen.*

► *Inwiefern erschien gerade der Warthegau außerhalb des sog. Altreichs der NS-Führung als geeignetes Gebiet für die erstmalige Anwendung der neuen Bestimmungen?*

► *Nennen Sie die offensichtliche Zielsetzung der einzelnen Bestimmungen, indem Sie die jeweiligen Konsequenzen der einzelnen Punkte schildern.*

7b Der Glaube an Adolf Hitler

(aus dem Schulungsbrief der NSDAP, IV. Jahrgang, 4. Folge, 1937)

Adolf Hitler!
Dir sind wir allein verbunden! Wir wollen in dieser Stunde das Gelöbnis erneuern:

Wir glauben
auf dieser Erde allein an Adolf Hitler.

Wir glauben,
daß der Nationalsozialismus der allein seligmachende Glaube für unser Volk ist.

Wir glauben,
daß es einen Herrgott im Himmel gibt, der uns geschaffen hat, der uns führt, der uns lenkt
und der uns sichtbarlich segnet.

Und wir glauben,
daß dieser Herrgott uns Adolf Hitler gesandt hat, damit Deutschland für alle Ewigkeit ein
Fundament werde.

Reichsleiter [der Deutschen Arbeitsfront]
Dr. Robert Ley am 10. Februar 1937

► *In welchen Punkten enthält das Bekenntnis Robert Leys Anklänge an das Christentum?*

► *Worin kann für Ley der Segen des NS und der »sichtbarliche« Segen des »Herrgotts« liegen? Was versteht er unter dem »Fundament«, das Deutschland werden soll?*

► *Inwieweit geht das Bekenntnis Leys über die Grundaussagen der »Deutschen Christen« hinaus?*

8 Die Judenverfolgung im Dritten Reich und die Haltung der Bekennenden Kirche

8a Antisemitismus als zentrales Thema der »weltanschaulichen Schulung«: Titelblatt des antisemitischen Wochenblattes »Der Stürmer« vom Dezember 1933

Der Stürmer

Deutsches Wochenblatt zum Kampfe um die Wahrheit

HERAUSGEBER: JULIUS STREICHER

Nummer 52	Erscheint wöchentl. Einzel-Nr. 20 Pfg. Bezugspreis monatl. 84 Pfg. zuzügl. Postbestellgeld. Bestellungen bei dem Briefträger oder der zuständ. Postanstalt. Nachbestellungen a. d. Verlag. Schluß der Anzeigenannahme: Montag vorm. 9 Uhr. Preis f. Geschäfts-Anz.: Die ca. 29 mm breite, 1 mm hohe Raum-Zeile im Anzeigenteil — .20 RM	Nürnberg im Dezember 1933	Verlag: Wilhelm Härdel, Nürnberg-N, Pfannenschmiedsgasse 19 (?) Menschelstraße 70 Fernsprecher 51872. Postscheckkonto Nürnberg 105. Geschäftszeit Montag mit Freitag 8–12, 2–6 Uhr, Samstag 8–12 Uhr Schriftleitung: Nürnberg-A, Marplatz 44, Fernsprecher 21872 Redaktionsschluß: Montag (nachmittags)	11. Jahr 1933

Der getarnte Jud

Der Stürmer marschiert weiter

Im Jahre des Heils 1933 wurde in Deutschland die Judenherrschaft gebrochen. Sie wurde zerschlagen im Frühlingssturm der nationalsozialistischen Revolution. Es ist nicht das erste Mal, daß ein Volk die Judenherrschaft zerschlug. Aber die Siege, die in vergangenen Jahrhunderten über das Zigeunervolk der Juden errungen wurden, waren nur Siege des Augenblickes gewesen. Immer wieder vermochte sich der zähe jüdische Feind aus dem Staube zu erheben und seine Macht von neuem aufzubauen. Die Völkerleichen, die im Laufe der Jahrtausende auf der Strecke blieben, beweisen die wieder verloren gegangenen Siege über den für ewig erklärten Juden.

Auch vor dem deutschen Volke der Gegenwart steht die entscheidungsvolle Frage: Soll der errungene Sieg des Jahres 1933 in eine endgültige Erlösung vom Juden hineinführen oder soll wieder einmal verloren gehen, was das deutsche Volk durch die nationalsozialistische Bewegung sich erkämpfte?

Eines ist sicher: der Jude weiß, daß er in deutschen Landen eine Niederlage erlitt, aber er hat die Hoffnung auf die Zurückerringung der verlorenen Macht nicht aufgegeben. Er wird diese Hoffnung immerzu in sich tragen. Auf doppeltem Wege glaubt er die Zurückholung der Macht erreichen zu können. Von außen her durch Organisierung der ehemaligen Feindbundmächte zu einem neuen Weltkrieg und von innen heraus durch getarntes Abwarten, bis die Vergeßlichkeit im deutschen Volke wieder die Möglichkeit zu einer erneuten „Judenemanzipation" verschafft. Jawohl, der aus der Macht geworfene Jude wartet in Deutschland ab, ob nicht das

Der Kampf geht weiter

Wir legen nimmermehr das Schwert beiseit'
Sein oder Nichtsein endigt nur den Streit

Vergessen und das weiche deutsche Herz (wenn auch erst nach Jahrzehnten) dazu führen könnte, daß talmudische Schläue wieder die Oberhand gewinnt.

Das alterprobte Kämpfertum des Nationalsozialismus hat vom Schicksal die Aufgabe zugeteilt erhalten, nicht auf halbem Wege stehen zu bleiben. Kommende Staatsgesetze müssen dazu führen, daß die Scheidung vom Juden eine endgültige wird. Und im deutschen Volke muß das Wissen vom Volke der Juden von Generation zu Generation vererbt werden bis in die Jahrtausende hinein. Ein wissendes deutsches Volk wird sich nie in ein

Aus dem Inhalt

Tschechischer Antisemitismus
Jud Ludwig Meyer
Der Kampf um die Wahrheit
Augen auf
Die Rassenschande von Osthofen
Ihr Stolz

Die Juden sind unser Unglück!

8b Denkschrift der 2. Vorläufigen Leitung der »Bekennenden Kirche« an den Führer und Reichskanzler vom 28. Mai 1936

...

Von den evangelischen Angehörigen der NS-Organisationen wird gefordert, sich uneingeschränkt auf die nationalsozialistische Weltanschauung zu verpflichten ...

Wenn hier Blut, Rasse, Volkstum und Ehre den Rang von Ewigkeitswerten erhalten, so wird der evangelische Christ durch das erste Gebot gezwungen, diese Bewertung abzulehnen. Wenn der arische Mensch verherrlicht wird, so bezeugt Gottes Wort die Sündhaftigkeit aller Menschen.

Wenn den Christen im Rahmen der nationalsozialistischen Weltanschauung ein Antisemitismus aufgedrängt wird, der zum Judenhaß verpflichtet, so steht für ihn dagegen das christliche Gebot der Nächstenliebe. Einen besonders schweren Gewissenskonflikt bedeutet es für unsere evangelischen Gemeindeglieder, wenn sie das Eindringen dieser antichristlichen Gedankenwelt bei ihren Kindern, ihrer christlichen Elternpflicht entsprechend, bekämpfen müssen ...

Die evangelischen Christen sind auf Grund der Heiligen Schrift davon überzeugt, daß Gott der Schützer des Rechts und der Rechtlosen ist; darum empfinden wir es als Abkehr von ihm, wenn Willkür in Rechtsdingen einzieht und Dinge geschehen, die nicht recht sind vor dem Herrn.

Hierher gehören nicht nur die vielen Vorgänge im Kirchenkampf, sondern auch die durch die Einrichtung und das Gebaren der kirchlichen Beschlußstelle im Endergebnis gegebene Rechtsverweigerung.

Das evangelische Gewissen, das sich für Volk und Regierung mitverantwortlich weiß, wird aufs härteste belastet durch die Tatsache, daß es in Deutschland, das sich selbst als Rechtsstaat bezeichnet, immer noch Konzentrationslager gibt und daß Maßnahmen der Geheimen Staatspolizei jeder richterlichen Nachprüfung entzogen sind ...

Unser Volk droht die ihm von Gott gesetzten Schranken zu zerbrechen: Es will sich selbst zum Maß aller Dinge machen. Das ist menschliche Überheblichkeit, die sich gegen Gott empört.

In diesem Zusammenhang müssen wir dem Führer und Reichskanzler unsere Sorge kundtun, daß ihm vielfach Verehrung in einer Form dargebracht wird, die Gott allein zusteht ...

Was wir in diesem Schreiben dem Führer gesagt haben, mußten wir sagen in der Verantwortung unseres Amtes.

Die Kirche steht in der Hand des Herrn.

- *Das Schreiben der Leitung der Bekennenden Kirche an Hitler reihte die Judenverfolgung unter andere Rechtsbrüche und Gewissensverletzungen ein. Was schien die Kirche durch das Schreiben erreichen zu wollen?*
- *Warum ging die Bekennende Kirche mit diesen Anklagen nicht in die Öffentlichkeit, um weitere Kreise zu mobilisieren?*

8c Brennende Synagoge in Berlin am 9. November 1938

8d Judenstern
Titelseite einer antisemitischen Hetzschrift

8e Jude mit »Judenstern«. Seit dem September 1941 mußten alle Juden von 6 Jahren an den Judenstern tragen

8f Stigmatisierung der Juden

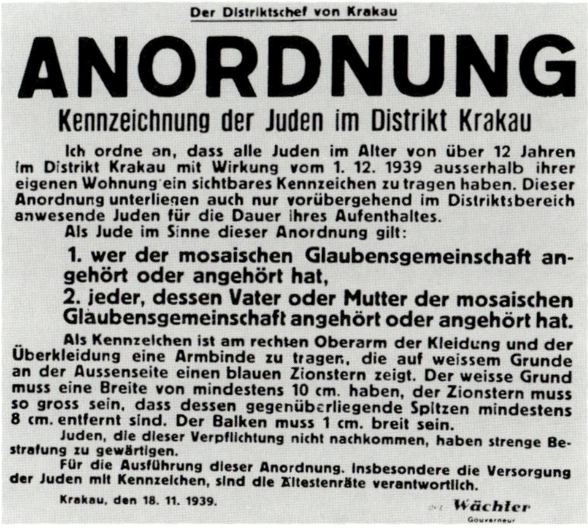

Der Distriktschef von Krakau

ANORDNUNG

Kennzeichnung der Juden im Distrikt Krakau

Ich ordne an, dass alle Juden im Alter von über 12 Jahren im Distrikt Krakau mit Wirkung vom 1. 12. 1939 ausserhalb ihrer eigenen Wohnung ein sichtbares Kennzeichen zu tragen haben. Dieser Anordnung unterliegen auch nur vorübergehend im Distriktsbereich anwesende Juden für die Dauer ihres Aufenthaltes.

Als Jude im Sinne dieser Anordnung gilt:

1. wer der mosaischen Glaubensgemeinschaft angehört oder angehört hat,
2. jeder, dessen Vater oder Mutter der mosaischen Glaubensgemeinschaft angehört oder angehört hat.

Als Kennzeichen ist am rechten Oberarm der Kleidung und der Überkleidung eine Armbinde zu tragen, die auf weissem Grunde an der Aussenseite einen blauen Zionstern zeigt. Der weisse Grund muss eine Breite von mindestens 10 cm. haben, der Zionstern muss so gross sein, dass dessen gegenüberliegende Spitzen mindestens 8 cm. entfernt sind. Der Balken muss 1 cm. breit sein.

Juden, die dieser Verpflichtung nicht nachkommen, haben strenge Bestrafung zu gewärtigen.

Für die Ausführung dieser Anordnung, insbesondere die Versorgung der Juden mit Kennzeichen, sind die Ältestenräte verantwortlich.

Krakau, den 18. 11. 1939.

Wächter
Gouverneur

Diese Anordnung war ein Vorläufer der später im ganzen Deutschen Reich und in den besetzten Gebieten geltenden Vorschrift.

- *Informieren Sie sich im Geschichtsbuch und in erreichbaren Büchern zur Zeitgeschichte über die »Reichskristallnacht« und ihre Hintergründe. Suchen Sie die Stelle in Ihrer Stadt, wo früher die Synagoge stand. Informieren Sie sich über die früheren jüdischen Bürger. Gibt es Überlebende? Wie verhielt sich die Kirche?*
- *Versuchen Sie zu erklären, wie es geschehen konnte, daß der größte Teil der Bevölkerung die entwürdigende Behandlung der Juden widerstandslos hinnahm.*
- *Verschaffen Sie sich Informationen über die NS-Ideologie, die es erklären, daß gerade im Judentum die Wurzel aller Übel der Weltgeschichte gesehen wurde.*

9 Die Distanzierung der katholischen Kirche vom Nationalsozialismus
Aus der Enzyklika »Mit brennender Sorge« von Papst Pius' XI. (1937)

Mit brennender Sorge und steigendem Befremden beobachten Wir seit geraumer Zeit den Leidensweg der Kirche, die wachsende Bedrängnis der ihr in Gesinnung und Tat treubleibenden Bekenner und Bekennerinnen inmitten des Landes und Volkes, dem St. Bonifatius einst die Licht- und Frohbotschaft von Christus und dem Reiche Gottes gebracht hat ...
Wer nach angeblich altgermanisch-vorchristlicher Vorstellung das düstere unpersönliche Schicksal an die Stelle des persönlichen Gottes rückt, leugnet Gottes Weisheit und Vorsehung ... Wer die Rasse, oder das Volk, oder die Staatsform, die Träger der Staatsgewalt oder andere Grundwerte menschlicher Gemeinschaftsgestaltung – die innerhalb der irdischen Ordnung einen wesentlichen und ehrengebietenden Platz behaupten – aus dieser ihrer irdischen Wertskala herauslöst, sie zur höchsten Norm aller, auch der religiösen Werte macht und sie mit Götzenkult vergöttert, der verkehrt und verfälscht die gottgeschaffene und gottbefohlene Ordnung der Dinge ... Gott hat in souveräner Fassung Seine Gebote gegeben ... Aus der Totalität seiner Schöpferrechte fließt seinsmäßig die Totalität Seines Gehorsamsanspruchs an die einzelnen und an alle Arten von Gemeinschaften. Dieser Gehorsamsanspruch erfaßt alle Lebensbereiche, in denen sittliche Fragen die Auseinandersetzung mit dem Gottesgesetz fordern und damit die Einordnung wandelbarer Menschensatzung in das Gefüge der unwandelbaren Gottessatzung. Nur oberflächliche Geister können der Irrlehre verfallen, von einem nationalen Gott, von einer nationalen Religion zu sprechen, können den Wahnversuch unternehmen, Gott, den Schöpfer aller Welt, den König und Gesetzgeber aller Völker, vor dessen Größe die Nationen klein sind wie Tropfen am Wassereimer, in die Grenzen eines einzelnen Volkes, in die blutmäßige Enge einer einzelnen Rasse einkerkern zu wollen ...

- *Untersuchen Sie den Text darauf hin, inwieweit sich die Argumentation der katholischen Kirche von der der Bekennenden Kirche unterscheidet.*
- *Von welchen Kernaussagen geht die Enzyklika aus?*
- *Lassen sich Gründe nennen, weshalb die Enzyklika keine konkreten Anklagen enthält, sondern sich auf die Darstellung der Geisteshaltung des Nationalsozialismus beschränkt?*

10 Widerstand gegen die Vernichtung menschlichen Lebens durch den NS-Staat
Protestschreiben von Bischof Th. Wurm an den Reichsinnenminister vom 19. Juli 1940

... Damit komme ich zum zweiten Anstoß, den das Empfinden unseres Volkes an den besprochenen Maßnahmen nimmt. Schon die vorchristliche Antike stellte den Grundsatz auf: res sacra miser, eine heilige Sache ist der Unglückliche. Das Christentum hat es sich von jeher zur Aufgabe gemacht, im Blick auf den, von dem es heißt: Er trug unsere Krankheit und lud auf sich unsere Schmerzen, der Kranken und Elenden sich anzunehmen. Gegenüber der Roheit eines primitiven Heidentums wurde der Mensch als Mensch und nicht als Tier behandelt. Die Fortschritte der Heilkunde wurden in den Anstalten der christlichen Liebestätigkeit auch für die geistig Erkrankten nutzbar gemacht ...
Ich kann nur mit Grausen daran denken, daß so, wie begonnen wurde, fortgefahren wird. Der etwaige Nutzen dieser Maßregeln wird je länger je mehr aufgewogen werden durch den Schaden, den sie stiften werden. Wenn die Jugend sieht, daß dem Staat das Leben nicht mehr heilig ist, welche Folgerungen wird sie daraus für das Privatleben ziehen? Kann nicht jedes Roheitsverbrechen damit begründet werden, daß für den Betreffenden die Beseitigung eines anderen von Nutzen war? Auf dieser schiefen Ebene gibt es kein Halten mehr. Gott läßt sich nicht spotten. Er kann das, was wir auf der einen Seite als Vorteil begonnen zu ha-

ben glauben, auf der anderen Seite zum Schaden und Fluch werden lassen. Entweder erkennt auch der NS-Staat die Grenzen an, die ihm von Gott gesetzt sind, oder er begünstigt einen Sittenverfall, der auch den Verfall des Staates nach sich ziehen müßte ...

- *Stellen Sie die Argumente zusammen, die Bischof Wurm in seinem Schreiben verwendet. Ordnen Sie diese Argumente in die Spalten »Wichtig« und »Weniger wichtig« ein.*
- *Notieren Sie die Argumente, die in einem solchen Schreiben ihrer Meinung nach hätten enthalten sein müssen.*
- *Stellen Sie begründete Vermutungen darüber an, weshalb Bischof Wurm sich für die vorliegende Form der Argumentation entschied.*

11 Die Weiße Rose

11a Flugblatt der Geschwister Scholl, 1943

Der imperialistische Machtgedanke muß unschädlich gemacht werden

Der Krieg geht seinem sicheren Ende entgegen. Mit mathematischer Sicherheit führt Hitler das deutsche Volk in den Abgrund. Hitler kann den Krieg nicht gewinnen, nur noch verlängern! Seine und seiner Helfer Schuld hat jedes Maß unendlich überschritten. Die gerechte Strafe rückt näher und näher!
Was aber tut das deutsche Volk? Es sieht nicht und es hört nicht. Blindlings folgt es seinen Verführern ins Verderben. Sieg um jeden Preis! haben sie auf ihre Fahne geschrieben. Ich kämpfe bis zum letzten Mann, sagte Hitler – indes ist der Krieg bereits verloren.
Deutsche! Glaubt nicht der nationalsozialistischen Propaganda, die Euch den Bolschewistenschreck in die Glieder gejagt hat! Glaubt nicht, daß Deutschlands Heil mit dem Sieg des Nationalsozialismus auf Gedeih und Verderben verbunden ist!
Der imperialistische Machtgedanke muß, von welcher Seite er auch kommen möge, für alle Zeiten unschädlich gemacht werden. Nur in großzügiger Zusammenarbeit der europäischen Völker kann der Boden geschaffen werden, auf welchem ein neuer Aufbau möglich sein wird. Freiheit der Rede, Freiheit des Bekenntnisses, Schutz des einzelnen Bürgers vor der Willkür verbrecherischer Gewaltstaaten, das sind die Grundlagen des neuen Europa.
Unterstützt die Widerstandsbewegung, verbreitet die Flugblätter.

- *Kennzeichnen Sie die politische Einstellung weiter Kreise der deutschen Bevölkerung, gegen die die Geschwister Scholl ankämpfen.*
- *Woran scheiterte die Widerstandsgruppe?*
- *War der Einsatz der Widerstandsgruppe »Weiße Rose« auch für den Fall, daß ihr die Aussichtslosigkeit ihres Unterfangens klar vor Augen stand, zu rechtfertigen?*
- *Kann das Handeln der »Weißen Rose« als ein christliches Handeln gekennzeichnet werden?*

11b Willi Graf: Brief aus dem Gefängnis

München, den 10. September 43
Strafgefängnis München-Stadelheim

Meine lieben Eltern, liebe Mathilde u.
liebe Anneliese,

ich kann Euch wiederum einen Brief schreiben und danke ganz besonders für Eure Post, die immer soviel Freude macht und zur Beruhigung dient, wenn ich erfahre, daß es Euch daheim gut geht und auch Ihr alles Leiden in Geduld und Gottvertrauen ertragt. Dürfen wir nicht fast froh sein, daß wir in dieser Welt ein Kreuz auf uns nehmen können, das manchmal über menschliches Maß hinauszugehen scheint? In gewissem Sinn ist es eine »wörtliche« Nachfolge Christi. Wir wollen versuchen, dieses Kreuz nicht nur einfach zu ertragen, sondern zu lieben und immer vollkommener zu leben im Vertrauen auf Gottes Ratschluß. Dann erfüllt sich der ganze Sinn in diesem schmerzvollen Leiden. Für uns ist der Tod nicht das Ende, sondern ein Durchgang, das Tor zum wahren Leben. Ich versuche, mir diese

Wirklichkeiten ganz bewußt werden zu lassen und bitte um Kraft und Segen dafür. So berühren einen die alltäglichen Dinge nicht mehr so stark, wie sie auch ausschauen mögen. Die Erfüllung des Lebens liegt nicht in ihnen. Aber die Liebe zu Deutschland wächst von Tag zu Tag und ich nehme schmerzvollen Anteil an seinem Geschick und seinen großen Wunden. Ich wünsche und hoffe so sehr, daß es Euch Allen daheim recht gut gehen möge, daß Ihr Euer gewohntes Leben weiterführen könnt und so ein wenig Ablenkung im Unglück findet, auch der kleine Joachim möge dazu verhelfen. Grüßt auch Ossy wieder von mir und wünscht ihm alles Gute. In Liebe und stetem Gedenken sind und bleiben wir verbunden.

Herzliche Grüße allen Euer Willi

- *Stellen Sie die Rolle dar, die das Kreuz in den Gedanken Willi Grafs spielt.*
- *Wie läßt sich in dieser Situation die Aussage verstehen, die Liebe zu Deutschland wachse von Tag zu Tag?*

12 Dietrich Bonhoeffer: Brief aus der Haft

Lebenszeichen aus der Prinz-Albrecht-Straße

Liebe Mama! 28.12.44

Eben habe ich zu meiner ganz großen Freude die Erlaubnis bekommen, Dir zum Geburtstag zu schreiben. Ich muß es etwas in Eile tun, da der Brief gleich noch fort soll. Eigentlich habe ich nur einen einzigen Wunsch, nämlich Dir in diesen für Euch so trüben Tagen irgendeine Freude machen zu können. Liebe Mama, Du mußt wissen, daß ich jeden Tag unzählige Male an Dich und Papa denke und daß ich Gott danke, daß Ihr da seid für mich und für die ganze Familie. Ich weiß, daß Du immer nur für uns gelebt hast und daß es für Dich ein eigenes Leben nicht gegeben hat. Daher kommt es, daß ich alles, was ich erlebe, auch nur mit Euch zusammen erleben kann ... Ich danke Dir für alle Liebe, die im vergangenen Jahr von Dir zu mir in meine Zelle gekommen ist und mir jeden Tag hat leichter werden lassen. Ich glaube, daß diese schweren Jahre uns noch enger miteinander verbunden haben als es je war. Ich wünsche Dir und Papa ... und uns allen, daß das neue Jahr uns doch wenigstens hier und da einen Lichtblick bringt und daß wir uns doch noch einmal zusammen freuen können. Gott erhalte Euch gesund! Es grüßt Dich, liebe, liebe Mama, und denkt an Dich an deinem Geburtstag von ganzem Herzen Euer dankbarer Dietrich

- *Dietrich Bonhoeffer und Willi Graf stehen hier stellvertretend für die Vielzahl derer, die aus religiöser und politischer Überzeugung in Gefängnissen und KZs inhaftiert waren. Informieren Sie sich in einer Bonhoeffer-Biographie näher über das Denken und Wollen Bonhoeffers.*

Jugend- und Sachbücher zum Kapitel 24

Bonhoeffer, Dietrich: *Widerstand und Ergebung.* München (Siebenstern Tb 1) 1951

Borowsky, Peter: *Adolf Hitler.* Hamburg (Dressler) 1978 (Ju)

Fährmann, Willi: *Das Jahr der Wölfe. Die Geschichte einer Flucht.* Würzburg (Arena) ^{5}1978 (betr. Vertreibung nach dem 2. Weltkrieg) (Ju)

Gollwitzer, H., u.a. (Hg.): *Du hast mich heimgesucht bei Nacht. Abschiedsbriefe und Aufzeichnungen des Widerstands 1933 bis 1945.* Gütersloh (GTB 9) ^{6}1980

Gollwitzer, Helmut: *... und führen, wohin Du nicht willst. Bericht einer Gefangenschaft.* Gütersloh (GTB 44) ^{3}1974

Grün, Max von der: *Wie war das eigentlich? Kindheit und Jugend im Dritten Reich.* Darmstadt, Neuwied (Luchterhand) ^{4}1979 (enthält ein Verzeichnis mit erzählender und Sachliteratur zum Thema) (Ju)

Ossowski, Leonie: *Stern ohne Himmel.* Weinheim, Basel ^{3}1979 (betr. Judenverfolgung) (Ju)

Reich-Ranicki, Marcel (Hg.): *Meine Schulzeit im Dritten Reich. Erinnerungen deutscher Schriftsteller.* Köln (Kiepenheuer und Witsch) 1982

Vinke, Hermann, und Elisabeth Raabe: *Das kurze Leben der Sophie Scholl.* Ravensburg (O. Maier) 1980 (mit Dokumenten und Berichten) (Ju)

25. Die evangelische Kirche in Deutschland nach dem Zweiten Weltkrieg (Bundesrepublik und DDR)

Die Zeit im Überblick

Kirchengeschichte	Politische Geschichte
1945 August, Konferenz in Treysa: Gründung der EKD Oktober, **Stuttgarter Schuldbekenntnis**	1945 Juni/Juli, Potsdamer Abkommen August, **Amerikanische Atombomben auf Hiroshima und Nagasaki**
	1947 Verkündigung der Truman-Doktrin (Zusammenfassung aller westlichen Kräfte zur Abwehr des Kommunismus)
1948 Grundordnung der EKD	1948 Ende der Demontagen in den westlichen Zonen Währungsreform/Berlin-Blockade
1949 Erster Deutscher Evangelischer Kirchentag	1949 **Gründung der Bundesrepublik Deutschland und der Deutschen Demokratischen Republik**
1951/52 **Kirchliche Proteste gegen die Wiederbewaffnung**	1951/52 **Politische Auseinandersetzungen um die Frage der Wiederbewaffnung Deutschlands**
	1953 Juni, Aufstand in der DDR
	1955 9. Mai, Eintritt der Bundesrepublik in die NATO
	1955 14. Mai, Gründung des Warschauer Paktes
1958 Kirchliche Proteste gegen Atombewaffnung	
1959 »Aktion Sühnezeichen«, »Aktion Brot für die Welt«	1961 Bau der Berliner Mauer
1965 **Denkschrift der EKD zur Lage der Vertriebenen** (sogenannte Ostdenkschrift)	1965 Mai, Aufnahme diplomatischer Beziehungen zu Israel
1969 Kirchenbund der DDR	1970 August, Deutsch-sowjetisches Gewaltverzichtsabkommen Dezember, Deutsch-polnischer Vertrag
	1972 Dezember, Grundlagenvertrag zwischen der Bundesrepublik und der DDR
1974 Einschränkung der kirchlichen Rechte in der zweiten DDR-Verfassung	1973 Aufnahme beider deutscher Staaten in die UNO
1975 Studie »Christen und Juden« der EKD	
1981 Friedensdenkschrift der EKD	

Für den deutschen Protestantismus brachte die militärische Niederlage des nationalsozialistischen Deutschland die Befreiung von der staatlichen Unterdrückung im Dritten Reich. Die Kirche gelangte sofort zu Ansehen bei den Besatzungsmächten ebenso wie bei den neugegründeten deutschen Parteien in den Westzonen.

Die bis dahin als innerkirchliche Opposition wirkende Bekennende Kirche wurde fast automatisch die maßgebende kirchliche Gruppierung. Ihr fiel damit die Aufgabe der **Neuordnung der evangelischen Kirche in Deutschland** zu. Die führenden Vertreter der Bekennenden Kirche und der sogenannten intakten Landeskirchen trafen sich im August 1945 in *Treysa* bei Marburg und berieten über die Neuordnung. Diese Kirchenführerkonferenz setzte an die Stelle der bisherigen »Deutschen Evangelischen Kirche« die **Evangelische Kirche in Deutschland (EKD),** an deren Spitze ein »Rat«, bestehend aus zwölf Mitgliedern, stehen sollte. Den Vorsitz erhielt der württembergische Landesbischof Theophil Wurm, sein Stellvertreter wurde der aus dem KZ entlassene Pfarrer der Bekennenden Kirche Martin Niemöller. Die »Barmer Erklärung« von 1934 wurde für die Gliedkirchen der EKD für verbindlich erklärt. Damit waren nationalsozialistische Gedanken aus dem Bereich der evangelischen Kirche grundsätzlich ausgeschlossen.

Eine der ersten Aufgaben des Rates der EKD war die Wiederherstellung der Beziehungen zum Weltprotestantismus. Auf seiner Sitzung in Stuttgart im Oktober 1945 verlas der Rat vor anwesenden Vertretern der Ökumene aus Frankreich, England, den Niederlanden, der Schweiz und den Vereinigten Staaten das **Stuttgarter Schuldbekenntnis.** Dieses Eingeständnis, daß sich die Kirche nicht genügend dem Nationalsozialismus widersetzt habe, bildete die erste Brücke zur Verständigung zwischen Deutschland und den Siegermächten. Zugleich stieß das Schuldbekenntnis bei Teilen der deutschen Bevölkerung auch auf Ablehnung.

1948 gab sich die EKD auf der Eisenacher Kirchenkonferenz ihre **Grundordnung.** Als leitende Organe wurden die Synode, die Kirchenkonferenz und der Rat der EKD bestimmt. Die aus 120 Mitgliedern (60 Laien, 60 Theologen) bestehende Synode – mit einem Parlament vergleichbar – erhielt die Aufgabe, Gesetze zu beschließen und dem Rat Richtlinien zu erteilen. Ihr erster Präses wurde der spätere Bundespräsident Gustav Heinemann.

Die Kirchenkonferenz, in der jede der Gliedkirchen mit einem Vertreter repräsentiert ist, dient der Verbindung von EKD und Gliedkirchen. Sie berät Rat und Synode, regt an und wirkt mit bei der Gesetzgebung. Dem fünfzehnköpfigen Rat obliegen Verwaltung, Amtsgeschäfte und die Vertretung der EKD nach außen.

Ins Blickfeld der Öffentlichkeit traten Rat und Synode der EKD vor allem dadurch, daß sie sich wiederholt zu *Gegenwartsfragen* äußerten. Dies war etwas Neues und kennzeichnet die evangelische Kirche nach dem Zweiten Weltkrieg. Der Kirchenkampf und die Erfahrung der Wirklichkeit des Nationalsozialismus hatten die dringende Frage gestellt, ob politische und soziale Enthaltsamkeit der öffentlichen Verantwortung der Kirche entsprächen. Schon in Treysa stellten die versammelten Kirchenvertreter fest, daß sich eine Gesellschaft, die sich von den Grundsätzen christlicher Lebensordnung entfernt habe, in der Gefahr befinde, »dämonisch« zu entarten. Die Konsequenz lautete bereits im August 1945: Die Kirche muß sich an der Gestaltung des öffentlichen, insbesondere des politischen Lebens beteiligen.

Die Kirchenkonferenz von Treysa blieb keineswegs bei allgemeinen Verlautbarungen stehen, sondern machte sehr konkrete Vorschläge. So wurde u.a. die Bildung einer vom Christentum bestimmten Partei als nützlich beurteilt. Eine solche Partei sollte jedoch die prinzipielle Überparteilichkeit der Kirche nicht in Frage stellen. Daher dürfe die Kirche selbst sich nicht daran beteiligen. Darüber hinaus wurden in Treysa alle jene Überlegungen zur Aktivierung der Laien in der Kirche und für die Öffentlichkeit ausgesprochen, die in den kommenden Jahrzehnten das kirchliche Leben bestimmten. Kirchentage und Evangelische Akademien sollten zur Diskussion sozialer und politischer Fra-

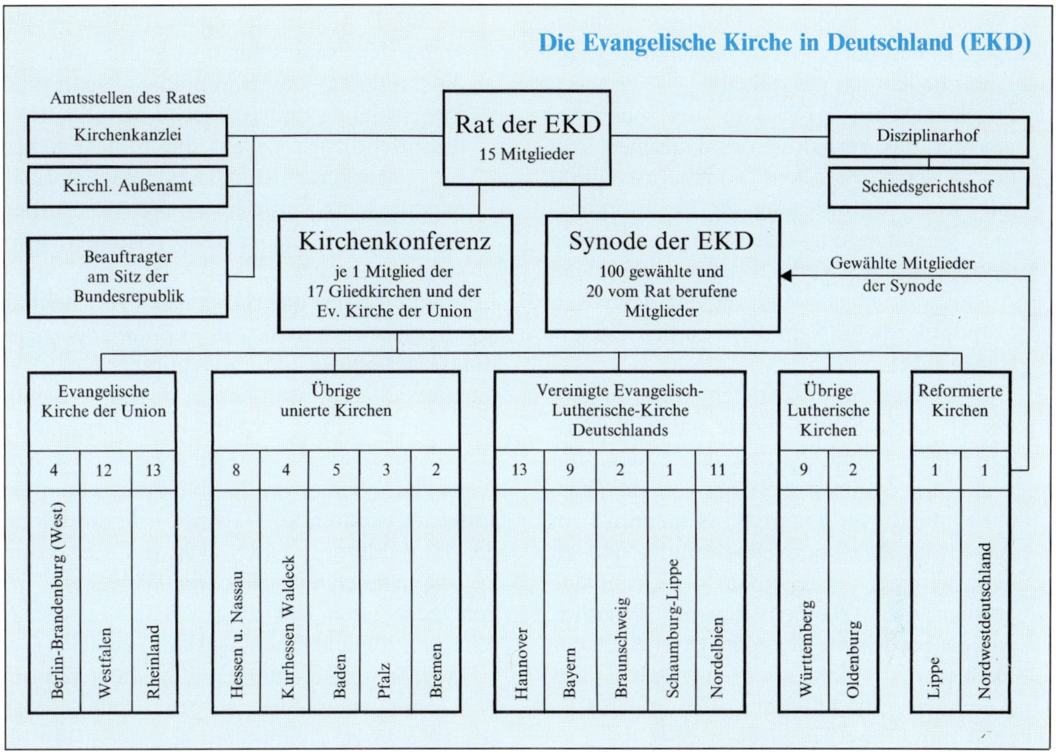

gen im Kreise kirchlicher Laien ins Leben gerufen werden. Der **Deutsche Evangelische Kirchentag** wurde von dem führenden Mitglied der Bekennenden Kirche, Reinold von Thadden-Trieglaff, im Jahr 1949 gegründet. Zur Aufgabenstellung dieser alle zwei Jahre stattfindenen Zusammenkunft hieß es:

»die evangelische Christenheit in Deutschland sammeln,
sie im Glauben stärken,
sie für die Verantwortung in ihrer Kirche rüsten,
sie zum Zeugnis in der Welt ermutigen
und mit ihr in der Gemeinschaft weltweiter Christenheit bleiben«.

Die Aufgaben der **Evangelischen Akademien** beschrieb Eberhard Müller, Direktor der ersten Akademie in Bad Boll, so:

»Die Evangelischen Akademien in Deutschland sind Stätten der Begegnung, in denen Menschen, die durch gemeinsame Fragen und Aufgaben der modernen Welt miteinander verbunden sind, zu gemeinsamen Tagungen versammelt werden ... Alle Akademien arbeiten in der Überzeugung, daß die Kirche von ihrem Auftrag abirrt, wenn sie lediglich versucht, Menschen für eine bestimmte Gottverehrung zu gewinnen und ihre eigene fromme Gemeinschaft aufzubauen. Der Auftrag Jesu an seine Jünger richtet sich entscheidend darauf, die Kraft der Liebe Gottes an dieser Welt zur Wirkung zu bringen.«

Wesentliches Element der Akademiearbeit ist es in diesem Sinne, Vertreter gegensätzlicher Interessen politischer, wirtschaftlicher und gesellschaftspolitischer Art in ein Gespräch miteinander zu bringen.

Einfluß in politischen Lebensfragen suchte die Kirche durch **Denkschriften,** die sich an die Öffentlichkeit richten, zu nehmen. Dabei ging es vor allem darum, die Position der evangelischen Kirchen in angemessener und fundierter Weise in die politische Diskussion einzubringen. In besonderer Weise haben drei Denkschriften Bedeutung gewonnen:

1. Die Denkschrift »Die Lage der Vertriebenen und das Verhältnis des deutschen Volkes zu seinen östlichen Nachbarn« (1965) mit ihrer Aufforderung zu Versöhnungs- und Verständigungsbereitschaft gegenüber dem polnischen Volk. Sie gab wesentliche Anstöße zu einer Wende in der deutschen Ostpolitik, die im Jahr 1970 zu den Ostverträgen führte.
2. Die Denkschrift »Christen und Juden« (1975). Diese Studie suchte nach jahrhundertelanger Feindschaft zwischen Judentum und Christentum mit ihrem von den Kirchen nicht verhinderten Höhepunkt in Auschwitz zu einer Neubesinnung und zu gegenseitigem Verstehen auf der Grundlage gemeinsamer Glaubenselemente beizutragen. Dabei drückte das späte Erscheinen der Denkschrift – mehr als dreißig Jahre nach Auschwitz – die Lähmung auch in den Kirchen durch das Erschrecken über das Geschehene aus.
3. Die Denkschrift »Frieden wahren, fördern und erneuern« (1981). Hier wollte die Kirche den Zwiespalt in den eigenen Reihen zwischen Gegnern und Befürwortern hochtechnisierter Rüstung und Massenvernichtungswaffen ausgleichen. Dabei verwies die Kirche die Waffen eindeutig in eine Position der Vorläufigkeit und machte deren Existenzberechtigung von ehrlichen Bemühungen um Frieden und Abrüstung abhängig. Die Friedensdenkschrift knüpfte an die innerkirchliche Diskussion über die Wiederbewaffnung Deutschlands aus den frühen fünfziger Jahren an, die sich am Ende der fünfziger Jahre in der Frage der Atombewaffnung wieder entzündete (»Heidelberger Thesen«, 1959). Schon damals zeigte sich, daß die Spaltung der Bekennenden Kirche in eine lutherisch bestimmte Richtung und eine zur reformierten Theologie neigende Richtung (Karl Barth, Martin Niemöller u.a.) sich in der EKD fortsetzte. In Orientierung an der lutherischen Zwei-Reiche-Lehre (s. Bd. I) hielten die einen Waffen in der Hand des Staates für notwendig, während die anderen die waffenlose Neutralität Deutschlands und politische Mitgestaltung des öffentlichen Lebens durch die Kirchen für geboten erachteten. Dieser Widerspruch, der eine klare Verurteilung der Atomwaffen durch die Synode der EKD verhinderte, besteht weiter fort.

Eine andersartige innerkirchliche Frontstellung ergab sich aufgrund des *»Entmythologisierungsprogramms«* des Marburger Neutestamentlers Rudolf Bultmann. In seiner Bemühung, die Botschaft der Bibel in modernes Denken zu übersetzen, deutete er viele biblische Aussagen – wie etwa die, daß Jesus von einer Jungfrau geboren sei – als zeitbedingte Bilder, die der moderne Mensch nicht in dieser Form zu übernehmen brauche. Der Widerstand gegen diese unter der jungen Theologenschaft sehr einflußreiche Theologie war bei vielen Gemeindechristen, die an den alten Lehrtraditionen festhalten wollten, so groß, daß sie sich seit 1966/67 zu organisieren begannen. Mit regionalen Schwerpunkten in den alten Erwekkungsgebieten des 19. Jahrhunderts (Württemberg, Siegerland) entstanden gesonderte Gemeinschaften wie die *»Bekenntnisbewegung* – kein anderes Evangelium« und die »kirchliche Sammlung«.

Einmütiger handelte die EKD bei ihren Initiativen auf dem Gebiet der praktischen Hilfe:

1959 eröffnete der Rat der EKD gemeinsam mit Vertretern der Freikirchen die Aktion **Brot für die Welt.** Im selben Jahr wurde die **Aktion Sühnezeichen** ins Leben gerufen, die viele junge Menschen jeweils für ein Jahr in Länder schickte, die besonders unter dem Nationalsozialismus gelitten hatten, um dort beim Wiederaufbau zu helfen. Für den Kontakt zur Arbeiterschaft, den die Kirche nunmehr als wichtig erkannt hatte, wurden neben den Akademien (Sozialakademie Friedewald) *Sozialämter* und *Industriepfarrämter* eingerichtet.

Wichtig für die Erneuerung des Fundaments der Kirche in der evangelischen Bevölkerung war der Wiederaufbau der kirchlichen **Jugendarbeit** nach dem Zweiten Weltkrieg. Seit Dezember 1933 war die evangelische Jugend aufgrund eines Abkommens zwischen dem Reichsbischof Müller (s.o. S. 10) und dem NS-Reichsjugendführer Baldur von Schirach in die Hitlerjugend eingegliedert worden. In einem Kirchengesetz vom März 1934 hatte der NS-treue Reichsbischof verschärfend angeordnet, daß das Jugendwerk der DEK (Deutsche Evangelische Kirche) ausschließlich Wortverkündigung treiben und keinerlei Mitgliederlisten mehr führen dürfe. Die Folge war, daß sich die aktiven Mitglieder und Leiter der evangelischen Jugend an die »Bekennende Kirche« hielten und in der Form von Gemeindegruppen weiterzuarbeiten versuchten. Dadurch wurde die Wiederaufnahme der kirchlichen Jugendarbeit nach Kriegsende erleichtert.

Schon im Mai 1946 wurde im zerstörten Hannover der Zusammenschluß der wiederbegründeten evangelischen Jugendverbände (CVJM, Schülerbibelkreise, Christliche Pfadfinder u.a.) in der **Evangelischen Jugend Deutschlands (EJD)** als Dachverband beschlossen. Sie verstand sich als Gemeinschaft auf dem Boden der Gemeinden, wo sie sich – mit Ausnahme des Bereichs der DDR – ungehindert entfalten konnte.

Die Arbeit der evangelischen Jugend Deutschlands in den Nachkriegsjahren berührte sich tatsächlich eng mit der Arbeit der Kirchen. So löste die Frage der Wiederbewaffnung Deutschlands eine erregte Diskussion unter den Jugendlichen aus. Die EJD bildete 1956 einen Ausschuß für Fragen des Wehrdienstes. 1958 gingen dreizehn namhafte Mitarbeiter der EJD mit einer entschiedenen Stellungnahme gegen die geplante Atombewaffnung an die Öffentlichkeit. Die Evangelische Arbeitsgemeinschaft für Kriegsdienstverweigerer konstituierte sich nach vorangegangenen Versuchen endgültig im Jahre 1960.

Anfang der sechziger Jahre wurden **neue Gottesdienstformen** erprobt. Sie stießen vor allem bei Jugendlichen auf Interesse und wurden auf den Kirchentagen in Dortmund (1963) und Köln (1965) einer größeren Öffentlichkeit vorgestellt. Man schrieb neue Glaubensbekenntnisse und neue Lieder. Die Orgel wurde durch andere Musikinstrumente ergänzt. Die Begegnung mit anderen Frömmigkeitsformen aus den Kirchen der Ökumene hatte diese Neuerungen mit ermöglicht.

Seit der ersten europäischen *ökumenischen Jugendkonferenz* in Lausanne im Juli 1960 war die Verantwortung der Christen für die »Dritte Welt« erstmals in ihrem vollen Umfang in das Bewußtsein der Kirchen in Deutschland getreten. Als erstes Ergebnis dieses Bewußtseinswandels wurde die Arbeitsgemeinschaft der Evangelischen Kirche Deutschlands für **Dienste in Übersee** gegründet. Schon nach Ablauf eines Jahres erklärten sich 1000 junge Leute

Diakonisches Werk der Evangelischen Kirche in Deutschland e.V.

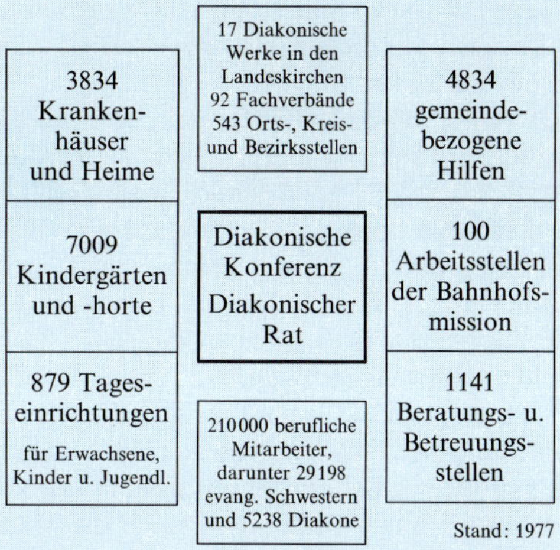

Stand: 1977

Seit 1957 gibt es das Diakonische Werk als Zusammenschluß der »Inneren Mission« (gegründet 1848) und des »Hilfswerks der Evangelischen Kirche« (gegründet 1946). Es ist Dachorganisation der Diakonie der EKD und der angeschlossenen Freikirchen und Fachverbände. In der Diakonischen Konferenz und dem Diakonischen Rat sitzen Vertreter der diakonischen Werke der einzelnen Landeskirchen, der Fachverbände und der EKD-Behörden. Das Diakonische Werk hat auch die Geschäftsführung von »Brot für die Welt« übernommen.

bereit, als Entwicklungshelfer in Ländern der Dritten Welt zu arbeiten. Eigentliches Weltproblem, so hieß es jetzt, sei nicht der Ost-West-, sondern der Nord-Süd-Konflikt. Ökumenische Aufbaulager in dieser Zeit verzeichneten hohe Teilnehmerzahlen.

Das Jahr 1968 bildete aufgrund der Häufung politischer Probleme in aller Welt einen Höhepunkt auch in der **Aufbruchsstimmung** der evangelischen Jugend. Der andauernde Vietnamkrieg (seit 1963), die Ermordung Martin Luther Kings, des engagierten Kämpfers für die Rechte der Schwarzen in den USA (s.u. S. 103/4), das Attentat auf den Studentenführer Rudi Dutschke wenig später, die Verabschiedung der Notstandsgesetze, die Hungerkatastrophe in Biafra, die gewaltsame Beendigung des »Prager Frühlings« durch die Truppen des Warschauer Pakts waren Herausforderungen. In der Einrichtung des *politischen Nachtgebets* in Köln, des Arbeitskreises »Junge protestierende Gemeinde« in Frankfurt, des »Radikal-christlichen Clubs« in Hamburg versuchte man in Kreisen der evangelischen Jugend, Antworten darauf zu finden und Konsequenzen für das eigene Handeln zu bedenken. Viele griffen auch direkt in die Arbeit von Kirche und Gemeinde ein durch politische Demonstration (z.B. die spektakuläre Entfaltung eines Vietnam-Transparents im Weihnachtsgottesdienst der Kaiser-Wilhelm-Gedächtnis-Kirche in Berlin, 1967) und kritische Opposition (z.B. auf der Tagung der EKD-Synode, Oktober 1968).

1968 nahmen 127 Jugendvertreter an der Weltkirchenkonferenz in Uppsala teil. Sie forderten das totale Engagement der Kirche und des einzelnen für *Friedensarbeit*, soziale Gerechtigkeit und gleiches Recht aller auf Nahrung, Ausbildung und Arbeit. Mit Plakaten, auf denen diese Forderungen verzeichnet waren, zogen die Jugenddelegierten in den Schlußgottesdienst ein.

Die Aktion '68 der evangelischen Jugendverbände in Rendsburg/Schleswig-Holstein suchte die Appelle aus Uppsala in die Tat umzusetzen. Es wurde der Plan vorbereitet, ab Mai 1969 die »Aktion Selbstbesteuerung« ins Leben zu rufen: Jeder Christ sollte sich verpflichten, bis zu drei Prozent seines Nettoeinkommens für Entwicklungspolitik zur Verfügung zu stellen. Im ersten Dreivierteljahr schlossen sich etwa

Die **Jesus-People** grüßen sich mit erhobener Faust, aus der der Zeigefinger ragt.

»Liturgische Nacht«, Kirchentag Düsseldorf 1973

10000 Menschen dieser Aktion an. Im folgenden Jahr kam es zu Hunger- und Friedensmärschen der evangelischen Jugend für die Notleidenden in der Dritten Welt, die ähnlich in Australien, England und Kanada stattgefunden hatten. Ihre Fortsetzung fand diese Arbeit im Angola-Sonntag (1973) und in der Namibia-Woche (1975). Innerhalb der Kirche entstand aufgrund des neuen Engagements für die Dritte Welt eine heftige Diskussion über die Frage, ob man auch Befreiungsbewegungen in überseeischen Ländern unterstützen dürfe, die die Anwendung von Gewalt befürworteten. In dieser Frage gab es keine Einigung.

Im Jahr 1971 hatte die *Jesus-People-Welle* aus den USA auch Deutschland erreicht. Die Rock-Oper »Jesu-Christ-Superstar« hatte am Broadway einen ungeheuren Erfolg gehabt. Die Anhänger der neuen Bewegung – in den USA wie in Europa aus Drogenszene und Hippie-Subkultur kommend – trafen sich zu Tausenden in einer Art neuer Erweckungsbewegung.

Nach Abebben der Jesus-Welle finden sich ihre Spuren in Teestuben und Gebetsgemeinschaften Jugendlicher wieder; aber auch die Anhänger von Sekten wie die »Kinder Gottes«, die »Vereinigungskirche« und die »Scientology-Church« stammen zu einem Teil aus der Jesus-People-Bewegung.

Für die organisierten kirchlichen Jugendverbände waren die zeitweisen Erfolge der Jesus-People bei sonst der Kirche fernstehenden Jugendlichen ein Anlaß, ihre bis dahin praktizierten Arbeitsmethoden neu zu überdenken. Zugleich fand die Einsicht, daß den Glaubensfragen selbst wieder mehr Aufmerksamkeit geschenkt werden müsse, zahlreiche Anhänger in den Kreisen der evangelischen Jugendverbände: Die Bibelarbeit gewann in der Jugendarbeit wieder an Boden.

Parallel dazu stiegen von Jahr zu Jahr die Zahlen jugendlicher Teilnehmer an den Kirchentagen: In Frankfurt (1975), in Berlin (1977) und Nürnberg (1979) waren bereits zwei Drittel der Teilnehmer Jugendliche. Einen Höhepunkt in dieser Entwicklung bildete der Hamburger Kirchentag des Jahres 1981, der sich zum Forum der kirchlichen Friedensbewegung und der Opposition insbesondere gegen die westliche Rüstungspolitik entwickelte. Inhaltlich setzten die

Friedensbestrebungen des Jahres 1981 die Tradition der Friedensbemühungen der Kirchen aus den fünfziger Jahren fort. Sie gipfelten vorläufig in der von der Aktion Sühnezeichen initiierten gewaltigen Friedensdemonstration vom 10. Oktober 1981 in Bonn.

Die EKD erstreckte sich von Anfang an auf die vier Besatzungszonen und später auf beide Teile Deutschlands. Die **Kirchen der DDR** waren jedoch bald starken Beschränkungen unterworfen:
Nach einer Zeit relativen Gewährenlassens der Kirche während der sogenannten antifaschistisch-demokratischen Phase vor Gründung der DDR kam es trotz der weitgehenden Aussagen der DDR-Verfassung über die Freiheit der Religionsausübung zu Behinderungen von kirchlichen Aktivitäten. Den Anfang machten staatlich geförderte Kampagnen der FDJ gegen die Tätigkeit der »Jungen Gemeinde«. Die Einführung der *Jugendweihe 1955* wurde von den Kirchen als Angriff auf die Konfirmation empfunden, zumal auch bewußte Christen gezwungen waren, ihre Kinder an der Jugendweihe teilnehmen zu lassen, wenn sie ihnen nicht massive berufliche Nachteile zumuten wollten. Durch die bis zum Mauerbau 1961 anhaltende Fluchtbewegung in die Bundesrepublik wurde die Kirche zudem wesentlicher Teile ihres Anhangs in den Gemeinden beraubt. Bauplätze für Kirchen oder Gemeindezentren wurden jahrelang nicht genehmigt, Pfarrerkinder oder Mitglieder kirchlicher Gruppen von weiterführenden Schulen oder vom Studium ausgeschlossen.
Die Kirchen der DDR begaben sich zunächst auf den Weg der Opposition. Die »Zehn Artikel über Freiheit und Dienst der Kirche in der DDR«, die 1963 im Auftrag der Konferenz der Evangelischen Kirchenleitungen in der DDR beschlossen wurden, nahmen z.B. entschieden gegen die vom V. Parteitag der SED 1958 beschlossenen »Zehn Artikel der sozialistischen Moral« Stellung. Die kirchliche Initiative wurde jedoch aus den eigenen Reihen kritisiert. Der Theologe Karl Barth warnte davor, eine

Rede von Coretta King, der Witwe von Martin Luther King **während der Friedensdemonstration in Bonn am 10.10.1981**
Im Hintergrund links Heinrich Böll und Erhard Eppler, rechts William Born und Heinrich Albertz

Friedensdemonstration am Ostersonntag, 12. April 1982, in Berlin

christliche Front aufzubauen. Dies veranlaßte den »Weißenseer Arbeitskreis«, theologische Sätze zu formulieren, die eine *kritische Mitarbeit der Christen am Aufbau des Sozialismus* empfahlen.

Ein wesentlicher Teil der Christen in der DDR versucht seitdem, der Alternative zu entgehen, entweder seinen Glauben aufzugeben oder in eine totale Opposition zum Staat zu geraten. Sie bemühen sich um einen mittleren Weg, dem die Überlegung zugrunde liegt, daß man zwischen sozialistischer Gesellschaftsordnung und atheistisch-materialistischer Weltanschauung unterscheiden könne. Die sozialistische Gesellschaftsordnung widerspreche dem christlichen Glauben nicht. Manche sehen sogar im sozialistischen Streben nach Gerechtigkeit und Schutz der Schwachen eine besonders enge Verbindung zum christlichen Glauben.

Über zwanzig Jahre lang gehörten der EKD Gliedkirchen aus der Bundesrepublik und der DDR an. Nach dem Bau der Berliner Mauer jedoch wurde die gemeinsame Arbeit zunehmend schwieriger. Die Synodalen aus Ost und West mußten getrennt tagen und ihre Ergebnisse dann miteinander abstimmen. Lange Zeit versuchte man, die Einheit trotz der Schwierigkeiten aufrechtzuerhalten.

Die Staatsführung der DDR mochte jedoch die Verbindung der Kirchen der DDR zu denen der Bundesrepublik auf die Dauer nicht dulden. Offenbar fürchtete sie eine politische Beeinflussung der christlichen Bevölkerung im DDR-feindlichen Sinne. Daher arbeitete die DDR-Führung auf eine organisatorische Loslösung der Kirchen der DDR von der EKD hin, so daß auch Einheitsbekundungen wie die der Teilsynode in Fürstenwalde/Spree von 1967 die Trennung nicht mehr verhindern konnten. Am 10. Juni 1969 trat die Ordnung des **Bundes der Evangelischen Kirchen in der DDR** in Kraft, die damit praktisch aus der EKD austraten.

Diejenigen Christen in der DDR, die ein positiveres Verhältnis zwischen Kirche und Staat anbahnen wollten, begrüßten den neuen Kirchenbund. Eine Synode der Kirchen in Eisenach stellte 1971 die Einstellung der in der DDR lebenden evangelischen Christen zu ihrem

Fahnenübergabe in der DDR

Staat und ihrer Gesellschaft so dar: »Wir wollen nicht neben, nicht gegen, sondern wir wollen Kirche im Sozialismus ein.«

Die siebziger Jahre waren in der DDR durch den weiteren Ausbau einer differenzierteren Haltung der Christen zum Sozialismus gekennzeichnet. Anfang 1978 fanden zwischen Vertretern des Staates und der Kirche Gespräche statt, die eine Entspannung des beiderseitigen Verhältnisses anbahnten. So wurde den beiden Konfessionen z.B. Sendezeit im 2. Programm des DDR-Fernsehens angeboten und Karfreitag 1978 auch erstmalig in Anspruch genommen. Im gleichen Jahr kam es auch zu positiver Berichterstattung über die Kirchentage in Leipzig und Eisenach. Zu Problemen führte dagegen die Einführung des Wehrkundeunterrichts in den Schulen der DDR, gegen den die Kirchen protestierten. Sie befürchteten, daß dieser Unterricht die Erziehung zum Frieden untergraben könnte.

Die Gliedkirchen der Evangelischen Kirche in Deutschland und des Bundes der Evangelischen Kirchen in der DDR

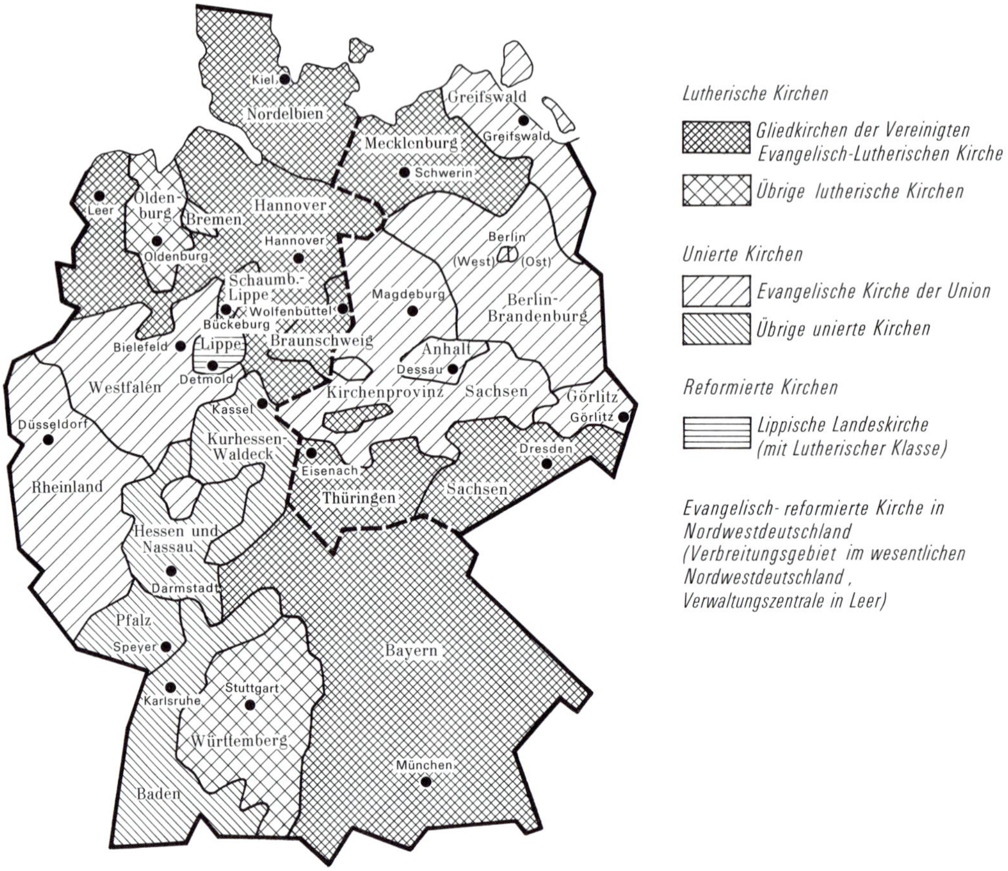

Religionszugehörigkeit in der Bundesrepublik Deutschland

	Mitte 1975	%	Mitte 1980 (Prognose)	%	Jahr 2000 (Prognose)	%
Christen	57734300	93,5	57557300	92,1	54252000	81,8
davon:						
Protestanten	29199800	47,3	28955300	46,7	25758000	38,9
Katholiken	27140000	44,0	27166000	43,8	26563000	40,1
Orthodoxe	630000	1,0	650000	1,0	750000	1,1
Altkatholiken	401000	0,7	402000	0,6	470000	0,7
Protestantische Sekten	330000	0,5	350000	0,6	660000	1,0
Gesamtbevölkerung Bundesrepublik Deutschland	61282000	100	62023000	100	66242000	100

Quellen

1 Die kirchliche Neubesinnung nach dem Zweiten Weltkrieg

1a Kirchenkonferenz von Treysa, August 1945 Ein Wort zur Verantwortung der Kirche für das öffentliche Leben

1. Das furchtbare Erlebnis der vergangenen 12 Jahre hat weiten Kreisen innerhalb und außerhalb der deutschen Kirchen die Augen dafür geöffnet, daß nur da, wo Grundsätze christlicher Lebensordnung sich im öffentlichen Leben auswirken, die politische Gemeinschaft vor der Gefahr dämonischer Entartung bewahrt bleibt. Aus dieser Erkenntnis erwächst der Evangelischen Kirche in Deutschland (EKD) die große und schwere Aufgabe, weit stärker als bisher auf die Gestaltung des öffentlichen Lebens und insbesondere der politischen Gemeinschaft einzuwirken.
2. Je stürmischer das Verlangen nach solcher Mitwirkung von außen an die Kirche herangetragen wird und je mehr ihre Pfarrer um Rat oder unmittelbare Mitarbeit im öffentlichen Leben gebeten werden, um so dringlicher wird die Frage nach dem rechten Verhältnis von Religion, Kirche und Politik.
3. Es ist deshalb notwendig, bei dem Rat der EKD einen ständigen Ausschuß zu schaffen, der unter enger Zusammenarbeit von erfahrenen sachkundigen Laien und Theologen und Kirchenmännern diese Frage grundsätzlich klärt, zu neu auftauchenden Problemen des öffentlichen Lebens fortlaufend Stellung nimmt, in Gutachten und Ratschlägen.
4. Darüber hinaus ist es notwendig, daß in den Landeskirchen und besonders in den Großstädten sich Laienarbeitskreise bilden, in denen sowohl grundsätzliche wie praktische Fragen des öffentlichen Lebens bearbeitet werden, unter geistlicher Leitung durch die Pfarrer, aber so, daß in erster Linie die Laienschaft mit ihrer praktischen Sachkenntnis die Arbeit und ihre öffentliche Verantwortung trägt.
6. Die Kirche ist ihrem Wesen nach nie Partei, sondern tut ihren Dienst an allen politischen und sozialen Gruppen mit gleicher Liebe. Sie darf sich weder mit den Zielen und dem taktischen Vorgehen einer einzelnen Partei gleichsetzen, noch vollends sich von den Interessen einer Partei in ihren öffentlichen Äußerungen und ihrem politischen Verhalten überhaupt bestimmen lassen.

Dies schließt nicht aus, daß sie die Bildung einer politischen Partei, die sich selbst auf christliche Grundsätze verpflichtet, mit Wohlwollen aufnimmt, soweit diese etwa durch konkrete politische Verhältnisse notwendig wird. Sie wird sich aber aufs strengste davor hüten müssen, durch solches Wohlwollen in den Verdacht der Parteilichkeit zu geraten oder irgendwelchen Bestrebungen klassenmäßiger Absonderung eines Volksteiles von den anderen Vorschub zu leisten.

7. Die an vielen Orten bereits in Gang gekommenen Bestrebungen, politische Gegensätze zwischen Protestantismus und Katholizismus auszuräumen, die Gemeinsamkeit des Kampfes gegen den Säkularismus zu betonen und so eine gegenseitige geistige und politische Annäherung beider Konfessionen vorzubereiten, verdienen ebenso unsere Unterstützung wie die Bemühungen katholischer Prälaten und Laienkreise, ein Wiederaufleben der ehemaligen Zentrumspartei zu verhindern und statt dessen ein politisches Zusammengehen beider Konfessionen auf dem Boden christlicher Union zu ermöglichen.

Treysa, im August 1945

Im Namen des Rates der EKD
gez. Wurm

- *Vergleichen Sie die kirchliche Reaktion auf das Ende des Zweiten Weltkrieges mit den kirchlichen Reaktionen nach der Niederlage 1918 (s. Bd. II, 1, Kap. 22).*
- *Lassen sich Gründe nennen, weshalb eine weitergehende Trennung von Kirche und Staat in der Diskussion seit 1945 kaum eine Rolle spielt?*
- *Skizzieren Sie aufgrund der Q 1a und 1b, wie die Kirche nach Kriegsende die neue Öff-*

nung zum politischen Geschehen hin begründet.

- *Beschreiben Sie die Erwartungen, die die Kirchenführerkonferenz offenbar mit der Einrichtung von Laienarbeitskreisen verband.*
- *Erläutern Sie den Unterschied zwischen Wohlwollen und Parteilichkeit, den die Kirchenführer zur Kennzeichnung der Haltung der Kirche gegenüber einer Partei auf der Grundlage christlicher Prinzipien feststellen. Nennen Sie die Schwierigkeiten, die sich aus dieser Unterscheidung ergeben.*
- *Erstellen Sie eine Liste christlicher Grundsätze, die nach Ansicht der Kirchenführer in Treysa in anderen Parteien offensichtlich als Prinzipien vermißt werden.*
- *Informieren Sie sich über den Begriff »Säkularismus« und versuchen Sie, auf dieser Grundlage die Ziele des Zusammengehens beider Konfessionen in einer Parteigründung zu erläutern.*

1b Die Stuttgarter Schulderklärung 1945: Der Brückenschlag zur Ökumene

Der Rat der evangelischen Kirche in Deutschland begrüßte bei seiner Sitzung im Oktober 1945 in Stuttgart Vertreter des Ökumenischen Rates der Kirchen und erklärte:

Wir sind für diesen Besuch um so dankbarer, als wir uns mit unserem Volke nicht nur in einer großen Gemeinschaft der Leiden wissen, sondern auch in einer Solidarität der Schuld. Mit großem Schmerz sagen wir: Durch uns ist unendliches Leid über viele Völker und Länder gebracht worden. Was wir unseren Gemeinden oft bezeugt haben, das sprechen wir jetzt im Namen der ganzen Kirche aus: Wohl haben wir lange Jahre hindurch im Namen Jesu Christi gegen den Geist gekämpft, der im nationalsozialistischen Gewaltregiment seinen furchtbaren Ausdruck gefunden hat; aber wir klagen uns an, daß wir nicht mutiger bekannt, nicht treuer gebetet, nicht fröhlicher geglaubt und nicht brennender geliebt haben.

Nun soll in unseren Kirchen ein neuer Anfang gemacht werden. Gegründet auf die Heilige Schrift, mit ganzem Ernst ausgerichtet auf den alleinigen Herrn der Kirche, gehen sie daran, sich von glaubensfremden Einflüssen zu reinigen und sich selber zu ordnen. Wir hoffen zu dem Gott der Gnade und Barmherzigkeit, daß er unsere Kirchen als sein Werkzeug brauchen und ihnen Vollmacht geben wird, sein Wort zu verkündigen und seinem Willen Gehorsam zu schaffen bei uns selbst und bei unserem ganzen Volk.

Daß wir uns bei diesem neuen Anfang mit den anderen Kirchen der ökumenischen Gemeinschaft herzlich verbunden wissen dürfen, erfüllt uns mit tiefer Freude. Wir hoffen zu Gott, daß durch den gemeinsamen Dienst der Kirchen dem Geist der Gewalt und der Vergeltung, der heute von neuem mächtig werden will, in aller Welt gesteuert werde und der Geist des Friedens und der Liebe zur Herrschaft komme, in dem allein die gequälte Menschheit Genesung finden kann. So bitten wir in einer Stunde, in der die ganze Welt einen neuen Anfang braucht: »Veni, creator spiritus!«

Stuttgart, 18./19. Oktober 1945.

gez. D. Wurm	Dr. Lilje	Dr. Heinemann
Asmussen DD.	Hahn	Smend D. Dr.
D. Meiser	Held	Dibelius
Martin Niemöller	Lic. Niesel	

- *Woran werden die Verfasser des Schuldbekenntnisses gedacht haben, wenn sie meinten, sich selbst anklagen zu müssen?*
- *Läßt sich die These begründen, daß das deutsche Volk insgesamt die Schuld an den Verbrechen des Nationalsozialismus zu tragen habe?*
- *Was konnte in der Situation des Jahres 1945 die Aussage bedeuten, die Kirche wolle sich von »glaubensfremden Einflüssen reinigen«?*
- *Welchem »Geist der Gewalt und der Vergeltung« hofften die Verfasser der Stuttgarter Schulderklärung im Zusammenwirken mit den ausländischen Kirchen zu steuern?*

2 Kirche und Parteien in der Bundesrepublik

2a Grundsatzprogramm der Sozialdemokratischen Partei Deutschlands (Godesberger Programm, 13.–15. November 1959)

Religion und Kirche

Nur eine gegenseitige Toleranz, die im Andersglaubenden und Andersdenkenden den Mitmenschen gleicher Würde achtet, bietet eine tragfähige Grundlage für das menschlich und politisch fruchtbare Zusammenleben.
Der Sozialismus ist kein Religionsersatz. Die Sozialdemokratische Partei achtet die Kirchen und die Religionsgemeinschaften, ihren besonderen Auftrag und ihre Eigenständigkeit. Sie bejaht ihren öffentlich-rechtlichen Schutz.
Zur Zusammenarbeit mit den Kirchen und Religionsgemeinschaften im Sinne einer freien Partnerschaft ist sie stets bereit. Sie begrüßt es, daß Menschen aus ihrer religiösen Bindung heraus eine Verpflichtung zum sozialen Handeln und zur Verantwortung in der Gesellschaft bejahen. Freiheit des Denkens, des Glaubens und des Gewissens und Freiheit der Verkündigung sind zu sichern. Eine religiöse oder weltanschauliche Verkündigung darf nicht parteipolitisch oder zu antidemokratischen Zwecken mißbraucht werden.

- *Besorgen Sie sich die früheren Programme der Sozialdemokratischen Partei Deutschlands und stellen Sie im Vergleich fest, in welcher Weise das Godesberger Programm Neuansätze im Verhältnis der Partei zu Religion und Kirche bietet.*
- *Beschreiben Sie die Grundhaltung, gegen die sich der Satz richtet, der Sozialismus sei kein Religionsersatz.*
- *Wie begründeten die Sozialdemokraten offensichtlich ihre frühere kritische Haltung gegenüber den Kirchen? Was vor allem hat vermutlich zu der Wende in der Einstellung der Sozialdemokraten geführt?*

2b Das Hamburger Programm der Christlich-Demokratischen Union für den zweiten Bundestag (1953)

... Die Staatsgewalt hat nur die Aufgaben, die im Bereich der Selbstverwaltung nicht gelöst werden können.
Die Kirchen haben im öffentlichen Leben einen wichtigen Auftrag, dessen Erfüllung in voller Freiheit und Unabhängigkeit von der Staatsgewalt gesichert sein muß.
... Die Christlich-Demokratische Union erstrebt eine vom Christentum getragene Lebensgemeinschaft des ganzen deutschen Volkes. Alle Versuche, den überwundenen konfessionellen Hader neu zu entfachen, lehnen wir einmütig und entschlossen ab.

- *Skizzieren Sie die Umrisse des Staates, in den die angeführten Aussagen des CDU-Programms von 1953 hineinpassen.*
- *Formulieren Sie eine Begründung für einen eigenständigen Auftrag der Kirchen in der Öffentlichkeit.*
- *Versuchen Sie, die Aussage zu erläutern, die CDU erstrebe eine vom Christentum getragene Lebensgemeinschaft des ganzen deutschen Volkes.*

3 Die Haltung der evangelischen Kirche in der Diskussion um Wiederbewaffnung und Atombewaffnung

3a Die Stellungnahme der evangelischen Kirche zur Frage der Wiederbewaffnung Deutschlands, 27. August 1950

Es darf nicht zum zweiten Male heißen: Zu spät

Der Rat der Evangelischen Kirche in Deutschland, während des Deutschen Evangelischen Kirchentages in Essen zur Beratung versammelt, hat folgende Erklärung beschlossen:
1. Jesus Christus spricht: Mir ist gegeben alle Gewalt im Himmel und auf Erden! Das Wort gilt heute, wie es immer gegolten hat. Er hat

seine Gewalt an niemanden abgetreten, weder an sogenannte unentrinnbare Entwicklungen noch an die »stärksten Bataillone«. Er sitzt im Regiment. Darum sind wir auch in diesen ernsten und bewegten Tagen ruhig und getrost. Angst ist Unglaube und bringt die Gefahr des Krieges näher. Christliche Glaubenszuversicht ist eine reale Macht des Friedens.

...

Einer Remilitarisierung Deutschlands können wir das Wort nicht reden, weder was den Westen, noch was den Osten anbelangt. Die Pflicht der Kirche kann es immer nur sein, die schwergerüsteten Mächte der Welt wieder und wieder zu bitten, dem heillosen Wettrüsten ein Ende zu machen und friedliche Wege zur Lösung der politischen Probleme zu suchen. In jedem Fall aber muß derjenige, der um seines christlichen Gewissens willen den Dienst mit der Waffe verweigert, die Freiheit haben, sein Gewissen unverletzt zu erhalten.

4. Die Kirche Jesu Christi steht für den Frieden, und sie ist gewiß, daß jedes Glied der christlichen Gemeinde dazu helfen kann und helfen soll, daß der Friede bewahrt bleibt. Keine Macht der Welt wird leichthin wagen, den Frieden zu brechen, wenn sie einer entschlossenen, inneren Abwehr im eigenen Volk begegnet. Es kommt alles darauf an, daß wir uns nicht durch eine verlogene Propaganda beirren lassen, daß wir allen Versuchen, uns und unsere Kinder in eine Gesinnung des Hasses hineinzutreiben, ein entschlossenes Nein entgegensetzen und uns weder an Kriegshetzerei noch an Angstpsychosen mitschuldig machen.

Dies alles gilt insbesondere von einem gewaltsam zerspaltenen Volk. Deutsche Brüder und Schwestern: Redet Gutes voneinander, auch über den Eisernen Vorhang hinweg! Vertraut einander und haltet Gemeinschaft miteinander! Daß Deutsche jemals auf Deutsche schießen, muß undenkbar bleiben!

Wo Christen ehrlich den Frieden suchen, wird Gott seinen Segen nicht versagen. Zu ihm erheben wir Herz und Hände. Herr Gott, gib Frieden unserem Lande! Gib Frieden dieser ganzen, bedrängten Welt!

► *Diskutieren Sie, inwieweit diese Erklärung heute noch aktuell ist. Unterscheiden Sie dabei zeitbedingte und grundsätzlich gültige Aussagen.*

3b Aus der Anfrage kirchlicher Bruderschaften an die Synode der EKD zur Atombewaffnung, März 1958

Wir fragen darum die Synode, ob sie die folgenden zehn Sätze zur Unterweisung der Gewissen als Antwort auf die Frage nach dem Handeln des Christen angesichts der Atomwaffen mit uns gemeinsam sprechen kann:

1. Der Krieg ist das letzte, in allen seinen Gestalten von jeher fragwürdige Mittel politischer Auseinandersetzung zwischen Völkern und Staaten.
2. Kirchen aller Länder und Zeiten haben die Zubereitung und die Anwendung dieses Mittels bis heute aus verschiedenen guten und weniger guten Gründen nicht für unmöglich gehalten.
3. Die Aussicht auf einen künftigen unter Gebrauch der modernen Vernichtungsmittel zu führenden Krieg hat eine neue Lage geschaffen, angesichts derer die Kirche nicht neutral bleiben kann.
4. Krieg als Atomkrieg bedeutet die gegenseitige Vernichtung der an ihm beteiligten Völker mit Einschluß unzähliger Menschen anderer Völker, die am Kampf beider Seiten nicht beteiligt sind.
5. Krieg als Atomkrieg ist damit als ein zur politischen Auseinandersetzung untaugliches, weil ihre Voraussetzung aufhebendes Mittel erwiesen.
6. Die Kirche und der einzelne Christ können darum zu einem als Atomkrieg zu führenden Krieg im voraus nur Nein sagen.
7. Schon die Vorbereitung eines solchen Krieges ist unter allen Umständen Sünde gegen Gott und den Nächsten, an der sich keine Kirche, kein Christ mitschuldig machen darf.
8. Wir verlangen darum im Namen des Evangeliums, daß der Vorbereitung dieses Krie-

ges im Bereich unseres Landes und Staates ohne Rücksicht auf alle anderen Erwägungen sofort ein Ende gemacht werde.

9. Wir fordern alle, die mit Ernst Christen sein wollen, auf, sich der Mitwirkung an der Vorbereitung des Atomkrieges vorbehaltlos und unter allen Umständen zu versagen.
10. Ein gegenteiliger Standpunkt oder Neutralität dieser Frage gegenüber ist christlich nicht vertretbar. Beides bedeutet die Verleugnung aller drei Artikel des christlichen Glaubens.

► *Nennen Sie Gründe für die Anwendung von Waffengewalt, die in früheren Zeiten auch von den Kirchen als gerechtfertigt angesehen worden sein können.*
► *Aufgrund welcher Überlegung erschien der Krieg seit jeher als fragwürdig?*
► *Trifft die These zu, daß die Atomwaffen gegenüber dem herkömmlichen Krieg eine völlig neue Lage geschaffen haben?*
► *Die Bruderschaften betonen die Unmöglichkeit für einen Christen, sich an der Vorbereitung eines Atomkriegs zu beteiligen. Wie begründen sie das?*

3c Beschluß zur Atomdebatte auf der Synode der EKD in Berlin im April 1958

Die Synode der EKD grüßt die Gemeinden in Ost und West. Wir danken Gott, daß wir durch seine Gnade zusammengehalten werden. In dieser Gemeinschaft treten wir für den Frieden ein.
In Übereinstimmung mit den Beschlüssen, die vom Ökumenischen Rat in New Haven im Sommer 1957 gefaßt wurden, verwirft die Synode den mit Massenvernichtungsmitteln geführten totalen Krieg als unvereinbar mit dem Gewissen der Menschheit vor Gott.
Sie bittet alle verantwortlichen Politiker, alles zu tun, was zu einer allgemeinen Abrüstung, nicht nur der Atomwaffen, sondern auch der sogenannten konventionellen Waffen führen kann.
Sie bittet die Weltmächte, die Atombombenversuche einzustellen und nicht wiederaufzunehmen.
Sie bittet in unserem gespaltenen Vaterland die beiden Regierungen, alles zu tun, um die Glaubens- und Gewissensfreiheit zu sichern, dem Frieden zu dienen und eine atomare Bewaffnung deutscher Streitkräfte zu vermeiden.
Die unter uns bestehenden Gegensätze in der Beurteilung der atomaren Waffen sind tief. Sie reichen von der Überzeugung, daß schon die Herstellung und Bereithaltung von Massenvernichtungsmitteln aller Art Sünde vor Gott ist bis zu der Überzeugung, daß Situationen denkbar sind, in denen in der Pflicht zur Verteidigung der Widerstand mit gleichwertigen Waffen vor Gott verantwortet werden kann.
Wir bleiben unter dem Evangelium zusammen und mühen uns um die Überwindung dieser Gegensätze. Wir bitten Gott, er wolle uns durch sein Wort zu gemeinsamer Erkenntnis und Entscheidung führen.

► *Kennzeichnen Sie die Haltung der Synode der EKD zur Frage der Atomrüstung angesichts der Anfrage der kirchlichen Bruderschaften.*
► *Nennen Sie Gründe, die die Gegner der Position der kirchlichen Bruderschaften für die Christlichkeit ihrer Haltung anführen könnten.*

4 Denkschriften der EKD

4a Aus der sogenannten Ostdenkschrift der Kammer für öffentliche Verantwortung der EKD, »Die Lage der Vertriebenen«, 1965

Völkerrechtliche Fragen

... Die in der innerdeutschen Diskussion da und dort im Trotz erhobene Frage, ob denn Deutschland rechtlos geworden sei, kann also klar verneint werden. Vollends kann keine Rede davon sein, daß sich im Rechtssinn eine Schuld der vertriebenen Bevölkerung kon-

struieren lasse, die das gerade ihr auferlegte schwere Schicksal rechtfertige.
Ernsthaft zu bedenken sind dagegen zwei andere Gesichtspunkte. Der eine wird von den östlichen Nachbarn Deutschlands auf den Begriff einer deutschen Friedenssicherungspflicht gebracht; der polnische Staat habe nach seinen bitteren geschichtlichen Erfahrungen gegenüber Deutschland ein gesteigertes Recht auf Sicherheit und müsse deshalb auch die Grenze wählen dürfen, die ihm ein Höchstmaß von Sicherheit verbürge. Versteht man diese Sicherheit rein militärisch, so kann das Argument nicht überzeugen ... Aber das Argument enthält einen richtigen Kern, wenn man es dahin interpretiert, daß das Erbe einer bösen Vergangenheit dem deutschen Volk eine besondere Verpflichtung auferlegt, in der Zukunft das Lebensrecht des polnischen Volkes zu respektieren und ihm den Raum zu lassen, dessen es zu seiner Entfaltung bedarf... Damit verbindet sich ein zweiter Gesichtspunkt. Die zwanzig Jahre, die verstrichen sind, seitdem Polen von dem Gebiet Besitz ergriffen und die deutsche Bevölkerung daraus vertrieben hat, haben auch für die rechtliche Beurteilung des Anspruchs auf Wiederherstellung ihr eigenes Gewicht. Zwar kann der bloße Zeitablauf einen unrechtmäßigen Zustand nicht in einen rechtmäßigen verwandeln, zumal solange die Machtverteilung in Europa jede Änderung der faktischen Besitzverhältnisse ausschließt. Aber der Inhalt dessen, was von deutscher Seite als Wiedergutmachung für das erlittene Unrecht verlangt werden kann, verändert sich in dem Maße, in dem Polen erfolgreiche Anstrengungen gemacht hat, den Besitz in sein Staatsgebiet zu integrieren. Eine volle Wiederherstellung alten Besitzstandes, die in den ersten Jahren nach 1945 noch möglich gewesen wäre, ist zwanzig Jahre später unmöglich, wenn sie Polen jetzt in seiner Existenz bedrohen würde, die Deutschland nach dem Gesagten zu respektieren hat. ...

► *Fassen Sie die kirchlichen Argumente zusammen, und versuchen Sie sie auf dem Hintergrund von Q 4b zu verstehen.*

► *Stellen Sie die Argumente, die Polen für das Verbleiben der ehemals deutschen Ostgebiete im polnischen Staatsverband geltend machen kann, den Argumenten der deutschen Vertriebenen für Rückgewinnung ihrer alten Heimat gegenüber.*

4b Besatzungszonen in Deutschland, Polen und westliche Gebiete der Sowjetunion *s.S. 45*

4c Aus der Denkschrift »Christen und Juden«, Studie des Rates der EKD, 1975

Juden – Christen – Deutsche

Die Christen in Deutschland können und dürfen nicht vergessen, welche Verbrechen im Namen des deutschen Volkes an den Juden begangen worden sind, und treten darum für neue Beziehungen zu allen Juden ein.

Als Christen bedenken wir die besonderen Schwierigkeiten, die sich aus den Beziehungen der Deutschen zum jüdischen Volk ergeben haben. Die lange gemeinsame Geschichte von Juden und Christen in Deutschland hat zu vielfältiger gegenseitiger Anregung wie Ablehnung geführt. Die immer wieder auftretende Judenfeindschaft hat neben religiösen auch wirtschaftliche, politische und kulturelle Ursachen. Eine besondere Zuspitzung erfuhr der Judenhaß im Deutschland des 19. und 20. Jahrhunderts auf der Grundlage christlich-germanischer und rassistischer Ideologien. Er führte in letzter Konsequenz zu der Judenverfolgung nach 1933 und schließlich zum Mord an etwa 6 Millionen Juden in Europa.
Bis zum Beginn des Zweiten Weltkrieges konnten sich viele deutsche Juden dem drohenden Schicksal noch entziehen, insbesondere durch Auswanderung. Während des Zweiten Weltkrieges wurden jedoch in Deutschland und in allen besetzten Ländern jüdische Männer, Frauen und Kinder in Vernichtungslager deportiert und umgebracht; nur wenigen gelang es noch, auszuwandern oder sich zu verbergen.

4b Besatzungszonen in Deutschland, Polen und westliche Gebiete der Sowjetunion, 1945

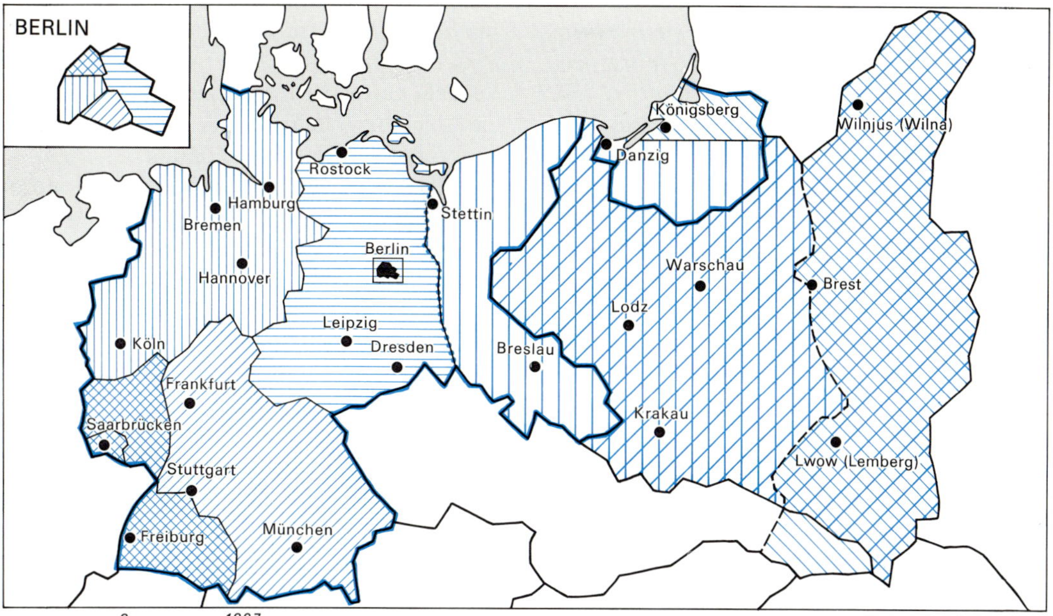

Staatsgrenzen 1937
Grenzen des Deutschen Reiches und der Freien Stadt Danzig
Oder-Neiße-Linie
Polen vor 1945
Polen nach 1945
Neue sowjetische Gebiete und unter sowjetischer Verwaltung stehende nord-ostpreußische Gebiete, 1945
Sowjetische Besatzungszone und sowjetischer Sektor von Berlin (westliche Grenze im April 1944 in London festgelegt)
Britische Besatzungszone und britischer Sektor von Berlin (Grenzen im September 1944 in London festgelegt)
Amerikanische Besatzungszone und amerikanischer Sektor von Berlin (Grenzen im September 1944 in London festgelegt)
Französische Besatzungszone und französischer Sektor von Berlin (Beteiligung Frankreichs im Februar 1945 in Jalta beschlossen, Grenzen im Juli 1945 in London festgelegt)

Zusammen mit Juden fielen auch Millionen nichtjüdischer Menschen der Verfolgung zum Opfer.

Zwar hatten nur wenige Deutsche vollen Einblick in die gesamte Planung der Vernichtung. Aber die meisten erlebten die Gesetzgebung und die öffentliche Hetze gegen Juden seit 1933, die Synagogenbrände und Geschäftsplünderungen im November 1938, das plötzliche Verschwinden jüdischer Nachbarn und Schulkameraden. Es gab auch Informationen durch ausländische Rundfunksendungen und durch Gerüchte. An die geplante Vernichtung der europäischen Judenschaft (»Endlösung«) glaubten die meisten Deutschen jedoch nicht oder wollten nicht daran glauben. Sie meinten, sich beruhigen zu dürfen mit Nachrichten von Umsiedlungen der Juden nach Osteuropa. Die christlichen Kirchen haben weithin geschwiegen. Nur wenige Menschen verhalfen unter eigener Lebensgefahr Juden zur Flucht oder versteckten sie.

Die Ausrottung von 6 Millionen Juden und damit die fast völlige Vernichtung der jüdischen Kultur in Europa haben im Bewußtsein des jüdischen Volkes in aller Welt eine tiefe seelische

Verwundung hinterlassen, die noch Generationen hindurch wirksam sein wird und die sich oft in Unsicherheit und Angst sowie in einem empfindlichen Reagieren auf jede Form der Existenzgefährdung ausdrückt.
Die Katastrophe von Völkermord und Vernichtung (Holocaust) ist für das jüdische Volk in Israel wie in der Diaspora mit dem Namen Auschwitz in Polen verbunden, des größten Vernichtungslagers. Auschwitz wurde ähnlich wie Hiroshima zum Symbol für die Erfahrung des Grauens der Vernichtung und zu einem Wendepunkt geschichtlichen und theologischen Denkens, insbesondere im Judentum.
Aus den schuldhaften Versäumnissen dieser Vergangenheit erwächst uns als Christen in Deutschland die besondere Verpflichtung, die neu aufkommende Judenfeindschaft, auch in der Gestalt des politisch und sozial motivierten »Antizionismus«, zu bekämpfen und an der Neugestaltung des Verhältnisses zu den Juden mitzuarbeiten.

- ► *Nehmen Sie Stellung zu der Tatsache, daß eine Denkschrift der Kirche zum Thema Christen und Juden erst mehr als 30 Jahre nach Auschwitz erschien.*
- ► *Versuchen Sie, Konsequenzen zu formulieren, die Auschwitz als Symbol der Massenvernichtung für das geschichtliche und theologische Denken bei Christen und Deutschen haben muß.*

4d Aus der Denkschrift »Frieden wahren, fördern und erneuern« der Kammer für öffentliche Verantwortung der EKD, 1981

... »Friedensdienst mit Waffen« ist nur im Rahmen einer allgemeinen Friedenspolitik ethisch begründbar; die Formel soll nicht sagen, daß durch Waffengebrauch, also z.B. durch Kriegsführungsabsicht und deren Verwirklichung, die Friedensaufgabe erfüllt würde. Vielmehr ist eindeutig festzuhalten, daß die Formel »Friedensdienst mit Waffen« ihren Ort nur im Rahmen einer Politik des Friedens, der Verhandlungen, der vertraglichen Bindungen, der Entwicklungspolitik hat. So ist sie auch weithin vertreten worden.
Im Verhältnis dazu betont die Formulierung »Friedensdienst ohne Waffen« entschieden den Verzicht auf Waffen; sie bezeichnet vorwiegend die Ablehnung militärischer Bewaffnung überhaupt und der Beteiligung daran.
Mit dieser Ablehnung wird die Intention des Friedensbegriffs nicht schon erfüllt, obwohl diese Meinung vielfach vertreten wird. Wer über seine Gewissensgründe hinaus dem Frieden ohne Waffen dienen will, kann das nur mit politischen Mitteln tun und muß sich darum an der Konzipierung von Friedenspolitik beteiligen. Dies ist mit der Formel »Friedensdienst ohne Waffen« weder inhaltlich noch von ihrem Entstehen her zureichend ausgedrückt. Doch viele, die sich zur Friedensbewegung bekennen, tun das nicht allein um ihres eigenen Gewissens willen, sondern um ein politisches Zeichen zu setzen. So wendet man sich in der gegenwärtigen Diskussion über Friedensdienst ohne Waffen immer stärker der Frage nach alternativen Strategien der Verteidigung zu. Diese Frage aber betrifft eine Ebene, die durch die Formel »ohne Waffen« noch nicht abgedeckt ist.
...
Auch die Formel »Friedensdienst ohne Waffen« hat ... ihr Recht; sie gilt in einer bestimmten Beziehung: Sie muß sich nämlich über die Bedingungen erklären, die erreicht und gewahrt werden müssen, damit die Situation eines Friedens ohne Rüstung sich halten kann. Sie kann nicht als »absolute« Formel, ohne diesen politischen Zusammenhang vertreten werden. Darum wäre sie auch in der kirchlichen Diskussion mißbraucht, wenn man so tun wollte, als ob es einen Verzicht auf Waffen aus christlichen Gründen »unbedingt« geben müsse, d.h. ohne die von uns geforderte Beteiligung an realer Friedenspolitik. Wenn sie nicht mit der Annahme einhergeht, wir lebten in einer Welt, die keine politische Sicherung des Friedens mehr nötig hätte, ist sie eine wichtige und konstruktive Formel zur Bestimmung und Erneuerung der Aufgabe, die mit dem Frieden gestellt ist.
Nur wenn man den politisch-ethischen Gehalt

dieser beiden Positionen auseinanderhält, besteht Aussicht darauf, daß die Friedensdiskussion in der Kirche sich auf sachhaltige Problemfelder der Friedensaufgabe bezieht und nicht in dem Gegeneinander von Gesinnungspositionen endet. Wer den Frieden durch Waffen sichern will, muß auch nach neuen Wegen suchen, einen friedlichen Umgang mit politischen Konflikten durch Vereinbarungen zu gestalten. Ohne Rüstung leben zu wollen, entbindet nicht von der Aufgabe, an neuen Wegen der politischen Sicherung des Friedens durch Verbindungen, Vereinbarungen und Verträge mit politischen Gegnern mitzuwirken.

- *Markieren Sie die Positionen, gegen die sich die Friedensdenkschrift der evangelischen Kirche richtet.*
- *Diskutieren Sie die Frage, ob ein Christ aufgrund seines Glaubens überhaupt eine Waffe in die Hand nehmen darf.*
- *Beschreiben Sie die Probleme, denen sich die Kirche bei der Formulierung eines Wortes zum Frieden gegenübersieht. Spiegelt die gefundene Lösung (die Denkschrift) solche Probleme wider?*
- *Versuchen Sie die politische Bedeutung dieser Friedensdenkschrift einzuschätzen.*

5 Kirchliche Aktionen in der Bundesrepublik

5a Aufruf zur Aktion Sühnezeichen (Januar 1959)

Wir sind seit 1945 ein geteiltes, gespaltenes, zerrissenes Volk, das keiner gemeinsamen Geschichte mehr fähig, das in seinen Teilstücken sogar schon gewillt scheint, ohne Geschichte und ohne weiterzielende Aufgabe in den Tag hinein zu leben, nur an Wohlstand und Wirtschaftserfolgen interessiert. Das ist ein unehrliches, ein unehrenhaftes Verhalten, dessen noch kaum erhellte Ursache in unserem Bemühen liegt, die von uns mit Recht als schrecklich empfundene Vergangenheit zu verdrängen, zu verschweigen, sie nicht mehr wahrhaben zu wollen und sich ihr auf jeden Fall nicht zu stellen. Aber Deutschland ist noch immer in der Mitte Europas. Das ist uns im Einsturz geblieben mit allen Chancen der Mitte und mit allen Gefahren. Zu diesen Gefahren gehört, daß die Perspektiven unseres Denkens zu eng sind, daß wir uns schon im Denken – und noch mehr in unserem Tun – nicht weit genug hinauswagen aus den von gestern her gesetzten Schranken …

Das Stuttgarter Schuldbekenntnis von 1945 hat in der allgemeinen Betäubung jener Jahre keine durchgreifende Klärung ausgelöst. Viele zwar fühlen sich durch dieses Zeugnis, dessen erster Aufklang nur der Entfaltung bedurft hätte, noch heute befreit und untereinander verbunden. Weit mehr Menschen aber haben es sich ausdrücklich verbeten. Die meisten haben es ignoriert oder gar nicht aufgenommen, wiewohl keiner sich geweigert hat, den Strom der Hilfe anzunehmen, der aus der Weltchristenheit auf dieses Bekenntnis antwortete. Zu den Völkern aber, die ganz unmittelbar unter uns gelitten haben, ist kaum etwas gedrungen, was sie als Zeichen wirklicher Einsicht hätten ansehen können.

So muß draußen in aller Welt der Eindruck entstehen, unser Volk habe in seiner großen Mehrzahl nichts gelernt und alles vergessen, was es auf keinen Fall vergessen darf. Wir hätten uns selber die Vergebung erteilt, die wir allenfalls im Gefolge einer echten Sühne von den anderen empfangen könnten. Dabei darf es nicht bleiben. …

Das ist die ernste und leidenschaftliche Meinung der in der Aktion »Sühnezeichen« zusammengeschlossenen Menschen, die seit der Gesamtdeutschen Synode vom April 1958 miteinander auf dem Wege sind, um Zeichen einer wahrhaftigen Sühne aufzurichten, die zugleich bescheidene Anzeichen eines Neubeginns von geschichtlicher Verantwortung unseres Volkes sein oder werden könnten.

Die Zeit ist reif, daß sich die Geister scheiden. Wer erschrocken ist, was frevlerische, hemmungslose Selbstbehauptung eines Volkes, unseres Volkes, an grauenvoller, systematischer Unmenschlichkeit hat verüben und geschehen lassen – der trete der Aktion »Sühnezeichen«

bei. Er helfe, wie immer er es vermag, mit einem sichtbaren Zeichen der Tat herauszutreten aus der Zone verstockten Schweigens oder unverbindlicher Diskussion.
Es droht zu spät zu werden. Noch können wir der Bitterkeit und dem Haß eine Kraft entgegensetzen, wenn wir selber wirklich vergeben, Vergebung erbitten und diese Gesinnung auf eine glaubhafte Weise auch praktizieren.

Epiphanias 1959
Lother Kreyssig, Erich Müller-Gangloff, Kurt Scharf

- *Wie kann die Kirche es begründen, daß junge Leute, die zur Zeit des Nationalsozialismus Kinder oder noch nicht geboren waren, in den von Gewaltmaßnahmen der deutschen Besatzung betroffenen Ländern zum Zeichen der Sühne für deutsche Schuld arbeiten sollen?*
- *Ist es möglich, die deutsche Schuld aus der NS-Zeit zu sühnen?*

5b Brot für die Welt
Aufruf des Rates der EKD und der evangelischen Freikirchen in Deutschland an die evangelischen Christen, 1959

Von den 2,85 Milliarden Erdbewohnern sind 56% unzureichend ernährt. 20% – das sind rund 575 Millionen Menschen! – leben am Rande des Verhungerns. Mehrere Millionen sterben jährlich an den Folgen des Nahrungsmangels. Nur 24% der Weltbevölkerung – es sind im wesentlichen die Weißen – haben genug zu essen. Das darf keinen Menschen in unserem Lande gleichgültig lassen. Wer darüber hinwegzusehen versucht, versündigt sich.
Unsere Generation in Deutschland weiß, was hungern heißt. Bilder aus den ersten Nachkriegsjahren stehen vor uns, eigene bittere Erfahrungen werden wach. Aber Gott ist barmherzig mit uns gewesen. Wir haben viele Hilfe anderer Völker erfahren. Besonders ihre Kirchen haben geholfen. Durch unserer Hände Arbeit haben wir dann wieder unser Brot verdienen können, teilweise reichlich. Deutschland gilt draußen in der Welt wieder als wohlhabendes Land. Vergleicht man unseren Lebensstandard mit dem vieler anderer Länder, besonders in Asien, Afrika und Südamerika, dann sieht man, daß dies Urteil nicht ganz unberechtigt ist.
Deshalb rufen wir die evangelische Christenheit unseres Landes zu einem besonderen Opfer der Dankbarkeit. Wir dürfen nicht blind und hartherzig an den Millionen vorübergehen, denen es an Brot fehlt. Wir müssen nach Kräften Hilfe leisten!
...
Wir sind gewiß, daß viele Glieder unserer Kirchen schon ungeduldig auf diesen Ruf gewartet haben: Reizt und übertrefft einander im Gutestun und Eifer bei diesem Dienst, der »Brot für die Welt« schaffen soll. Seid erfinderisch! Es geht um keine Kleinigkeit! Verzichtet auf die Erfüllung eines wesentlichen Wunsches auf dem Gabentisch. Wer einen neuen Mantel kaufen will, überlege sich, ob es der alte nicht noch ein Jahr tut, und helfe mit der gesparten Summe. Wer meint, einen Einrichtungsgegenstand jetzt erstehen zu müssen, denke an die verhungernden Kinder in Asien. Wer an die Weihnachtseinkäufe für seine Familie denkt, teile den Betrag so ein, daß auch einer der Darbenden mitbedacht wird. Wollen wir zum Fest der Geburt unseres Herrn und Heilandes einander mit Luxus überhäufen und im Überfluß des Genießens leben, während Millionen in anderen Erdteilen kaum eine Handvoll Reis zu essen haben? Gott bewahre uns davor, daß wir uns der unermeßlichen großen Not der Menschen hartherzig oder gleichgültig verschließen!
...
Gott braucht Eure Hilfe für viele Mitmenschen! Laßt uns nicht gedankenlos im Vaterunser beten:

»Unser täglich Brot gib uns heute!«

- *Ist die Maßnahme kirchlicher Sammlung neben den staatlichen Ausgaben für die Entwicklungshilfe sinnvoll?*
- *Informieren Sie sich über das Ausmaß der Hilfe anderer Völker für das Nachkriegsdeutschland.*

6 Neue Gottesdienstformen

6a Aktion Gottesdienst

Der Gottesdienst bedarf
genausowenig der Rechtfertigung
wie die Liebe.

Ökumenischer Rat der Kirchen,
Genf,
Bericht der Sektion V, Uppsala, 1968

...

Es war einmal ...
ein Gottesdienst, der für die alltäglichen Fragen, Probleme und Nöte keinen Platz hatte. Wie sehr dieses Gottesdienstverständnis nicht mehr in die Landschaft unserer Zeit paßt, beweist die stets sinkende Zahl von Gottesdienstbesuchern, beweist auch die stets wachsende Unzufriedenheit junger Menschen mit dem herkömmlichen Gottesdienst(un)wesen. Die Trennung »Heiligkeit« und »profan« ist zwar einfach und klar, aber falsch. Diese Trennung ist das eigentliche Ärgernis, an dem sich die Krise des Gottesdienstes und vielleicht auch die Krise Gottes darstellt.

Heute ist ...
ein Engagement in der Welt gefordert, eine Solidarität mit den Verlorenen; mit den Menschen, die diskriminiert, unterdrückt, ausgebeutet, notleidend, hungernd, arm, krank sind. Mit verbalen eingeschränkten Bekenntnissen werden die Situationen der Welt wohl kaum geändert. Der Protest der jungen Generation wird in den Gottesdienst der unruhigen Generation eingebracht.

Morgen wird ...
der Gottesdienst für Aktionsgruppen und lebendige Gemeinden der Ort sein, wo die Arbeitsvorhaben der Zukunft vor Gott und den Menschen vorgedacht, durchreflektiert und beschlossen werden.
Diese Sache »Gottesdienst« bringt die unterschiedlichsten Gruppen in Bewegung, Gruppen von Berlin bis München, von Leipzig bis Düsseldorf.
Die etwas außerhalb der Legalität agierenden Gruppen gewinnen immer mehr an Vertrauen, setzen sich immer kritischer mit den Strukturen und Institutionen auseinander und werden so für ihre Umwelt relevant; vielleicht auch einmal für ihre Kirchen.

Uwe Seidel und Diethard Zils

- *Überprüfen Sie aufgrund Ihrer eigenen Erfahrung, inwieweit die Thesen des Berichts über den herkömmlichen Gottesdienst zutreffen.*
- *Lassen sich auch Gründe finden, die die traditionellen Gottesdienstformen rechtfertigen?*
- *Kann der »Gottesdienst für Aktionsgruppen« ein Gottesdienst der Zukunft sein?*

6b Ernst Käsemann über neue Formen des Gottesdienstes

Der Gottesdienst muß häufig unkonventionelle Formen haben und wenn nicht stets, dann doch regelmäßig der Diskussion geöffnet werden.
Freiheit zu geben und zu respektieren, ist nämlich wirklich Werk des Heiligen Geistes, und der Heilige Geist ist selten bequem und nie ohne Überraschung, dagegen häufig vom Skandal begleitet.
Es gibt die christliche Freiheit nicht ohne einen Schuß von Enthusiasmus, und heute sollte man diesen Schuß nach langer Abstinenz eher zu reichlich als zu dürftig bemessen, selbst wenn ein kleiner Rausch die Folge sein sollte.
Wer Freiheit will, muß dem Heiligen Geist die Zügel etwas mehr überlassen, als Kirchenleitungen und Pastoren im allgemeinen gewohnt sind und für richtig halten. Ernst Käsemann

- *Beschreiben Sie die Vorstellung von der Wirkungsweise des Heiligen Geistes im neuen Gottesdienst.*
- *Unterscheiden sich die Ideen Käsemanns von denen der »Aktion Gottesdienst« (Q 6a)?*

7 Beschlüsse der EKD-Synode vom 18.–22. Februar 1971 in Berlin-Spandau zum Anti-Rassismus-Programm
(gekürzt)

Die Synode nimmt dankbar zur Kenntnis, daß auf der Konferenz des Zentralausschusses des Ökumenischen Rates der Kirchen in Addis Abeba Klärungen für den allen Christen aufgegebenen Kampf gegen die Diskriminierung der Rassen erfolgt sind, welche ein gemeinsames Vorgehen ermöglichen. Diese Klärungen besagen:

1. Der Kirche ist jegliche Sanktionierung von Gewalttätigkeit verwehrt; aber die Grundsatzfragen über den Gebrauch von Gewalt in Gebieten sozialen Umbruchs bedürfen gründlicher und umfassender ökumenischer Untersuchungen.
2. Die Kirche kann im Dienst an notleidenden und unterdrückten Menschen auch mit politischen Bewegungen zusammenarbeiten, darf sich aber nicht vollständig mit ihnen identifizieren oder zu ihrem Vorspann mißbrauchen lassen.
3. Die Empfänger der Hilfe sind aus verständlichen Gründen empfindlich gegen alle von außen kommenden Auflagen, Bindungen und Kontrollen; aber aus Verantwortung den Spendern gegenüber müssen auch klar umgrenzte Projekte angeboten werden.

In diesem Verständnis bejaht die Synode das ökumenische Programm zur Bekämpfung des Rassismus, wie es in Addis Abeba in den Dokumenten ... niedergelegt worden ist, und empfiehlt es dem Rat, den Gliedkirchen und den Gemeinden zur Beachtung.

► *Stellen Sie die möglichen Positionen zum Problem der Gewalt anwendenden Befreiungsbewegungen in der Dritten Welt einander gegenüber.*
► *Beschreiben Sie die Problematik der Hilfeleistung europäischer Kirchen aus der Sicht der Empfänger von Unterstützungsmitteln.*
► *Formulieren Sie eine einleuchtende Begründung Ihrer persönlichen Parteinahme angesichts der möglichen Positionen.*

8 Kirche und Verfassung in der Bundesrepublik und der DDR

Die Verfassung der Deutschen Demokratischen Republik (DDR) vom 7. Oktober 1949

Art. 41. Jeder Bürger genießt volle Glaubens- und Gewissensfreiheit. Die ungestörte Religionsübung steht unter dem Schutz der Republik.
Einrichtungen von Religionsgemeinschaften, religöse Handlungen und der Religionsunterricht dürfen nicht für verfassungswidrige oder parteipolitische Zwecke mißbraucht werden. Jedoch bleibt das Recht der Religionsgemeinschaften, zu den Lebensfragen des Volkes von ihrem Standpunkt aus Stellung zu nehmen, unbestritten.
Art. 42. Private oder staatsbürgerliche Rechte und Pflichten werden durch die Religionsausübung weder bedingt noch beschränkt.
Die Ausübung privater oder staatsbürgerlicher Rechte oder die Zulassung zum öffentlichen Dienst sind unabhängig von dem religiösen Bekenntnis. Niemand ist verpflichtet, seine religiöse Überzeugung zu offenbaren. Die Verwaltungsorgane haben nur insoweit das Recht, nach der Zugehörigkeit zu einer Religionsgemeinschaft zu fragen, als davon Rechte oder Pflichten abhängen oder eine gesetzlich angeordnete statistische Erhebung dies erfordert.
Niemand darf zu einer kirchlichen Handlung oder Feierlichkeit oder zur Teilnahme an religiösen Übungen oder zur Benutzung einer religiösen Eidesformel gezwungen werden.
Art. 43. Es besteht keine Staatskirche. Die Freiheit der Vereinigung zu Religionsgemeinschaften wird gewährleistet. Jede Religionsgemeinschaft ordnet und verwaltet ihre Angelegenheiten selbständig nach Maßgabe der für alle geltenden Gesetze ...
Art. 47. Wer aus einer Religionsgesellschaft öffentlichen Rechts mit bürgerlicher Wirkung austreten will, hat den Austritt bei Gericht zu erklären oder als eine Einzelerklärung in öffentlich-beglaubigter Form einzureichen.
Art. 48. Die Entscheidung über die Zugehörig-

keit von Kindern zu einer Religionsgesellschaft steht bis zu deren vollendetem 14. Lebensjahr den Erziehungsberechtigten zu. Von da ab entscheidet das Kind selbst über seine Zugehörigkeit zu einer Religions- oder Weltanschauungsgemeinschaft.

► *Besorgen Sie sich einen Text des Grundgesetzes der Bundesrepublik Deutschland und vergleichen Sie die einschlägigen Passagen mit dem Verfassungstext der ersten Verfassung der DDR von 1949.*

9 Zur Situation der evangelischen Kirchen in der DDR in den fünfziger Jahren

9a Die Vereinbarung zwischen der Staatsführung der DDR und der EKD vom 10. Juni 1953
(gekürzt)

1. Es sind keinerlei weitere Maßnahmen gegen die sogenannte Junge Gemeinde und sonstige kirchliche Einrichtungen einzuleiten

...

2. Alle im Zusammenhang mit der Überprüfung der Oberschüler und der Diskussion über die Tätigkeit der Jungen Gemeinde an den Oberschulen entfernten Schüler, sind sofort wieder zum Unterricht zuzulassen. Es ist ihnen die Möglichkeit zu geben, die versagten Prüfungen nachzuholen.
Wegen der Wiedereinstellung der aus dem gleichen Anlaß entlassenen Lehrer hat das Ministerium für Volksbildung eine sofortige Prüfung und Entscheidung durchzuführen.

...

4. Das Ministerium für Volksbildung hat Richtlinien über die Abhaltung des Religionsunterrichtes in den Schulgebäuden sofort auszuarbeiten. Die seit dem 1. Januar 1953 erfolgten Einschränkungen der Abhaltung des Religionsunterrichtes in den Schulgebäuden sind zu überprüfen und zu beseitigen.
5. Die beschlagnahmten Einrichtungen und Anstalten kirchlichen Charakters sind an die früheren Verwaltungen zurückzugeben...
6. Wegen der Belegung und Verteilung der Ferienplätze in den kirchlichen Heimen an der Ostsee wird die Durchführung und Entscheidung dem Staatssekretariat für Innere Angelegenheiten übertragen.
7. Die Urteile der Gerichte sind zu überprüfen und unrechte Härtefälle zu beseitigen.

...

9. Die staatlichen Zuschüsse an die Kirchen werden nach den vereinbarten Regeln zur Auszahlung gebracht.

► *Auf welche Verhältnisse in der DDR vor dem 10. Juni 1953 läßt die Vereinbarung schließen?*
► *Aufgrund welcher Rücksichten ließ sich die DDR vermutlich zum Widerruf zahlreicher Maßnahmen gegen kirchliche Einrichtungen und Gruppen bewegen?*

9b Aus der Satzung des zentralen Ausschusses für die Jugendweihe (1953)

1. Die Jugendweihe ist eine feierliche Veranstaltung beim Übergang des Jugendlichen in das Leben des Erwachsenen mit vorausgehenden Zusammenkünften, Jugendstunden genannt, in denen unter Leitung von erfahrenen Persönlichkeiten über Fragen des Lebens, der Natur und der Gesellschaft gesprochen wird.
Es verbietet sich jeder Vergleich mit Veranstaltungen früherer oder jetziger Zeit.
Sie ist keine staatliche Angelegenheit.
2. Sie wird jetzt durchgeführt, weil die Verhältnisse in unserer Arbeiter- und Bauernmacht sich stark gefestigt haben. Sie geht dabei über frühere Jugendweihen, auch über die Konfirmation, hinaus. Sie entspricht einem allgemeinen Bedürfnis.
3. Die Jugendweihe wird im Geiste des Optimismus, der Aktivität und der Anteilnahme an der gesellschaftlichen Weiterentwicklung gestaltet.
4. Die Schulentlassungsfeiern werden nicht von ihr berührt, da sie Einrichtungen des Staates sind und der Jugendliche in seiner besonderen Lebenssituation eine Hilfe braucht.

5. Die Jugendstunde ist kein Unterricht, sondern freies Lehrgespräch über Themen der Natur- und Gesellschaftswissenschaft und der Beziehungen der Menschen untereinander; in ihr wird von der lebendigen Anschauung ausgegangen und das Erziehungsmoment betont.
6. Die Jugendstunde wird von Persönlichkeiten geleitet, die der Jugend nahe stehen (Lehrer, Kulturschaffende, Ärzte, Ingenieure). Für besondere Themen können auch andere Personen herangezogen werden.
7. An der Jugendweihe können alle Jugendlichen ungeachtet der Weltanschauung teilnehmen. Die Konfirmation wird nicht von ihr berührt; es besteht volle Glaubens- und Gewissensfreiheit. Die Teilnahme ist freiwillig.

- *Diskutieren Sie die Absichten, die die DDR bei der Einführung der Jugendweihe geleitet haben könnten.*
- *Aus welchen Gründen opponierten die Kirchen gegen die Jugendweihe trotz der Versicherung, die Konfirmation werde von ihr nicht berührt? Stellen Sie die Rückschlüsse zusammen, die der Text zuläßt.*

10 Die Spaltung der evangelischen Kirchen der EKD in den sechziger Jahren

10a Aus der Ansprache des Staatsratsvorsitzenden Walter Ulbricht während der Verleihung des »Stern der Völkerfreundschaft« an den thüringischen Landesbischof Mitzenheim, 1966

... Wir wünschen wie Sie, Herr Landesbischof, daß auch in Westdeutschland humanistische Grundsätze Leitmotiv der Politik der Staatsmänner und auch Leitmotiv des Wirkens der führenden Geistlichen der Kirche sein mögen. Leider ist die Entwicklung in Westdeutschland noch nicht so weit. Erst kürzlich hat einer der namhaften Vertreter der evangelischen Kirche, Herr Gerstenmaier, verkündet, daß man die Spannungen aufrechterhalten müsse. Er hat aktiv die Atomrüstung unterstützt, die ja eine Gefahr für unser Volk ist und jeder Verständigung in Deutschland hindernd im Wege steht.
Es hat sich eine Lage entwickelt, die zu der Feststellung zwingt: In Deutschland gibt es mehrere Richtungen in der Kirche; ich möchte sogar sagen, daß es mehrere Kirchen gibt. Es gibt eine Kirche, die in christlicher Verantwortung die Grundsätze des Humanismus achtet und verbreitet. Das ist die Kirche in der Deutschen Demokratischen Republik. Es gibt in Westdeutschland eine große Zahl Christen und Geistliche, die sich von der Idee des Humanismus leiten lassen und daneben gibt es Bischöfe, die sich der Militärkirche verschworen haben und die Politik der CDU, d.h. die Politik der Atomkriegsführung, die Politik der Forderung nach Änderung der Grenzen, die Revanchepolitik usw. unterstützen. So ist in Deutschland im Grunde eine Zersplitterung in den Kreisen der Kirche und des Christentums eingetreten ...

- *Urteilte Ulbricht richtig, wenn er die Kirche der DDR als Verbreiterin der Grundsätze des Humanismus einordnete?*
- *Inwiefern bezeichnete Ulbricht die westdeutschen Kirchen als »Militärkirche«?*
- *Läßt sich in Ulbrichts Rede eine politische Absicht erkennen?*

10b Rede des Vorsitzenden der CDU der DDR G. Götting während einer Tagung des Hauptvorstandes der CDU in Jena (10. Februar 1967)

Die »EKD« als Institution ist an diesem Prozeß der Spaltung – zumindest seit der Mitte der fünfziger Jahre – aktiv beteiligt gewesen. Statt durch Unterstützung von Entspannungsverhältnissen ihre Einheit im Bemühen um Verständigung der deutschen Staaten zu bewähren, hat sie sich durch die Praktizierung des Militärseelsorgevertrages einseitig an die Bonner NATO-Konzeption gebunden und damit die Spaltung der evangelischen Kirchen in Deutschland herbeigeführt. Wer danach noch die Losung von der »Einheit der Evangelischen

Kirche in Deutschland« propagiert, der unterstützt bewußt oder unbewußt den Bonner Alleinvertretungsanspruch, weil diese Losung die Ausschließlichkeitsanmaßung der Bundesrepublik in den kirchlichen Raum projiziert. Die freien und unabhängigen evangelischen Kirchen in der Deutschen Demokratischen Republik können mit der durch den Militärvertrag der NATO verhafteten und verpflichteten evangelischen Kirche in Westdeutschland nicht in einem Atemzug genannt werden. Zwischen diesen Extremen gibt es keine institutionelle Einheit.

Die imperialistischen Kreise haben eine über die Staatsgrenzen hinausreichende organisatorische Einheit des deutschen Protestantismus – unter Mithilfe leitender kirchlicher Männer in Westdeutschland – bewußt und absichtlich in ihre gegen die Deutsche Demokratische Republik gerichtete revanchistische Politik mit einbezogen und damit diese Einheit preisgegeben. Die evangelischen Staatsbürger der Deutschen Demokratischen Republik setzen ihre Kraft für diesen unseren sozialistischen Staat ein und sind Tag für Tag daran beteiligt, die politisch-moralische Einheit des Volkes in der Deutschen Demokratischen Republik weiter zu stärken.

- *Fassen Sie die Begründung Göttings und der Ost-CDU für die Loslösung der DDR-Kirchen von der EKD zusammen.*
- *Kennzeichnen Sie die Rolle, die der Militärseelsorgevertrag zwischen der EKD und der Bundesregierung in der Argumentation des Vorsitzenden der Ost-CDU spielt.*

11 Bischof D. Kurt Scharf: Die Beziehung zwischen dem Bund der Evangelischen Kirchen in der DDR und der Evangelischen Kirche in Deutschland (EKD)
(gekürzt)

Die Wirkungsmöglichkeit der Evangelischen Kirche in Deutschland (EKD) in rechtlicher und organisatorischer Hinsicht endet seit 1969 an den Staatsgrenzen der DDR, härter als an den staatlichen Grenzen westeuropäischer Nachbarländer. Die Landeskirchen in der DDR haben sich deswegen in einer eigenen gemeinsamen Vertretung ihrer Kirchenleitungen und Gemeinden zusammengeschlossen.

Die zuständigen Organe der EKD haben dies respektiert; so ist die EKD – auch ihrem Anspruch nach – nicht mehr eine »gesamtdeutsche« Organisation und Rechtsgemeinschaft.

Der entscheidende äußere Grund für die Ausgliederung der Landeskirchen in der DDR aus der bis dahin das Gebiet beider deutscher Staaten umfassenden EKD war die Abgrenzungspolitik der politischen Führung der DDR gegenüber der Bundesrepublik, eine Abgrenzungspolitik, die mit der einschlägigen Interpretation der neuen DDR-Verfassung von 1968 die Legalität der Zugehörigkeit der östlichen Landeskirchen zur EKD in Frage gestellt hatte. Gründe für diese Maßnahmen der DDR sind weniger im Verhalten der Kirchen und Organe der EKD zu suchen als im gesamtpolitischen Konzept der DDR. Insofern ist die EKD als gesamtdeutsche, die Staatsgrenzen übergreifende Organisation und Rechtskörperschaft ein Opfer der politischen Gegensätze zwischen Ost und West in Deutschland geworden.

Diese Feststellung bezeichnet jedoch nur die eine Seite der Sache. Die andere Seite stellt sich so dar:

Die Verhältnisse in Deutschland haben sich seit 1948 entscheidend gewandelt. Es wurden nicht nur, statt der Wiederherstellung eines deutschen Nationalstaates, die beiden Staaten Bundesrepublik und DDR gegründet, sondern diese Staaten gerieten in ein antagonistisches Verhältnis zueinander. Die EKD hat mit ihren Gliedkirchen in Ost und West die Souveränität der beiden deutschen Staaten von vornherein respektiert, aber nach Kräften versucht, dem Antagonismus, der realen und der ideologischen Abgrenzung, entgegenzuwirken. Sie war dabei, was die Bewußtseinslage zahlreicher Christen hier und dort anlangt, gewiß erfolgreich. Im Blick auf die staatspolitischen Realitäten und die Organisation der beiden deutschen Gesellschaften war sie es nicht.

Wir haben lange – nach Meinung mancher: viel zu lange – versucht, durch das Festhalten an der rechtlich geordneten EKD-Gemeinschaft zumindest zeichenhaft deutlich zu machen, daß die Kirche den Antagonismus zu überwinden bemüht ist und ihn für ihren eigenen Bereich nicht gelten läßt. Wegen der Maßnahmen, die die DDR-Führung gegenüber der EKD und den an der EKD-Zugehörigkeit festhaltenden Landeskirchen in ihrem Herrschaftsbereich traf, wurde es zunehmend schwerer, dieses Zeichen mit Substanz und Wirklichkeit zu füllen. Es kam nicht nur zu einer weitgehenden Lähmung der Organe der EKD – Rat, Synode, Kirchenkonferenz – in ihrer Wirkung nach außen, sondern gleichzeitig wurde immer mehr sichtbar, daß der für das Festhalten an diesem Zeichen zu zahlende Preis Unbeweglichkeit eintrug, Unbeweglichkeit, je im eigenen Bereich der Gliedkirchen in West und Ost, auch im Blick auf die Fortschritte zu größerer innerer Gemeinschaft des deutschen Protestantismus.

► *Formulieren Sie mit eigenen Worten, welche positiven Seiten Bischof Scharf der Trennung der Kirchen in beiden Teilen Deutschlands abgewinnt.*

12 Die DDR-Kirchen zum Problem des Wehrkundeunterrichts

Erläuterung: Brief der Konferenz der Evangelischen Kirchenleitungen in der DDR an die Gemeinden der Gliedkirchen des Kirchenbundes vom 14. Juni 1978:

Unserer Welt zum Frieden zu helfen, haben Christen und Kirchen in zunehmendem Maße als ihre Aufgabe erkannt. Die Versöhnung, die Gott gegen alle Feindschaft der Menschen gesetzt hat, ist der Grund unseres Lebens. Davon Zeugnis zu geben, sind wir allen Menschen schuldig. Um dieses Auftrages willen arbeiten wir als Gemeinde Jesu Christi mit, wo Spannungen abgebaut werden, Vertrauen gefördert und Sicherheit zwischen den Völkern verstärkt werden kann.

In unseren Kirchen haben sich wegen der Einführung des Wehrunterrichts in den Schulen viele besorgte Stimmen zu Wort gemeldet. Der Vorstand der Konferenz der Evangelischen Kirchenleitungen hat seinerseits diese Besorgnisse aufgenommen und die Regierung gebeten, das Fach Wehrerziehung nicht einzuführen. Er hat eine ausführliche mündliche Information über die Einführung dieses Lehrfaches in den 9. und 10. Klassen erhalten. Die Konferenz bedauert, daß die kirchlichen Bedenken nicht berücksichtigt wurden, und hat die Regierung noch einmal um eine Überprüfung gebeten. Die Konferenz befürchtet, daß durch die Einführung von obligatorischem Wehrunterricht die Erziehung zum Frieden im Bewußtsein gerade von Jugendlichen ernsten Schaden leidet und die Glaubwürdigkeit der Friedenspolitik der DDR in Frage gestellt wird.
Angesichts dieser Situation kommt der Erziehung zum Frieden in unseren Gemeinden und Familien eine besondere Bedeutung zu. Wir haben uns zu mühen,
– daß wir der Gesinnung des Friedens und der Versöhnung Raum schaffen,
– daß von uns Vertrauen und Offenheit spürbar praktiziert werden,
– daß bei Lösung von Konflikten nicht die Macht das letzte Wort behält.
Die Eltern und Mitarbeiter in unseren Gemeinden tragen eine besondere Verantwortung für die Erziehung zum Frieden. Wie das geschieht, müssen wir gemeinsam lernen und dabei einander helfen. Eine erste Orientierungshilfe wird den Gemeinden gleichzeitig zugestellt.

► *Beschreiben Sie die Art und Weise der Zusammenarbeit von Kirche und Staat in der DDR, soweit der Text dazu etwas erkennen läßt.*
► *Wie würde die DDR-Regierung die Notwendigkeit des Wehrkundeunterrichts vermutlich begründen? Vergleichen Sie das Ergebnis mit den kirchlichen Gründen, die für die Ablehnung des Wehrkundeunterrichts angeführt werden. Ist der Widerspruch lösbar?*
► *Umschreiben Sie die Zielsetzung dieses Briefes der Kirchenkonferenz an die Gemeinden.*

13 Die Entwicklung der Kirchenaustrittsziffern seit dem Ersten Weltkrieg
(Deutsches Reich bzw. Bundesrepublik Deutschland und DDR)

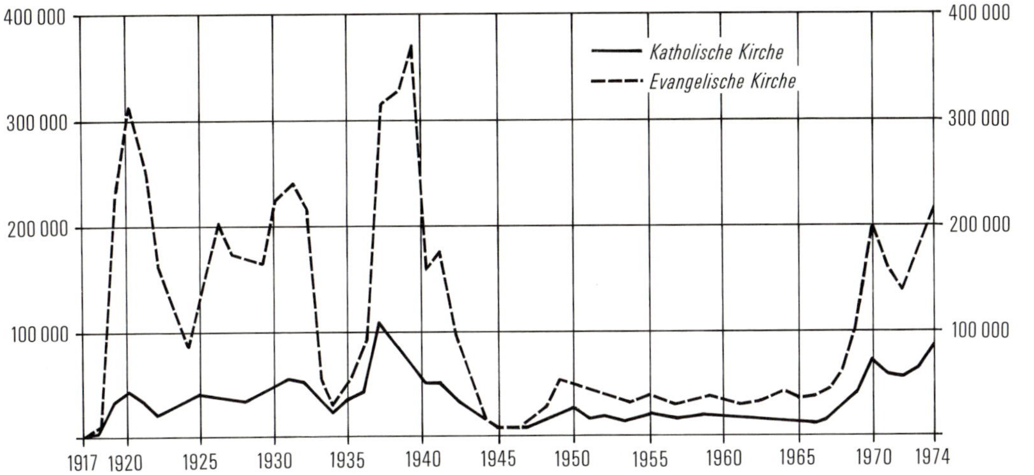

► *Versuchen Sie, die Kurven der Austrittsbewegung auf die jeweiligen geschichtlichen Hintergründe im politischen und/oder sozialen Bereich zurückzuführen.*

Jugend- und Sachbücher zum Kapitel 25

Albertz, Heinrich: *Blumen für Stukenbrock*. Biographisches. Stuttgart (Radius) ²1981

Die Denkschriften der Evangelischen Kirche in Deutschland. Frieden, Versöhnung, Menschenrechte. Hg. von der Kirchenkanzlei d. EKD. Bd. 1–3. Gütersloh (GTB 413–416) 1981

Deutscher Evangelischer Kirchentag. Hamburg 1981. Hg. im Auftrag des Präsidiums des DEKT. Stuttgart (Kreuz) 1981

Fischer, Peter: *Kirche und Christen in der DDR*. Berlin (Holzapfel) 1978

Frevert, Hans, und Marieluise Christadler (Hg.): *Masken des Krieges. Ein Lesebuch.* Mit einer Einführung von Helmut Gollwitzer. Baden-Baden (Signal) ²1979 (betr. Ursachen und Hintergründe von Kriegsgeschehen seit den Kreuzzügen)

Jürgensen, Johannes: *Vom Jünglingsverein zur Aktionsgruppe. Kleine Geschichte der evangelischen Jugendarbeit.* Gütersloh (GTB 704) 1980

Koch, Hans-Gerhard: *Staat und Kirche in der DDR. Zur Entwicklung ihrer Beziehungen von 1945–1974.* Darstellung, Quellen, Übersichten. Stuttgart (Quell) 1975

Kupisch, Karl (Hg.): *Quellen zur Geschichte des deutschen Protestantismus von 1945 bis zur Gegenwart.* Gütersloh (Siebenstern Tb 159.160) 1971

Mildenberger, Michael: *Die religiöse Revolte. Jugend zwischen Flucht und Aufbruch.* Frankfurt a.M. (Fischer Tb 4208) 1979

Rauscher, Anton (Hg.): *Kirche und Staat in der Bundesrepublik. 1949–1963.* Paderborn u.a. (Schöningh) 1979

Rausch, Wolf Werner, und Christian Walther (Hg.): *Evangelische Kirche und Wiederaufrüstungsdiskussion in der Bundesrepublik. 1950–1955.* Gütersloh (Mohn) 1978

Stern, Carola: *Zwei Christen in der Politik. Gustav Heinemann, Helmut Gollwitzer.* München (Kaiser) 1979

Wildermuth, Rosemarie (Hg.): *Heute – und dreißig Jahre davor. Erzählungen, Gedichte und Kommentare zu unserer Zeit* (Deutschland seit 1949). Mit einer Zeittafel. München (Ellermann) ³1979 (Ju)

26. Die katholische Kirche nach dem Zweiten Weltkrieg

Die Zeit im Überblick

Katholische Kirche	Protestantische Kirchen
1945/46 Gründung der ersten Landesverbände der CDU (überkonfessionell)	1945 Kirchenkonferenz von Treysa
	1948 **Grundordnung der EKD** **Gründung des Ökumenischen Rates der Kirchen**
1950 Dogmatisierung der leiblichen Aufnahme Marias in den Himmel	1950 National Council of Churches of Christ in den USA
	1954 Vollversammlung des Ökumenischen Rates in Evanston (USA)
1958 Gründung des bischöflichen Hilfswerks »Misereor«	1957 Tagung des Lutherischen Weltbundes in Minneapolis
1958 Tod Papst Pius XII. Wahl von Kardinal Roncalli zum Papst (Johannes XXIII.)	1959 Gründung der Aktion Sühnezeichen/Brot für die Welt
1962–1965 **Zweites Vatikanisches Konzil in Rom – Reformen der katholischen Kirche**	1961 Vollversammlung des Ökumenischen Rates in Neu-Dehli
1963 **Denkschrift der polnischen Bischöfe an den deutschen Episkopat**	
1963 Johannes XXIII. Enzyklika »Pacem in terris«	
1963 Tod Papst Johannes XXIII. Wahl von Kardinal Montini (Paul VI.)	
1964 Papst Paul VI. besucht die Heiligen Stätten in Jerusalem	
1965 Papst Paul VI. spricht vor der UNO	1965 **Ostdenkschrift der EKD**
1967 **Papst Paul VI. Enzyklika »Populorum progressio«**	1966 Friedenspreis des deutschen Buchhandels für den Generalsekretär des Ökumenischen Rates Visser't Hooft zusammen mit Kardinal Bea
1967 Sowjetischer Staatspräsident im Vatikan	
1968 Papst Paul VI. Enzyklika »Humanae vitae«	1968 Vollversammlung des Ökumenischen Rates in Uppsala
1978 Wahl des polnischen Kardinals Wojtyla zum Papst (Johannes Paul II.)	1969 **Evangelischer Kirchenbund in der DDR**
1979 Reise Johannes Pauls II. nach Mexiko Reise nach Polen	1975 Studie »Christen und Juden« der EKD
1980 Reise in die Bundesrepublik	1981 Friedensdenkschrift der EKD

Die katholische Kirche brauchte nach dem Zusammenbruch 1945 keine kirchliche Neuordnung vorzunehmen, da die organisatorischen Strukturen, die von Rom aus geregelt werden, weitgehend unverändert bestehen bleiben konnten. Nur für die sowjetische Besatzungszone und die nach 1945 zu Polen gehörenden Bistümer (= Diözesen) mit ihren weiten Gebieten katholischer Diaspora (= Gebieten mit katholischen Minderheiten) ergaben sich Schwierigkeiten. Nachdem auch auf katholischer Seite eine **gesamtdeutsche Bischofskonferenz** in den frühen sechziger Jahren aufgehört hatte zu existieren, wurde eine Neuordnung der Bistumsgrenzen dringend erforderlich. Papst Paul VI. schuf im Jahr 1973 für die ca. 1,2 Millionen Katholiken in der DDR fünf Apostolische Administraturen (Ämter/Vikariate) neben dem Bistum Berlin (vorher zum Erzbistum Breslau gehörig) und dem Bistum Meißen.

Die katholische Kirche in der Bundesrepublik Deutschland und der DDR

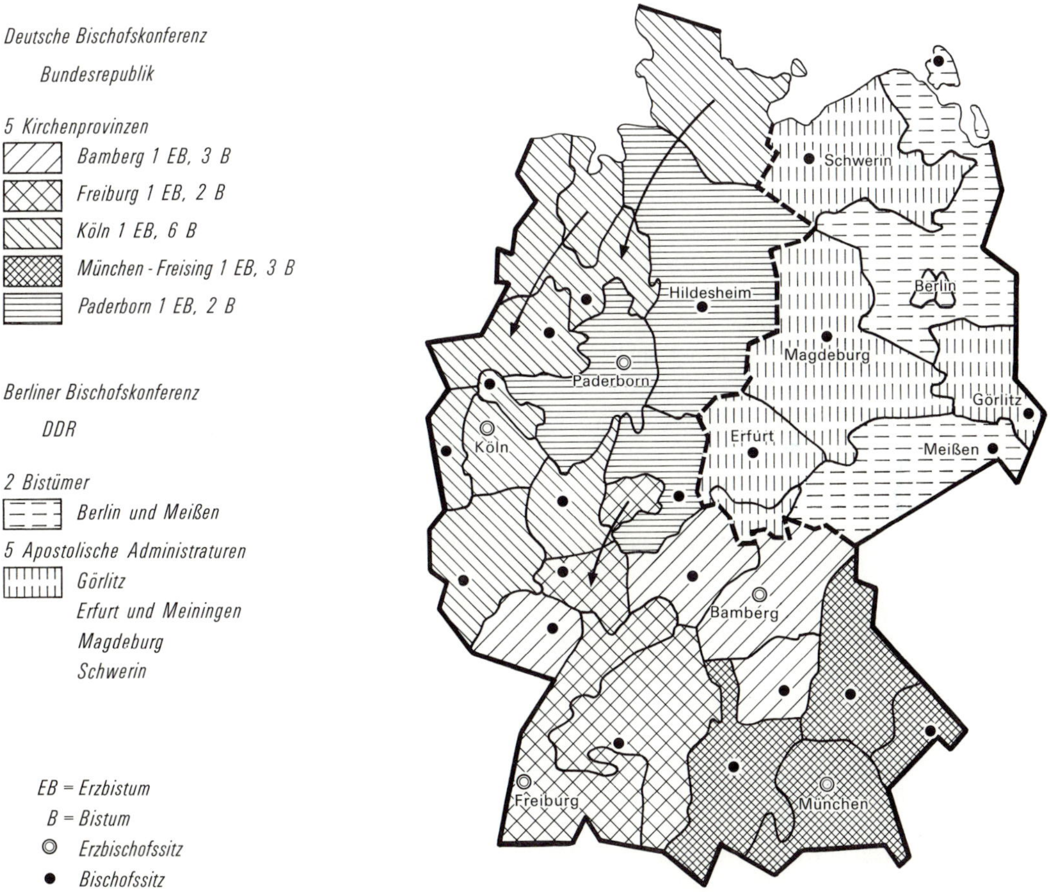

Die vier apostolischen Administraturen Schwerin, Magdeburg, Erfurt, Meiningen gehören kirchenrechtlich nach wie vor zu den Bistümern Osnabrück, Paderborn, Fulda und Würzburg. Die Administratur Görlitz gehört zum Erzbistum Breslau. Nur das Bistum Meißen bestand schon seit 1921 im abgebildeten Umfang als eigenes Bistum.

Einschneidend für die katholische wie für die evangelische Kirche wirkte sich der Zustrom von *Heimatvertriebenen* aus, der die Konfessionsverteilung in beiden Teilen Deutschlands z.T. völlig verschob. 1955 gab es in der Bundesrepublik 8,5 Millionen Heimatvertriebene aus den ehemaligen deutschen Ostgebieten. Dazu kamen bis zu diesem Zeitpunkt 2,5 Millionen Flüchtlinge aus der DDR. Neben der neu zu organisierenden kirchlichen Versorgung konnten die Kirchen aufgrund ihrer noch vorhandenen Verbindungen zum Ausland wesentliche Beiträge auch zur materiellen Verbesserung der Lage der Flüchtlinge und Vertriebenen leisten.

Das entscheidende Problem für die katholische Kirche der Nachkriegszeit war es, ein **neues Verhältnis zum Staat** zu finden. Die »natürlichen Feinde« der Kirche, Sozialismus und Liberalismus, erhoben keinerlei kirchenfeindliche Forderungen mehr, vielmehr galten die Kirchen in der Nachkriegszeit als wichtige moralische Autoritäten, derer man nach den Verirrungen des Nationalsozialismus dringend bedurfte. In allen politischen Fragen, die ethische Probleme aufwarfen, wurde von seiten des Staates der Rückhalt der Kirchen gesucht, z.B. in Form von Beiräten. Teilweise fand die neue Anerkennung der Kirchen auch ihren Niederschlag in den Landesverfassungen, so in der von Rheinland-Pfalz aus dem Jahre 1947.

Die katholische Kirche beantwortete ihrerseits die Anforderungen des staatlichen Neubeginns 1945 mit dem Willen, durch eine *neue christliche Partei* aktiv an der Gestaltung des öffentlichen Lebens mitzuwirken. Dabei sollte bewußt an alte Traditionen aus der Zeit vor 1933 angeknüpft werden. Hintergrund der politischen Bemühungen maßgebender Kräfte in der katholischen Kirche war die Überzeugung, daß die Katastrophe der NS-Zeit durch die Mißachtung der Gebote Gottes im öffentlichen Leben mitverursacht worden sei. Der Weg über das Engagement in einer demokratischen Partei sollte allerdings nicht mehr konfessionell begrenzt sein wie im alten »Zentrum«, sondern in überkonfessioneller Zusammenarbeit sollte die Durchsetzungskraft christlicher Prinzipien erhöht werden. Seit 1945 sammelten sich nach diesem Konzept frühere Zentrumspolitiker, Vertreter der überwiegend evangelisch bestimmten Deutschnationalen Volkspartei (DNVP), des Christlichsozialen Volksdienstes und der Christlichen Gewerkschaften in einer christlichen Partei unter der neuen Bezeichnung »Christlich-Demokratische Union«. Die christliche Orientierung dieser alle Schichten der Bevölkerung ansprechenden »Volkspartei« konnte es ebensowenig wie die ihrer Weimarer Vorläufer verhindern, daß die sozialen Gegensätze innerhalb der Mitgliedschaft zu einem beherrschenden Problem wurden.

So konnte sich das Ahlener Programm des westfälischen Landesverbandes der Partei von 1947, das Kapitalismuskritik mit der Forderung nach Vergesellschaftung von Schlüsselindustrien verband und vom Arbeitnehmerflügel der Partei unterstützt wurde, angesichts des Druckes der mächtigen Wirtschaftskreise innerhalb der neuen Partei nicht durchsetzen. Es fiel zugunsten späterer programmatischer Aussagen, die die »soziale Marktwirtschaft« forderten.

Auch die christliche Ausrichtung blieb nicht unumstritten. Waren die Parteigründer davon ausgegangen, die neue Partei müsse mit christlichen Positionen die Fundamente des Staates sichern, so erwies sich bald der freiheitliche Rechtsstaat auch unabhängig davon als lebensfähig. Zudem strömten in der Zeit des Wirtschaftsaufschwungs der Partei Wählermassen zu, die kaum als christlich angesprochen werden konnten. Die christliche Komponente im Parteinamen wurde schließlich reduziert auf die persönliche christliche Verantwortung jedes einzelnen und blieb damit vieldeutig.

Eine vergleichbare Entwicklung von einer streng kirchlichen zu einer liberaleren Position läßt sich am Verhältnis der katholischen Kirche zum *Grundgesetz* der Bundesrepublik Deutschland ablesen. Da sich der verfassunggebende Parlamentarische Rat 1949 nicht entschließen konnte, etwas über die Weimarer Verfassung (s. Bd. II, 1, Kap. 22) Hinausgehendes im Grundgesetz zu verankern und speziell katholische Forderungen, wie »gottgewollte« Menschenrechte, Elternrecht und Konfessionsschule, im Sinne der Bischöfe keine ausreichende Berücksichtigung fanden, verhielten diese sich anfangs reserviert gegenüber dem Grundgesetz, ohne es jedoch abzulehnen. Heute sehen sie im Grundgesetz ihren wichtigsten Verbündeten, wenn es um die Verteidigung von katholischen Grundwerten in der Öffentlichkeit geht. Darin spiegelt sich ein Lernprozeß innerhalb der katholischen Hierarchie, die feststellte, daß die Kirche im Rahmen einer parlamentarischen Demokratie nicht schlechter gesichert ist als in einem autokratisch regierten Staat.

Die allmähliche Öffnung der katholischen Kirche in der Bundesrepublik für eine neuzeitliche Verfassung und überkonfessionelle Zusammenarbeit in der Politik muß auch im Zusammenhang mit der Entwicklung in Rom gesehen werden:

Papst Pius XII. (1939–1958) hatte sich noch dadurch ausgezeichnet, daß er alle Neuerungen von der katholischen Lehre fernzuhalten suchte. Nach den verschiedensten Seiten hin hatte er Verurteilungen ausgesprochen. So war den Katholiken jede Unterstützung kommunistischer Bewegungen streng verboten worden; anerkannte Lehren der modernen Naturwissenschaften hatte er für unvereinbar mit dem christlichen Glauben erklärt; vor ökumenischen Gottesdiensten von Katholiken und Protestanten hatte er gewarnt. Schließlich richtete er mit dem *Dogma von der leiblichen Aufnahme Marias in den Himmel* (1950) eine neue Schranke zwischen den beiden großen christlichen Konfessionen auf.

Die Wahl des neuen Papstes (1958) fiel auf den bis dahin wenig hervorgetretenen Angelo Roncalli, Erzbischof von Venedig. Er galt wegen seines Alters zunächst als »Übergangspapst«. Unerwartet wurden die viereinhalb Jahre seiner Amtszeit jedoch zu einer Zeit weitgreifender Reformen in der katholischen Kirche.

Auffallend war zunächst, daß Roncalli als **Papst Johannes XXIII.** die Isolierung, die durch das päpstliche Zeremoniell bestand, durchbrach und Kontakt zu verschiedenen Bevölkerungsgruppen suchte.

Papst Johannes XXIII.

In seinen Enzykliken wandte er sich »an alle Menschen guten Willens«, also nicht nur an Katholiken. »Denn wir Menschen sind Brüder und, wir sagen es aus vollstem Herzen, wir sind alle Kinder desselben Vaters.« In diesem Geist empfing er Vertreter nichtkatholischer Kirchen und außerchristlicher Religionen. Eine jüdische Delegation begrüßte er mit den Worten: »Ich bin Joseph, euer Bruder.« Er veranlaßte die Streichung verletzender Worte über die Juden aus der Liturgie.

Im Januar 1959 überraschte der Papst mit der Ankündigung eines Konzils. Viele fragten sich, welchen Zweck ein Konzil nach dem Unfehlbarkeitsdogma von 1870 noch haben könne. Dazu sagte Johannes XXIII.: »Ich bin nicht unfehlbar. Der Papst ist unfehlbar, wenn er ex cathedra spricht. Ich werde nie ex cathedra sprechen.«

Nach dreijähriger Vorbereitung wurde das **Konzil** 1962 eröffnet. Fast 3000 Bischöfe füllten die Konzilsaula, den Petersdom. Erstmalig waren auch Beobachter aus den meisten nichtkatholischen Kirchen zugelassen, die z.T. selbst

Blick in die Konzilsaula

Vorschläge einreichten. Das Konzil wurde nach dem Tode von Johannes XXIII. (1963) unter seinem Nachfolger **Papst Paul VI.** (1963–1978) fortgeführt und dauerte – mit Unterbrechungen – bis 1965. Es leitete nicht nur wichtige **Reformen** innerhalb der katholischen Kirche ein, sondern bemühte sich auch um Verständnis für die nichtkatholischen Christen, für die Anhänger nichtchristlicher Religionen und für die Atheisten.

Der katholische Gottesdienst erfuhr Reformen, die eine Annäherung an evangelische Gottesdienste erkennen lassen: So wurde ohne Einschränkung die Landessprache für den Gottesdienst zugelassen; die Bibellesungen erhielten größeres Gewicht; bei besonderen Gelegenheiten sollten auch Laien die Kommunion unter beiderlei Gestalt empfangen dürfen. Allgemein wurden die Riten vereinfacht und verständlicher gemacht.

Die *polnischen Bischöfe* nutzten die Gelegenheit des Konzils, ihren deutschen Amtsbrüdern eine *Botschaft* zu übergeben, in der sie Vergebung gewährten für die Verwüstungen und Morde durch Deutsche an Polen während des Zweiten Weltkriegs und selbst um Vergebung für die Vertreibung aus den ehemaligen deutschen Ostgebieten baten. Diese Botschaft war Anlaß für die Denkschrift der Evangelischen Kirche in Deutschland über »Vertreibung und Versöhnung« (s. o. S. 43/44).

In den Jahren nach dem Konzil kam es in der katholischen Kirche zu Diskussionen über viele Fragen, die vom Konzil ausgeklammert oder nicht hinreichend beantwortet worden waren, so über den Zölibat der Priester und über die Geburtenregelung. Dabei brachen Gegensätze auf zwischen *»Fortschrittlichen«* und *»Traditionalisten«*. Jene meinten, das Konzil sei noch nicht konsequent genug gewesen, man müsse auf dem von ihm beschrittenen Wege weiter voranschreiten. Diese waren in Sorge, daß das Konzil in zu großer Rücksichtnahme auf den »modernen Menschen« bereits Traditionen aufgegeben habe, die die Kirche gar nicht aufgeben dürfe; sie forderten klare Grenzen zwischen »wahr« und »falsch«.

Papst Paul VI. hielt an der neuen Linie seines Vorgängers fest. Auch für ihn stand die Hinwendung der katholischen Kirche zu den Nichtkatholiken, Andersgläubigen und Ungläubigen im Mittelpunkt. Dem Konzil schrieb er das Gesetz der Liebe vor; spätere Historiker sollten über die Kirche zur Zeit seines Pontifikats sagen: Sie hat geliebt. Diesem Ziel dienten die **Auslandsreisen** und politischen Vorstöße, die Paul VI. unternahm:

Im Januar 1964 besuchte er *Israel* und die heiligen Stätten. Bei dieser Gelegenheit kam es zur Begegnung mit dem Haupt der orthodoxen Kirchen, dem Patriarchen Athenagoras von *Konstantinopel*. Beide Kirchenoberhäupter begrüßten sich mit einer herzlichen Umarmung. Der jahrhundertealte Gegensatz beider Kirchen sollte beseitigt werden. In der Schlußsitzung des Konzils, am 7. Dezember 1965, wurde die Vereinbarung zwischen Paul VI. und Athenagoras wahrgemacht, die Spaltung zwischen Rom und Byzanz vom Jahre 1054 »zu bedauern und aus dem Gedächtnis und aus der Mitte der Kirche auszutilgen«. Gemeinsame Erklärungen wurden zur gleichen Stunde in Rom und Konstantinopel verlesen.

Noch vor Abschluß des Konzils war der Papst nach New York geflogen, um in einer Rede vor der Vollversammlung der *Vereinten Nationen* (5. Oktober 1965) für die Herstellung des Friedens, vor allem in Vietnam, einzutreten. In einer Enzyklika vom 15. September 1966 sagte der Papst im Blick auf den Vietnamkrieg: »Im Namen Gottes rufen wir: Haltet ein! ... Jetzt muß Friede werden, auch unter Nachteilen und

Kardinal Wojtyla, seit 1978 Papst Johannes Paul II., war während des Krieges im KZ Dachau inhaftiert. Hier besucht er gemeinsam mit Kardinal Döpfner am 19. September 1974 das ehemalige Konzentrationslager Dachau, wo er auch eine Messe zelebrierte.

Erste Begegnung zwischen **Papst Paul VI.** und dem orthodoxen Primas, **Patriarch Athenagoras I.** von Konstantinopel in Jerusalem am 5.1.1964.

Unannehmlichkeiten; denn später ist der Friede vielleicht nur mit ungeheuren Verlusten und einem grauenhaften Zusammenbruch zu erkaufen.« Paul VI. richtete auch direkte Botschaften an die Regierungen in Moskau, Peking und Hanoi, die den Frieden näher bringen sollten.

Bei aller Reformtätigkeit während der Konzilszeit und allen öffentlichen Aktionen hielt Paul VI. doch an der herkömmlichen Deutung der Grundaussagen katholischen Glaubens unerschütterlich fest.

Zu den Auswirkungen des Konzils auf den Katholizismus in der Bundesrepublik gehörte es, daß bischöfliche »Hirtenbriefe« zu bevorstehenden Bundestagswahlen nur noch auf das christliche Selbstverständnis der Kandidaten verwiesen, nicht mehr eine bestimmte Partei empfahlen. Die Vorstellung jedoch, daß Politik Sachgesetzlichkeiten zu folgen habe und kirchliche Wertmaßstäbe nicht mehr Vorrang beanspruchen könnten, geriet in dem Maße wieder in den Hintergrund, wie brennende Probleme in der öffentlichen Diskussion wie Atomenergie, Hunger in der Dritten Welt, Bedrohung des Weltfriedens viele Menschen ohne klare Wertorientierung ließen. Die Kirche trat wieder bewußter für ihre Überzeugungen ein. Die Deutsche Bischofskonferenz und das Zentralkomitee der deutschen Katholiken, das die Katholikentage als großen Resonanzboden des deutschen Katholizismus organisiert, nehmen ebenso wie die EKD für den evangelischen Bereich zu Fragen der öffentlichen Verantwortung engagiert Stellung. So erschien 1983 ein Hirtenbrief der deutschen Bischöfe zum Frieden.

Statistik der katholischen Freien Schulen in der Bundesrepublik Deutschland und West-Berlin

Stand: Schuljahr 1974/75

In den einzelnen Kolonnen bedeutet die erste Zahl die Zahl der Schulen, die zweite Zahl die Zahl der Schüler.

Lfd. Nr.	Land	Grund-, Haupt-, Volks-schulen		Realschulen		Gymnasien		Sonder-schulen		Berufs-bezogene Schulen		Summe	
1	2	3		4		5		6		7		8	
1	Baden-Württemberg	14	4621	21	4645	33	12849	34	2705	66	3973	168	28793
2	Bayern	16	2433	76	23215	53	21023	20	2250	121	9022	286	57943
3	Berlin	10*	1474	4	592	6	3825	2	268	3	408	25	6567
4	Bremen	4*	1900	2	203	–	–	–	–	1	50	7	2153
5	Hamburg	17	5523	4	660	2	1568	–	–	3	100	26	7851
6	Hessen	1*	80	5	1043	15	11756	7	627	19	1807	47	15313
7	Niedersachsen	8	2684	1	71	16	9804	2	147	25	1902	52	14554
8	Nordrhein-Westfalen	4	960	33	15026	86	58115	16	1885	198	15677	337	91663
9	Rheinland-Pfalz	10	2859	8	3229	19	11890	13	993	54	3557	104	22528
10	Saarland	–	–	2	734	6	3818	1	30	9	683	18	5265
11	Schleswig-Holstein	–	–	–	–	–	–	–	–	2	122	2	122
12	Ausland**	–	–	–	–	3	556	–	–	–	–	3	556
		84	22534	156	49364	237	135204	95	8905	501	37301	1075	253308

* Bei einer Kooperation verschiedener Schulen wurden die Schülerzahlen entsprechend den heute noch meist gebrauchten Bezeichnungen verteilt.

** Deutsche katholische Schulen im Ausland.

Krankenhäuser und Heime	Gesundheitshilfe	1236 Krankenhäuser und Heime	196006 Betten	33315 Ordenskräfte 118103 Hauptamtliche Laienkräfte
	Jugendhilfe	1518 Säuglingsheime, Kinder- und Jugenddörfer, Jugendwohn- und Lehrlingsheime, Schüler- und Studentenheime	114783 Betten	
	Weitere soziale Hilfen	1709 Altersheime, Altenwohn- und -pflegeheime, Wohn- und Übernachtungsheime	87153 Betten	
Tageseinrichtungen		10030 Kindergärten und -horte, Nähstuben, Altentagesstätten u.a.	674356 Plätze	5329 Ordenskräfte 27874 Hauptamtliche Laienkräfte
Offene Hilfe		9181 Gemeindekranken- und Familienpflegestationen, Dorfhelferinnenstellen, Bahnhofsmissionen u.a.		4020 Ordenskräfte 5711 Hauptamtliche Laienkräfte

Die katholischen Sozialeinrichtungen sind im Deutschen Caritasverband zusammengeschlossen. Der Verband, der 1897 nach dem Vorbild der Inneren Mission (s.o. S. 33) gegründet wurde, trägt auch eigene Ausbildungsstätten, z.B. für Krankenpflegepersonal und Kindergärtnerinnen. Immer wichtiger wird die beratende Tätigkeit (Ehe- und Familienberatung, Elternschule, Ausländer-, Suchtkrankenberatung). Die Eigenmittel des Deutschen Caritasverbandes stammen aus Spenden bei Sammlungen und Kollekten, dem Verkauf von Wohlfahrtsbriefmarken, Mitteln der Fernsehlotterie und kirchlichen Zuschüssen. Der Verband ist untergliedert in 23 Diözesanverbände, die jeweils dem Bischof unterstehen.

Quellen

1 Die Neubegründung des Verhältnisses von katholischer Kirche und Staat in Westdeutschland

1a Joseph Höffner: Kirche und Partei (1947)

1. Da sich eine politische Partei ihrem Wesen nach mit den konkreten Fragen der Politik zu befassen hat und da der katholische Glaube über viele konkrete Einzelfragen keine Entscheidungen gibt, so daß auch treue Katholiken in ein und derselben Frage verschiedener Meinung sein können, entsprechen konfessionelle oder klerikale Parteien nicht dem christlichen Ideal. Im Gegenteil! Sie legen die Versuchung nahe, politische Partei und Kirche Christi gleichzusetzen und mehr oder weniger richtige Entscheidungen einer Partei auf das Schuldkonto der Kirche zu laden.

2. Wenn der christliche Glaube über viele konkrete Einzelfragen der Politik keine Aussagen enthält, so darf doch keine politische Maßnahme der sittlichen Wertordnung und den Rechten der Kirche widersprechen. An diesen Grundsatz ist jeder, also auch jeder Politiker, gebunden.

3. Es steht jedem Katholiken frei, sich jeder

politischen Partei anzuschließen, sofern diese Partei die sittliche Wertordnung anerkennt und die Rechte der Kirche nicht verletzt. Daß die Katholiken im Gewissen verpflichtet sind, sich um die »Politik« zu kümmern und die Gestaltung dieser Welt nicht den Mächten des Abgrundes überlassen dürfen, braucht kaum betont zu werden.

4. Da es in unserer weltanschaulich zerrissenen Gegenwart möglich sein kann, daß die politischen Parteien der Nichtchristen die ewigen Grundsätze des Naturrechts und die Rechte der Kirche außer acht lassen, kann es notwendig werden, daß sich die Katholiken zu einer politischen Partei zusammenschließen. Diese Partei ist im eigentlichen Sinne keine »katholische« Partei, sondern eine politische Partei von Katholiken.

- *Beschreiben Sie, was der spätere Kölner Kardinal Höffner mit den Begriffen »sittliche Wertordnung« und »Rechte der Kirche« meint.*
- *Wie würde ein Protestant seine Mitwirkung in einer Partei mit christlichen Grundsätzen begründen?*

1 b Aus den Kölner Leitsätzen der CDU von 1945 (Sommer)

Was uns nun allein aus der Not retten kann, ist eine ehrliche Besinnung auf die christlichen und abendländischen Lebenswerte ... Im Glauben an den lebendigen Gott beugen wir uns vor seinen Geboten, den wahren und einzigen Stützen sozialer Ordnung und Gemeinschaft.

1 c Aus dem Aufruf der CDU von Württemberg-Hohenzollern, Januar 1946

Am Kampf gegen das Christentum ist das Dritte Reich nach zwölfjährigem Bestand zerschellt. Gottentfremdung, Abfall vom Christentum sind die tiefsten Ursachen dieser größten Katastrophe der Menschheitsgeschichte. Rückkehr zu Gott und seinen Geboten ist die erste und wichtigste Voraussetzung für die Überwindung unserer seelischen und materiellen Not.

- *Gegen wen formulierten die CDU-Gründer die These, daß die soziale Ordnung allein auf Gottes Geboten beruhe?*
- *Nehmen Sie Stellung zu der Beurteilung des Nationalsozialismus durch die Württemberger.*
- *Inwiefern leuchtete es vielen Menschen 1945 ein, daß eine Rückkehr zum Glauben notwendige Voraussetzung für einen Neuaufbau Deutschlands sei?*

1 d Aufgaben und Grenzen der Staatsgewalt
Ein Lehrschreiben der in Fulda versammelten deutschen Bischöfe (1953)

Die sittliche Würde des Staates ist in seinem Ursprung und seinem hohen sittlichen Zweck begründet. Er ist weder eine Ausgeburt des Bösen, eine Folge der Sünde, noch die höchste Verkörperung des Göttlichen auf Erden und absoluter Selbstzweck (Hegel), weder das willkürliche Produkt der Gewalt von Machthabern, noch ist für ihn der Volkswille die letzte Rechtsquelle und Richtschnur für die Ausübung der Staatsgewalt (Rousseau). Der Staat gehört vielmehr zu der vom Schöpfer gewollten sittlichen Wertordnung. Wie Gott der Ursprung der Sozialnatur des Menschen ist, ist er auch die erste Ursache des Staates und der Staatsgewalt.

- *Informieren Sie sich im Kapitel über Luther (Bd. I) über die lutherische Lehre vom Staat.*
- *Vergleichen Sie die lutherische und katholische Staatsvorstellung miteinander.*

1 e Aus dem Hirtenbrief der deutschen Bischöfe, 1961

Laßt Euch nicht irre machen durch christlich klingende Worte und Reden! Haltet Euch an die Männer und Frauen, die sich in der Vergangenheit um christliche Taten bemüht haben. Setzt Euch für die Kandidaten ein, die im Bundestag den Mut aufbringen, den christlichen Sonntag im Sog des modernen Wirtschaftslebens nicht untergehen zu lassen, sondern ihm seine Würde als Tag des Herrn zu erhalten. Setzt Euch für die Kandidaten ein, die aus ihrem christlichen Gewissen heraus den Mut finden, der Zersetzung des Ehe- und Familienlebens Einhalt zu gebieten, dem keimenden Leben Schutz und Achtung zu sichern und die Ehe vor leichtfertiger Scheidung zu bewahren. Setzt Euch für die Männer und Frauen ein, die dem Walten der christlichen Kräfte in Jugendpflege und Volksbildung, in Fürsorge und Caritas und nicht zuletzt im Schulwesen freien Raum lassen.

1f Aus der Erklärung der deutschen Bischöfe, 1965

Auch wenn es, angesichts der Schwierigkeit der Aufgabe, im Kräftespiel der vielen Meinungen und Interessen im modernen Staat nicht immer zu Lösungen kommen kann, die jedem und allem gerecht werden, so gibt diese Tatsache doch niemand das Recht zum Abseitsstehen ... Wir deutschen Bischöfe bitten daher alle wahlberechtigten Gläubigen, sich am 19. September durch nichts von der Erfüllung ihrer Wahlpflicht abbringen zu lassen und Männer und Frauen zu wählen, die aus gläubiger Haltung und im Vertrauen auf Gott die schweren Aufgaben übernehmen, die ihrer warten. Das Wohl unseres Volkes hängt davon ab, daß die Wähler eine Entscheidung treffen, die sie vor Gott und ihrem Gewissen verantworten können.

- ► *Vergleichen Sie die Ausschnitte aus den Hirtenbriefen von 1961 und 1965.*
- ► *Kennzeichnen Sie die Absicht, aus der heraus die Bischöfe Ihrer Ansicht nach Hirtenbriefe verlesen lassen.*
- ► *Begünstigen die Hirtenbriefe eine bestimmte politische Partei?*
- ► *Wären auch evangelische Hirtenbriefe möglich?*

2 Aus der Arbeit der katholischen Kirche: Misereor

(Aus einer Einführungsschrift des Hilfswerks)

Die Gründung des Bischöflichen Hilfswerks *Misereor* geht auf eine Anregung von Kardinal Frings zurück, der 1958 vor der Deutschen Bischofskonferenz in Fulda zum erstenmal den Gedanken eines kirchlichen Werks entwickelte, das seinem Auftrag nach dem Geist des alten christlichen Fastengebots eine neue, zeitgemäße Deutung geben sollte. Frings' Idee: Der Christ soll auf einen Teil seines Konsums verzichten und das, was er durch diesen Verzicht erübrigt, in ein Fastenopfer einbringen. Unsere Leitworte, die wir der jeweiligen Fastenaktion mit auf den Weg geben, machen deutlich, daß wir diesem letzten Anspruch gerecht zu werden versuchen. Die Leitworte »Unser Verzicht – Hoffnung für viele« oder »Anders leben, damit andere überleben«, sind ein Appell an das Gewissen der Überflußgesellschaft.
Misereor super turbam – Mich erbarmt des Volkes – heißt das Jesuswort im Markus-Evangelium, dem das Bischöfliche Werk seinen Namen verdankt.

...

Schon bald nach dem Beginn der *Misereor*-Aktion im Jahre 1958 gründeten 39 katholische Verbände und Organisationen in der Bundesrepublik – darunter auch *Misereor* – die Arbeitsgemeinschaft für Entwicklungshilfe (AGEH), die heute ihren Sitz in Köln hat. Über 2000 Fachkräfte wurden seither in Entwicklungsprojekte rund um die Welt vermittelt, zumeist in solche, die von *Misereor* gefördert werden. *Misereor* finanziert auch zum größten Teil die Arbeit der AGEH und den Unterhalt der Entwicklungshelfer. Finanzhilfe und die Ergänzung durch Menschen ergeben so eine sinnvolle Einheit. Es gehört allerdings zu unserem und zum Konzept der AGEH, daß einheimische Fachleute immer Vorrang haben. Daher sind auch nur in knapp zehn Prozent der Projekte, die *Misereor* finanziell fördert, Entwicklungshelfer tätig.

Woher kam das Geld?

Mittelaufkommen 1959–1980	Mill. DM
I. Misereor	
1. Kollekten und Spenden	1425,0
2. Einsparungen, Zinsen und sonstige erwirtschaftete Erträge	294,3
Gesamt	1719,3
II. Verband der Diözesen Deutschlands	180,6
III. Katholische Zentralstelle für Entwicklungshilfe (Staatliche Mittel einschließlich der Kommission der europäischen Gemeinschaften)	792,0
Insgesamt	2691,9

Stand: Dezember 1980

Wohin ging das Geld?

Bewilligungen nach Kontinenten 1959–1980

	Anzahl der Maßnahmen	Bewilligungen (in Mill. DM)
Afrika	8406	804,6
Lateinamerika	11196	803,6
Asien und Ozeanien	10212	1010,4
International	1607	188,9
Insgesamt*	31421	2807,5

Stand: Dezember 1980

* Einschließlich Bewilligungen im Vorgriff auf 1981.

- *Vergleichen Sie die Idee des Hilfswerks Misereor mit der Aktion »Brot für die Welt« (s. o. S. 32).*
- *Welchen Vorteil hat die kirchliche Entwicklungshilfe vor der staatlichen?*
- *Welche Konsequenzen für das Leben der Katholiken in Deutschland hätte deren weitgehende Orientierung an den Zielen von Misereor?*

3 Katholische Kirche in der DDR Hirtenwort der katholischen Bischöfe in der DDR vom 17. November 1974

Die in der Berliner Ordinarienkonferenz versammelten Bischöfe fühlen sich verpflichtet, ein Wort über die christliche Erziehung an die Gemeinden zu richten.

Die gegenwärtige Situation drängt uns dazu. Wir müssen sprechen, um die heranwachsende Generation vor Schaden zu bewahren. Wir müssen für ihre Glaubens- und Gewissensfreiheit eintreten und für ihr Recht auf Bildung ...

Denn in den Erziehungs- und Lehrplänen – vom Kindergarten bis zur Universität – ist ausschließlich die Weltanschauung des dialektischen Materialismus die Grundlage. Das gesamte Leben soll von dieser Ideologie her geprägt werden. Weltanschauliche Neutralität wird abgelehnt. Entsprechend wird einzig die sozialistische Moral als richtig hingestellt, zu der die Erziehung zum Haß gehört.

Von dieser Einseitigkeit her werden Religion und Christentum oft entstellt und verzerrt dargestellt. Der christliche Glaube wird als Aberglaube oder als bürgerliche Ideologie verunglimpft, als eine verderbliche Lebensform, die mit Opiumsucht und Alkoholmißbrauch in einem Atem genannt wird. Auch scheut man nicht davor zurück, in der Lehre wie in der Literatur mit längst widerlegten Argumenten die Geschichte des Christentums und kirchengeschichtliche Ereignisse zu verfälschen oder einseitig darzustellen.

Da dialektischer Materialismus und Gottesglaube unvereinbar sind, soll auf diese Weise die Religion als überlebte Haltung erscheinen, die gesetzmäßig verschwinden muß. Wenn sie nicht von selbst abstirbt, soll mit den Mitteln der Propaganda und auch des Gewissensdrukkes nachgeholfen werden, damit der Prozeß beschleunigt wird. Für diese Entwicklung, die sich in letzter Zeit verschärft hat, gibt es deutliche Anzeichen. Das Jugendgesetz spricht ausschließlich von sozialistischer Jugend und sozialistischer Persönlichkeit, die Werbung für die Jugendweihe wird verstärkt, so daß prak-

tisch für eine freie Entscheidung oftmals kein Raum mehr bleibt; öfter erfahren christliche Bürger im Bildungswesen und im Beruf Benachteiligung und Zurücksetzung.
Viele Christen geraten durch diese und viele andere Bedrängnisse dauernd in schwere Gewissenskonflikte. Sie fühlen sich als Bürger zweiter Klasse behandelt. Wir Bischöfe und Priester kennen diese belastende Situation aus vielen Gesprächen mit Eltern und Jugendlichen ...
Die christliche Botschaft lenkt die Menschen nicht vom Aufbau der Welt ab, sondern verpflichtet sie strenger zur Bewältigung dieser Aufgabe.
Deshalb gehört zur christlichen Erziehung die Hinführung zu verantwortungsbewußter Mitarbeit in der Gesellschaft. Der junge Christ muß aber kritisch beurteilen lernen, wo die Chancen und die Grenzen seiner Mitarbeit liegen ...

- ► *Stellen Sie die Gründe zusammen, die in der DDR zu den beschriebenen Verhältnissen führten. Benutzen Sie dazu auch das Kapitel über die Kirche in Rußland (u.S. 130–136).*
- ► *Nennen Sie die Punkte, die für einen katholischen Christen Grenzen der Mitarbeit im sozialistischen Staat markieren.*

4 Pius XII.: Dogmatisierung der leiblichen Aufnahme der Jungfrau Maria in den Himmel, 1950

Nachdem Wir nun immer wieder inständig zu Gott gefleht und den Geist der Wahrheit angerufen haben, verkündigen, erklären und definieren Wir zur Verherrlichung des allmächtigen Gottes, dessen ganz besonderes Wohlwollen über der Jungfrau Maria gewaltet hat, zur Ehre seines Sohnes, des unsterblichen Königs der Ewigkeit, des Siegers über Sünde und Tod, zur Mehrung der Herrlichkeit der erhabenen Gottesmutter, zur Freude und zum Jubel der ganzen Kirche, in Kraft der Vollmacht unseres Herrn Jesus Christus, der heiligen Apostel Petrus und Paulus und Unserer eigenen Vollmacht: es ist eine von Gott geoffenbarte Glaubenswahrheit, daß die unbefleckte, immer jungfräuliche Gottesmutter Maria nach Vollendung ihres irdischen Lebenslaufes mit Leib und Seele zur himmlischen Herrlichkeit aufgenommen worden ist.
Wenn daher, was Gott verhüte, jemand diese Wahrheit, die von Uns definiert worden ist, zu leugnen oder bewußt in Zweifel zu ziehen wagt, so soll er wissen, daß er vollständig vom göttlichen und katholischen Glauben abgefallen ist.

5 Papst Johannes XXIII.: Enzyklika »Pacem in terris« (1963)
(Auszug)

Erläuterung: Diese Friedens-Enzyklika stellt gleichsam das Testament des kurze Zeit später verstorbenen Papstes dar.

Unsere Gegenwart ist durch drei Merkmale gekennzeichnet:
Vor allem stellt man den wirtschaftlich-sozialen Aufstieg der Arbeiterklasse fest. Die Arbeiter machten zunächst, vordringlich auf wirtschaftlichem und sozialem Gebiet, ihre Rechte geltend; dann taten sie den Schritt zur Wahrung ihrer politischen Interessen; schließlich richteten sie ihren Sinn besonders darauf, in angemessener Weise an den Gütern der Kultur teilzunehmen. Deshalb sind die Arbeiter heutzutage auf der ganzen Welt besonders darauf bedacht, nie nur als Sache ohne Verstand und Freiheit gewertet zu werden, die andere ausbeuten, sondern als Menschen in allen Bereichen menschlicher Gemeinschaft ...
An zweiter Stelle steht die allgemein bekannte Tatsache, daß die Frau am öffentlichen Leben teilnimmt, was vielleicht rascher geschieht bei den christlichen Völkern und langsamer, aber in aller Breite, bei den Völkern, welche als Erben anderer Überlieferungen auch andere Lebensformen und Sitten haben. Die Frau, die sich ihrer Menschenwürde heutzutage immer mehr bewußt wird, ist weit davon entfernt, sich als seelenlose Sache oder als bloßes Werkzeug einschätzen zu lassen; sie nimmt vielmehr so-

wohl im häuslichen Leben wie im Staat jene Rechte und Pflichten in Anspruch, die der Würde der menschlichen Person entsprechen.
Schließlich bemerken wir in unseren Tagen, daß die ganze Menschheitsfamilie im sozialen wie im politischen Leben eine völlig neue Gestalt angenommen hat. Da nämlich alle Völker für sich Freiheit beanspruchen oder beanspruchen werden, wird es bald keine Völker mehr geben, die über andere herrschen, noch solche, die unter fremder Herrschaft stehen ... Denn in der Gegenwart schwinden die Anschauungen, die so viele Jahrhunderte überdauerten, aufgrund und derer sich gewisse Menschengruppen für untergeordnet hielten, während andere sich überlegen dünkten, sei es wegen ihrer wirtschaftlichen oder sozialen Stellung, sei es wegen des Geschlechts oder ihres gesellschaftlichen Ranges.
Wenn so das Grundgefüge der Beziehungen zwischen den Bürgern auf die Rechte und Pflichten abgestellt wird, entdecken die Menschen immer mehr die geistigen Werte, nämlich was Wahrheit, was Gerechtigkeit, was Liebe und was Freiheit ist. So werden sie sich bewußt, Glieder einer solchen Gemeinschaft zu sein. Doch nicht genug! Auf diesem Weg kommen die Menschen dazu, den wahren Gott als die Menschennatur überragendes persönliches Wesen besser zu erkennen. So halten sie schließlich die Beziehungen zu Gott für das Fundament ihres Lebens, das sie sowohl in ihrem Inneren leben als auch gemeinsam mit den übrigen Menschen gestalten.

- *Nehmen Sie Stellung zu der These des Papstes, daß es bald keine Völker mehr geben werde, die über andere herrschen.*
- *Wie begründete der Papst die Aussage, daß die Menschen unter den Bedingungen allseitiger Freiheit eher zu Gott finden? Wie beurteilen Sie diese Feststellung?*
- *Entwerfen Sie ein Bild der Zukunftsgesellschaft auf der Basis der Enzyklika »Pacem in terris«. Stellen Sie die Rolle der Arbeiter, der Frauen sowie der kleineren Völker besonders heraus!*

6 Beschlüsse des Zweiten Vatikanischen Konzils (1962–1965)

6a Aus der Dogmatischen Konstitution (=die Lehre betreffender Beschluß) über die Kirche (1963)

...
Dies ist die einzige Kirche Christi, die wir im Glaubensbekenntnis als die eine, heilige, katholische und apostolische bekennen. Sie zu weiden, hat unser Erlöser nach seiner Auferstehung dem Petrus übertragen, ihm und den übrigen Aposteln hat er ihre Ausbreitung und Leitung anvertraut, für immer hat er sie als »Säule und Feste der Wahrheit« errichtet (1. Tim. 3, 15). Diese Kirche, in dieser Welt als Gesellschaft verfaßt und geordnet, ist verwirklicht in der katholischen Kirche, die vom Nachfolger Petri und von den Bischöfen in Gemeinschaft mit ihm geleitet wird. Das schließt nicht aus, daß außerhalb ihres Gefüges vielfältige Elemente der Heiligung und der Wahrheit zu finden sind, die als der Kirche Christi eigene Gaben auf die katholische Einheit hindrängen ... Sie (die Kirche) ist zugleich heilig und stets der Einigung bedürftig, sie geht immerfort den Weg der Buße und Erneuerung.
... Zu dieser katholischen Einheit des Gottesvolkes, die den allumfassenden Frieden bezeichnet und fördert, sind alle Menschen berufen. Auf verschiedene Weise gehören ihr zu oder sind ihr zugeordnet die katholischen Gläubigen, die anderen an Christus Glaubenden und schließlich alle Menschen überhaupt, die durch die Gnade Gottes berufen sind.

- *Welches Bild der Kirche entwirft das Konzil, und in welcher Rolle sieht es die nichtkatholischen christlichen Religionen?*
- *Versuchen Sie, die »katholische Einheit des Gottesvolkes« in ihren unterschiedlichen Bereichen mit Hilfe einer schematischen Zeichnung darzustellen.*
- *Wie stellen sich die nichtkatholischen Kirchen vermutlich zu der Feststellung des Konzils?*

6b Aus der Dogmatischen Konstitution über die göttliche Offenbarung (1965)

Die Heilige Überlieferung und die Heilige Schrift sind eng miteinander verbunden und haben aneinander Anteil. Demselben göttlichen Quell entspringend, fließen beide gewissermaßen in eins zusammen und streben demselben Ziel zu. Denn die Heilige Schrift ist Gottes Rede, insofern sie unter dem Anhauch des Heiligen Geistes schriftlich aufgezeichnet wurde. Die Heilige Überlieferung aber gibt das Wort Gottes, das von Christus dem Herrn und vom Heiligen Geist den Aposteln anvertraut wurde, unversehrt an deren Nachfolger weiter, damit sie es unter der erleuchtenden Führung des Geistes der Wahrheit in ihrer Verkündigung treu bewahren, erklären und ausbreiten. So ergibt sich, daß die Kirche ihre Gewißheit über alles Geoffenbarte nicht aus der Heiligen Schrift allein schöpft. Daher sollen beide mit gleicher Liebe und Achtung angenommen und verehrt werden ... Die Aufgabe aber, das geschriebene oder überlieferte Wort Gottes verbindlich zu erklären, ist nur dem lebendigen Lehramt der Kirche anvertraut ... Das Lehramt ist nicht über dem Wort Gottes, sondern dient ihm ...

► *Vergleichen Sie die Aussagen zu Schrift und Tradition mit den entsprechenden Aussagen des Konzils von Trient 1545–1563 (s. Bd. I). Wird 1965 etwas Neues ausgesagt?*

6c Aus der Deklaration über die Religionsfreiheit (1965)

Das Vatikanische Konzil erklärt, daß die menschliche Person das Recht auf religiöse Freiheit hat. Diese Freiheit besteht darin, daß alle Menschen frei sein müssen von jedem Zwang sowohl von seiten einzelner wie gesellschaftlicher Gruppen, wie jeglicher menschlichen Gewalt, so daß in religiösen Dingen niemand gezwungen wird, gegen sein Gewissen zu handeln, noch daran gehindert wird, privat und öffentlich, als einzelner oder in Verbindung mit anderen innerhalb der gebührenden Grenzen nach seinem Gewissen zu handeln. Ferner erklärt das Konzil, das Recht auf religiöse Freiheit sei in Wahrheit auf die Würde der menschlichen Person selbst gegründet, so wie sie durch das geoffenbarte Wort Gottes und durch die Vernunft selbst erkannt wird. Dieses Recht der menschlichen Person auf religiöse Freiheit muß in der rechtlichen Ordnung der Gesellschaft so anerkannt werden, daß es zum bürgerlichen Recht wird.

► *Entspricht die Deklaration über die Religionsfreiheit den Vorstellungen der katholischen Kirche in den früheren Jahrhunderten?*

6d Botschaft der polnischen Bischöfe an ihre deutschen Brüder im Hirtenamt (während des Konzils)

... Nach kurzer Unabhängigkeit von etwa zwanzig Jahren (1918–1939) brach über das polnische Volk ohne seine Schuld das herein, was man euphemistisch einfach als Zweiten Weltkrieg bezeichnet, was aber für uns Polen als totale Vernichtung und Ausrottung gedacht war. Über unser armes Vaterland senkte sich eine furchtbare, finstere Nacht, wie wir sie seit Generationen nicht erlebt hatten. Sie wird bei uns allgemein als »deutsche Okkupationszeit« bezeichnet und ist unter diesem Namen in die polnische Geschichte eingegangen. Wir waren alle macht- und wehrlos. Das Land war übersät mit Konzentrationslagern, in denen die Schlote der Krematorien Tag und Nacht rauchten. Über sechs Millionen polnischer Staatsbürger, darunter der Großteil jüdischer Herkunft, haben diese Okkupationszeit mit ihrem Leben bezahlen müssen. Die führende polnische Intelligenzschicht wurde einfach weggefegt. Zweitausend polnische Priester und fünf Bischöfe (ein Viertel des damaligen Episkopats) wurden in Lagern umgebracht ... Wir wollen nicht alles aufzählen, um die noch nicht vernarbten Wunden nicht wiederaufzureißen. Wenn wir an diese polnische furchtbare Nacht erinnern,

dann nur deswegen, damit man uns heute einigermaßen versteht, uns selbst und unsere heutige Denkart ... Wir versuchen zu vergessen. Wir hoffen, daß die Zeit – der große göttliche Kairos (griech. = rechter Augenblick) – die geistigen Wunden langsam heilen wird.
... Die Belastung der beiderseitigen Verhältnisse ist immer noch groß und wird vermehrt durch das sogenannte »heiße Eisen« dieser Nachbarschaft; die polnische Westgrenze an Oder und Neiße ist, wie wir wohl verstehen, für Deutschland eine äußerst bittere Frucht des letzten Massenvernichtungskrieges – zusammen mit dem Leid der Millionen von Flüchtlingen und vertriebenen Deutschen (auf interalliierten Befehl der Siegermächte – Potsdam 1945! – geschehen). Ein großer Teil der Bevölkerung hatte diese Gebiete aus Furcht vor der russischen Front verlassen und war nach dem Westen geflüchtet. – Für unser Vaterland, das aus dem Massenmorden nicht als Siegerstaat, sondern bis zum äußersten geschwächt hervorging, ist es eine Existenzfrage (keine Frage »größeren Lebensraumes!«); es sei denn, daß man ein über 30-Millionen-Volk in den engen Korridor eines »Generalgouvernements« von 1939–45 hineinpressen wollte – ohne Westgebiete; aber auch ohne Ostgebiete, aus denen seit 1945 Millionen von polnischen Menschen in die »Potsdamer Westgebiete« hinüberströmen mußten ...
Seid uns wegen dieser Aufzählung dessen, was im letzten Abschnitt unserer tausend Jahre geschehen ist, liebe deutsche Brüder, nicht gram! Es soll weniger eine Anklage als vielmehr eine eigene Rechtfertigung sein! Wir wissen sehr wohl, wie ganz große Teile der deutschen Bevölkerung jahrelang unter übermenschlichem nationalsozialistischem Gewissensdruck standen, wir kennen die furchtbaren inneren Nöte, denen seinerzeit rechtschaffene und verantwortungsvolle deutsche Bischöfe ausgesetzt waren, um nur die Namen Kardinal Faulhaber, von Galen, Preysing zu erwähnen. Wir wissen um die Märtyrer der weißen Rose, die Widerstandskämpfer des 20. Juli, wir wissen, daß viele Laien und Priester ihr Leben opferten (Lichtenberg, Metzger, Klausener und viele andere). Tausende von Deutschen teilten als Christen und Kommunisten in den Konzentrationslagern das Los unserer polnischen Brüder ...
Und trotz alledem, trotz dieser fast hoffnungslos mit Vergangenheit belasteten Lage, gerade aus dieser Lage heraus, hochwürdige Brüder, rufen wir Ihnen zu: Versuchen wir zu vergessen! Keine Polemik, kein weiterer kalter Krieg, aber der Anfang eines Dialogs, wie er heute vom Konzil und vom Papst Paul VI. überall angestrebt wird. Wenn echter guter Wille beiderseits besteht – und das ist wohl nicht zu bezweifeln –, dann muß ja ein ernster Dialog gelingen und mit der Zeit gute Früchte bringen – trotz allem, trotz heißer Eisen ...
Wir bitten Sie, katholische Hirten des deutschen Volkes, versuchen Sie auf Ihre eigene Art und Weise unser christliches Millennium mitzufeiern, sei es durch Gebet, sei es durch einen besonderen Gedenktag. Für jede Geste dieser Art werden wir Ihnen dankbar sein. Überbringen Sie auch, wir bitten Sie darum, unsere Grüße und unseren Dank den deutschen evangelischen Brüdern, die sich mit uns und mit Ihnen abmühen, Lösungen für unsere Schwierigkeiten zu finden.
In diesem allerchristlichen und zugleich sehr menschlichen Geist strecken wir unsere Hände zu Ihnen hin in den Bänken des zu Ende gehenden Konzils, gewähren Vergebung und bitten um Vergebung. Und wenn Sie, deutsche Bischöfe und Konzilsväter, unsere ausgestreckten Hände brüderlich erfassen, dann erst können wir wohl mit ruhigem Gewissen in Polen auf ganz christliche Art unser Millennium feiern. Wir laden Sie dazu herzlichst nach Polen ein.
Das walte der barmherzige Erlöser und die Jungfrau Maria, die Königin Polens, die Regina Mundi und Mater Ecclesiae.
18. November 1965 (Rom)

Stefan Cardinalis Wyszynski
Primas Poloniae
(weitere Unterschriften u.a. C. Wojtyla,
seit 1978 Papst Johannes Paul II.)

► *Stellen Sie fest, aufgrund welcher Zielsetzung des Papstes (Paul VI.) für das Konzil die polnischen Bischöfe gerade jetzt (1965) den deutschen Bischöfen die Hand zur Versöhnung reichen?*

- *Beschreiben Sie aufgrund des Textes das Verhältnis der polnischen Bischöfe zum deutschen Volk. In welcher Rolle werden die deutschen Bischöfe gesehen?*

7 Papst Paul VI.: Enzyklika »Populorum progressio« (1967) (Auszug)

... Wenn die Erde da ist, um jedem die Mittel für seine Existenz und seine Entwicklung zu geben, dann hat jeder Mensch das Recht, auf ihr das zu finden, was er nötig hat ... Alle anderen Rechte, ganz gleich welche, auch das des Eigentums und des freien Tausches, sind diesem Grundsatz untergeordnet.

... Das Privateigentum ist also für niemand ein unbedingtes und unbeschränktes Recht ... Das Gemeinwohl verlangt manchmal eine Enteignung von Grundbesitz, wenn dieser wegen seiner Größe, seiner geringen oder überhaupt nicht erfolgten Nutzung, wegen des Elends, das die Bevölkerung durch ihn erfährt, wegen eines beträchtlichen Schadens, den die Interessen des Landes erleiden, dem Gemeinwohl hemmend im Wege steht ...

Es geht darum, eine Welt zu bauen, wo jeder Mensch, ohne Unterschied der Rasse, der Religion, der Abstammung, ein volles menschliches Leben führen kann, frei von Versklavung von seiten der Menschen oder einer noch nicht hinreichend gebändigten Natur; eine Welt, wo die Freiheit nicht ein leeres Wort ist, wo der arme Lazarus an derselben Tafel mit dem Reichen sitzen kann. Das fordert von diesem ein hohes Maß an Hochherzigkeit, große Opfer und unermüdliche Anstrengungen. Jeder muß sein Gewissen erforschen, das ihn auf diese neuen Forderungen für unsere Zeit hinweist. Ist er bereit, auf seine Kosten die Werke und Aufgaben zugunsten der Ärmsten zu unterstützen? Mehr Steuern zu zahlen, damit die öffentlichen Stellen ihre Entwicklungshilfe intensivieren können? Höhere Preise für Einfuhrgüter zu zahlen, damit die Erzeuger einen angemessenen Verdienst erhalten? Notfalls seine Heimat zu verlassen, wenn er jung ist, um den zu höherer Zivilisation aufstrebenden Nationen zu helfen? ... Die Spielregel des freien Handels kann ... für sich allein die internationalen Beziehungen nicht regieren. Ihre Vorteile sind klar, wo es sich um Partner in nicht allzu ungleicher wirtschaftlicher Lage handelt ... Aber es ist etwas ganz anderes, wenn die Bedingungen von Land zu Land zu ungleich sind ... Man muß es einfach zugeben: in diesem Bereich wird ein Grundprinzip des sogenannten Liberalismus als Regel des Handels überaus fragwürdig ... Der Friede besteht nicht einfach im Schweigen der Waffen, nicht einfach im immer schwankenden Gleichgewicht der Kräfte. Er muß Tag für Tag aufgebaut werden mit dem Ziel einer von Gott gewollten Ordnung, die eine vollkommenere Gerechtigkeit unter den Menschen herbeiführt ...

- *Informieren Sie sich über die Positionen von Entwicklungsländern im Nord-Süd-Dialog. Vertritt der Papst die Position der Entwicklungsländer oder die der Industrieländer?*
- *Die Enzyklika ist als Beitrag zum weltweiten Frieden gemeint. Formulieren Sie den Begriff von Frieden, den der Papst hier entwirft.*

8 Aus der Rede Pauls VI. vor der Vollversammlung der Vereinten Nationen am 4. Oktober 1965

Unsere Botschaft will zunächst eine moralische und feierliche Bestätigung dieser hohen Institution sein. Diese Botschaft kommt aus Unserer geschichtlichen Erfahrung. Gewissermaßen als Experte für Menschlichkeit überbringen Wir dieser Organisation nun die Unterstützung Unserer letzten Vorgänger, des ganzen katholischen Episkopats und Unsere eigene, überzeugt davon, daß diese Organisation der gebotene Weg für die moderne Zivilisation und den Weltfrieden ist.

Wenn Wir dieses sagen, sind Wir Uns bewußt, sowohl im Namen der Toten als auch der Lebenden zu sprechen: der Toten, die in den schrecklichen Kriegen der Vergangenheit fielen und die von Eintracht und Weltfrieden träumten. Der Lebenden, die überlebt haben und die in ihrem Herzen im voraus jene verurteilen, die versucht sein sollten, solche Kriege zu wiederholen.

Wir wissen, daß Sie sich dessen voll bewußt sind. Hören Sie weiter Unsere Botschaft! Sie ist ganz auf die Zukunft ausgerichtet. Das Gebäude, das Sie erbaut haben, darf niemals mehr in Trümmer gehen. Es muß vervollkommnet werden und den Erfordernissen der Weltgeschichte angepaßt. Sie repräsentieren eine Stufe in der Entwicklung der Menschheit. Von nun an ist es unmöglich zurückzuweichen, man muß voranschreiten.

Wir wären versucht, zu sagen, daß Ihr Charakteristikum in der zeitlichen Ordnung gewissermaßen das widerspiegelt, was Unsere katholische Kirche in der geistlichen Ordnung sein will: einzig und universal. Man kann auf der natürlichen Ebene im ideologischen Bau der Menschheit nichts Höheres ersinnen. Ihre Berufung ist, nicht nur einige Völker, sondern alle Völker zu verbrüdern. Ein schwieriges Unterfangen? Ganz sicher. Das ist aber Ihre Sache, Ihr edles Bemühen. Wer sähe nicht die Notwendigkeit, allmählich dazu zu kommen, eine Weltautorität einzusetzen, die in der Lage ist, im rechtlichen und politischen Bereich wirksam tätig zu sein?

Und nun erreicht Unsere Botschaft ihren Höhepunkt. Zuerst negativ: Es handelt sich um das Wort, das Sie von Uns erwarten und das Wir nicht aussprechen können, ohne seiner Schwere und Feierlichkeit bewußt zu sein: Niemals mehr die einen gegen die anderen, niemals, niemals mehr! Ist nicht die Organisation der Vereinten Nationen gerade aus dieser Zielsetzung entstanden: gegen den Krieg und für den Frieden? Hören Sie die klaren Worte eines großen Verstorbenen, John F. Kennedys, der vor vier Jahren erklärte: »Die Menschheit muß dem Krieg ein Ende setzen, sonst setzt der Krieg der Menschheit ein Ende.« Es bedarf keiner weiteren Worte, um die erhabene Zielsetzung Ihrer Organisation zu verkünden. Man muß nur daran erinnern, daß das Blut von Millionen Menschen, daß unerhörte und unzählige Leiden, daß unnütze Massaker und schreckliche Ruinen den Pakt, der sie eint, heiligen in einem Eid, der die zukünftige Geschichte verändern muß. Niemals Krieg, niemals mehr Krieg! Der Friede, der Friede muß das Geschick der Völker und der ganzen Menschheit leiten!

Dank Ihnen und Ehre, die Sie seit zwanzig Jahren für den Frieden arbeiten und die Sie diesem heiligen Anliegen sogar berühmte Opfer gebracht haben! Dank Ihnen und Ruhm für die Konflikte, die Sie verhindert oder beigelegt haben. Die Ergebnisse Ihrer Anstrengungen zugunsten des Friedens bis in die allerletzten Tage verdienen, selbst wenn sie noch nicht endgültig sind, daß Wir Uns zum Sprecher der ganzen Welt machen und Ihnen in ihrem Namen Glückwunsch und Dank abstatten.

Die Wege sind Ihnen vorgezeichnet: Der erste ist der der Abrüstung. Wenn Sie Brüder sein wollen, dann legen Sie die Waffen aus den Händen! Man kann nicht lieben mit Angriffswaffen in den Händen. Die Waffen, vorab die verheerenden Waffen, die die moderne Wissenschaft Ihnen gegeben hat, verursachen, ehe sie überhaupt Opfer und Ruinen fordern, wüste Träume, nähren üble Gefühle, bewirken Alpdruck, Mißtrauen, finstere Entschlüsse. Sie erheischen Riesenausgaben, unterbrechen Planungen der Solidarität und nützlicher Arbeit und verfälschen die Psychologie der Völker.

Solange der Mensch schwach, unbeständig und sogar böse, wie er sich oft zeigt, sein wird, so lange werden Defensivwaffen leider nötig sein. Aber Sie, Ihr Mut und Ihr Wert drängen dazu, die Mittel zu studieren, um die Sicherheit des internationalen Lebens ohne Zuflucht zu den Waffen zu gewährleisten. Das ist ein würdiges Ziel Ihrer Anstrengungen. Das erwarten die Völker von Ihnen. Das muß erreicht werden! Darum muß das einhellige Vertrauen in diese Institution wachsen, darum muß Ihre Autorität wachsen, und dann wird – so kann man hoffen – das Ziel erreicht. Sie werden sich den Dank der Völker verdienen, die von den drückenden Rüstungsausgaben erleichtert und vom Alpdruck des drohenden Krieges befreit werden.

Was Sie hier verkünden, sind die Grundrechte und Grundpflichten des Menschen, seine Würde, seine Freiheit und vor allem die Religionsfreiheit. Wir spüren, daß Sie die Interpreten dessen sind, was am höchsten – Wir würden fast sagen: ihr heiliger Charakter – in der menschlichen Weisheit ist. Denn es handelt sich vor allem um das Leben des Menschen, und das Leben des Menschen ist geheiligt. Niemand darf es antasten. In Ihrer Versammlung muß die Achtung vor dem Leben, auch in dem, was das große Problem der Geburten betrifft, ihr höchstes Bekenntnis und ihre vernünftige Verteidigung finden. Ihre Aufgabe besteht darin, dafür zu sorgen, daß genügend Brot auf dem Tisch der Menschheit ist, und nicht darin, eine künstliche Kontrolle der Geburten zu fördern, die unvernünftig wäre, insofern man damit die Zahl der zum Tisch des Lebens Geladenen vermindern würde.

Es genügt aber nicht, die Hungernden zu nähren. Man muß auch jedem Menschen ein Leben sichern, das mit seiner Würde in Einklang steht. Sie mühen sich darum. Ist das nicht, in Unseren Augen und dank Ihnen, die Erfüllung der prophetischen Botschaft, die sich so gut auf Ihre Institution anwenden läßt: »Sie werden ihre Schwerter einschmelzen, um daraus Pflüge zu machen, und ihre Lanzen, um daraus Sensen zu schmieden« (Jes. 2, 4; Mich. 4, 3). Stellen Sie nicht mehr die wunderbaren Energien der Erde und die prächtigen Erfindungen der Wissenschaft in den Dienst des Todes, sondern in den des Lebens für das neue Zeitalter der Menschheit!

In einem Wort: Der Bau der modernen Zivilisation muß auf geistigen Prinzipien errichtet werden, die allein fähig sind, ihn nicht nur zu stützen, sondern ihn auch zu erleuchten und zu beseelen. Und diese unerläßlichen Prinzipien höherer Weisheit können nur, das ist Unsere Überzeugung, Sie wissen es, auf dem Glauben an Gott gründen. Der unbekannte Gott, von dem der hl. Paulus zu den Athenern auf dem Areopag sprach? Unerkannt von jenen, die doch, ohne es zu ahnen, ihn suchten und ihn nahe bei sich hatten, wie das bei so vielen Menschen unseres Jahrhunderts der Fall ist? – Für Uns, auf jeden Fall, und für alle jene, die die unaussprechliche Offenbarung annehmen, die Christus uns von ihm gemacht hat, ist es der lebendige Gott, der Vater aller Menschen.

- *Kennzeichnen Sie das Selbstverständnis, mit dem der Papst vor der UNO auftritt.*
- *Versuchen Sie die Reaktion der Zuhörer aus aller Welt (vorwiegend Nichtchristen) einzuschätzen.*
- *Der Papst ordnet die katholische Kirche und die UNO als Entsprechungen im weltlichen und geistlichen Bereich einander zu. Was sagt die Rede über dieses Zuordnungsverhältnis aus?*
- *In welcher Beziehung war die Rede des Papstes ein Beitrag zum Frieden, auch in der aktuellen Situation des Jahres 1965?*

Jugend- und Sachbücher zum Kapitel 26

Blaynski, Zbigniew Jerzy: *Der Papst aus Polen.* Reinbek b. Hamburg (rororo Sachbuch 7287) 1979

Gorschenek, Günter (Hg.): *Katholiken und ihre Kirche in der Bundesrepublik Deutschland.* München, Wien (Olzog) 1976 (Geschichte und Staat 200–202)

Jedin, Hubert: *Kleine Konziliengeschichte. Mit einem Bericht über das Zweite Vatikanische Konzil.* Freiburg i.Br. (Herder) 1978

Knauft, Wolfgang: *Katholische Kirche in der DDR. Gemeinden in der Bewährung. 1945–1980.* Mainz (Grünewald) 1980

Malinski, M.: *Johannes Paul II. Sein Leben von einem Freund erzählt.* Freiburg (Herder Tb 933) 1980

Rauscher, Anton (Hg.): *Der soziale und politische Katholizismus. Entwicklungslinien in Deutschland 1803–1963.* Bd. 1.2. München, Wien (Olzog) 1981 (Geschichte und Staat 247–252)

Rynce, Xavier: *Die zweite Reformation. Die erste Sitzungsperiode des Zweiten Vatikanischen Konzils. Entstehung und Verlauf.* Köln, Berlin (Kiepenheuer & Witsch) 1964

27. Die ökumenische Bewegung

Die Zeit im Überblick

Ökumenische Bewegung	Politische Geschichte
1855 Pariser » Basis « des YMCA	
1875 Gründung des Reformierten Weltbundes	
1910 Weltmissionskonferenz in Edinburgh	1914–1918 Erster Weltkrieg
1917 Kirchenkonferenz der Neutralen in Uppsala	1916 Eintritt der USA in den Weltkrieg 1917 Russische Revolution
1925 **Ökumenische Kirchenkonferenz in Stockholm (Bewegung für » Life and Work «)**	1918 Kriegsende und Revolution in Deutschland
1927 **Ökumenische Kirchenkonferenz in Lausanne (Bewegung für » Faith and Order «)**	1921–45 Faschismus in Italien 1923 Inflation in Deutschland
1928 Papst Pius IX: Enzyklika » Mortalium animos «	1929–32 Weltwirtschaftskrise und große Arbeitslosigkeit
1933–45 Isolation der deutschen Kirchen von der ökumenischen Bewegung aufgrund des Nationalsozialismus	1933–45 Nationalsozialismus in Deutschland 1939–45 Zweiter Weltkrieg
1942 Begründung der Bruderschaft von Taizé	1940–44 ca. 6 Millionen Juden von NS ermordet
1947 Gründung des Lutherischen Weltbundes	1945 Atombomben auf Hiroshima und Nagasaki
1948 **Amsterdamer Weltkirchenkonferenz (Ökumenischer Rat der Kirchen gegründet)**	1948 bis ca. 1965 Zeit des sogenannten Kalten Krieges zwischen den großen Machtblöcken
1962–65 II. Vatikanisches Konzil mildert die Gegnerschaft der katholischen Kirche gegenüber der Ökumenischen Bewegung	1963–75 Vietnamkrieg (1969–73 stufenweiser Rückzug der USA)
1964 Papst Paul VI.: Enzyklika » Unitatis reintegratio «	
1968 Vollversammlung des Ökumenischen Rates der Kirchen in Uppsala: Neuorientierung auf politische Aufgabe der Kirchen	ab 1968 Entspannungspolitik in Europa
1975 Vollversammlung des Ökumenischen Rates in Nairobi: Versuch, politische und seelsorgerliche Aufgaben der Kirche zu verknüpfen	

Seit dem Ersten Weltkrieg (1914–1918) wurde der angelsächsische Protestantismus immer mehr zur einflußreichen Größe innerhalb der Gesamtheit der protestantischen Kirchen.
Die Einwirkung der nordamerikanischen Kirchen auf Europa begann mit den umfangreichen kirchlichen Hilfsaktionen für die durch den Ersten Weltkrieg zerstörten und notleidenden Gebiete. Innerhalb der Vereinigten Staaten mit ihren Hunderten von Denominationen (= voneinander unabhängig wirkende Kirchen ohne grundsätzliche Lehrunterschiede) hatte bereits ein starker Drang nach Einigung bestanden, der vor allem durch die denominationsübergreifenden Jugendorganisationen gefördert wurde. Maßgeblichen Einfluß hatte der YMCA bzw. YWCA (Young Men's Christian Association bzw. Young Women's Christian Association, in Deutschland: CVJM), dessen Vereine sich 1855 in Paris zum Weltbund auf überkonfessioneller Basis zusammengeschlossen hatten. 1875 war es zum ersten internationalen Kirchenzusammenschluß, dem Reformierten Weltbund, gekommen.
Neben dem Wunsch, in den Missionsgebieten mit einer Stimme zu predigen, gab in unserem Jahrhundert vor allem das Erlebnis des Ersten Weltkrieges, der die Zerrissenheit der christlichen Völker untereinander und ihre Unfähigkeit zur Friedenswahrung gezeigt hatte, Anstoß zur Zusammenarbeit aller protestantischen und nicht-römisch-katholischen Kirchen.
Die Kirchen der am Ersten Weltkrieg beteiligten und von ihm betroffenen Länder erkannten ihre besondere Aufgabe, sich für den Frieden einzusetzen. Vorbildlich wurde der Einsatz des schwedischen lutherischen Erzbischofs **Nathan Söderblom,** der für eine Neuorientierung der Kirchen in diesem Sinne arbeitete. Es gelang ihm, 1917 eine Kirchenkonferenz der neutralen Länder Schweden, Norwegen, Holland, Schweiz und Dänemark in Uppsala zu organisieren; es wurde eine gemeinsame Aufgabenstellung beschlossen und in einem Aufruf veröffentlicht, der die Mitverantwortung der Christen für die Welt und für die Kriegsverhinderung betonte.
Eine weitere Tagung unter Einschluß der am Krieg beteiligten Länder konnte durch den Einsatz Söderbloms im Jahr 1925 folgen: Im Rahmen der *»Bewegung für praktisches Christentum«* (»Life and Work«) fand in Stockholm eine **Weltkirchenkonferenz** statt, die sich u.a. mit wirtschaftlichen und industriellen Problemen, mit sozialen Fragen und mit den Beziehungen der Völker untereinander beschäftigte. An der Konferenz nahmen 600 Abgeordnete aller christlichen Kirchen mit Ausnahme der römisch-katholischen Kirche teil.
1927 wurde eine weitere Weltkirchenkonferenz zusammengerufen, die erste der *»Bewegung für Glauben und Kirchenverfassung«* (»Faith and Order«). Sie befaßte sich mit dem Problem, inwieweit es zwischen den einzelnen christlichen Konfessionen eine gemeinsame Glaubensgrundlage gebe und wie schwerwiegend die Unterschiede seien.
Die Sorge dieser Konferenz war es vor allem, daß die Zersplitterung der Kirchen in Europa und Amerika bei den jungen Kirchen in den missionierten überseeischen Ländern als Ärgernis empfunden werde, das die Überzeugungskraft des christlichen Glaubens mindere.
Die beiden Zweige der ökumenischen Bewegung – »Life and Work« und »Faith and Order« – arbeiteten in der Folgezeit eng zusammen, so daß die Weltkirchenkonferenz von Amsterdam im Jahr 1948 die Arbeit beider Gruppen aufnehmen konnte. Delegierte aus 147 Kirchen, die im Zweiten Weltkrieg auf beiden Seiten der kämpfenden Völker gestanden hatten, versuchten einen neuen Anfang friedlicher Zusammenarbeit. Auch die deutschen Kirchen wurden zugelassen, während gleichzeitig die deutschen Sportler von den Olympischen Spielen (1948) noch ausgeschlossen blieben. In Amsterdam wurde der **Ökumenische Rat der Kirchen** gegründet, dem in den folgenden Jahren weitere Kirchen, u.a. auch die russisch-orthodoxe Kirche, beitraten. Heute gehören ihr fast alle nicht-römisch-katholischen Kirchen der Welt an. Die Zentrale des Ökumenischen Rates ist in Genf. Viele der im Ökumenischen Rat zusammengeschlossenen Kirchen gehören außerdem weiteren Kirchenbünden an, so dem *Lutherischen Weltbund,*

Oben: Der Patriarch der griechisch-orthodoxen Kirche, **Athenagoras, besuchte 1967 den Weltrat der Kirchen;** hier mit dem damaligen Generalsekretär Eugen C. Blake

Links: Der Generalsekretär des Weltkirchenrates, **Philipp A. Potter** aus Jamaica **während einer Tagung des Ökumenischen Rates** der Kirchen in Berlin 1974

der 1947 gegründet wurde, um das Luthertum in der Welt zu fördern.

Seit 1948 fanden alle sieben Jahre **Vollversammlungen** des Ökumenischen Rates der Kirchen statt. Sie arbeiteten, in der Tradition Söderbloms, nicht nur an der Verständigung innerhalb der christlichen Kirchen, sondern im Sinne der »Ökumene« an der Friedenssicherung auf der »ganzen bewohnten Erde«. Zum Thema der Konferenzen wurde so die Überwindung der Schranken zwischen den Konfessionen, zwischen den Rassen, zwischen den Industrienationen und den Ländern der Dritten Welt, zwischen jung und alt, zwischen Männern und Frauen.

Vor allem seit der Konferenz in Uppsala (1968) wurden die politischen Aufgaben der christlichen Kirchen stark in den Vordergrund gestellt. Dies hatte zur Folge, daß sich innerhalb der ökumenischen Bewegung eine Richtung herausbildete, die befürchtete, die Heilsfragen seien nicht ausreichend berücksichtigt. Die Vollversammlung des Ökumenischen Rates der Kirchen in Nairobi (1975) suchte eine Verbindung beider Aufgaben der Kirchen herzustellen, das »Wohl« der Menschen zu fördern und gleichzeitig das »Heil« zu verkünden. »Das ganze Evangelium für den ganzen Menschen und die ganze Welt« war die Losung. So arbeitete man auf der einen Seite, vielfach im Gespräch mit Vertretern anderer Religionen und Weltanschauungen, an politischen Problemen, die weltweite Bedeutung haben, z.B. »Menschliche Entwicklung. Die Zwiespältigkeit von Macht und Technik und die Qualität des Lebens«. Auf der anderen Seite standen Themen zum christlichen Bekenntnis im Vordergrund, z.B. »Das Bekenntnis zu Christus heute«. Auch der Missionsauftrag der Ökumene wurde unter dem Stichwort »Evangelisation« wieder stärker betont.

Nicht alle Beschlüsse der Konferenz des Ökumenischen Rates der Kirchen stießen in den Mitgliedskirchen auf einhellige Zustimmung.

Dies gilt besonders für den Beschluß der Konferenz von Uppsala 1968 zur Bekämpfung des Rassismus. Zwar war der Ökumenische Rat schon immer gegen die Rassendiskriminierung aufgetreten, und es gab kaum Widerspruch gegen die Überzeugung, daß eine Kirche, die sich nicht gegen die Rassentrennung ausspreche, unglaubwürdig sei. Jetzt aber ging es nicht mehr nur um die Förderung von Verständnis für die unterdrückten Rassen, sondern um die Unterstützung des Kampfes dieser unterdrückten Minderheiten, um ihre Befreiung aus wirtschaftlicher Abhängigkeit und rechtlicher Zweitrangigkeit.

An diesem **Antirassismusprogramm** gab es heftige Kritik aus manchen Kirchen in Deutschland, die sich an der Frage der Gewaltanwendung durch Befreiungsbewegungen in der Dritten Welt entzündete. Hier scheint im Rahmen des Ökumenischen Rates der Kirchen – wie schon in der Weltmission – eine »weiße« kirchliche Praxis einer »schwarzen« gegenüber zu stehen. Die Auseinandersetzung über das Antirassismusprogramm machte jedoch deutlich, daß die *jungen Kirchen der Dritten Welt* im Ökumenischen Rat seit geraumer Zeit die Mehrheit stellen.

Lange Zeit gab es keine Verbindung der ökumenischen Bewegung zur römisch-katholischen Kirche. Papst Pius XI. hatte auf die Einladung zur Weltkirchenkonferenz in Stockholm 1925 mit der Enzyklika »Mortalium animos« reagiert, worin er den Katholiken jede Teilnahme an ökumenischen Bestrebungen untersagte. Gehorsam gegen Rom sei die einzige Möglichkeit der Einigung, hieß es in der Enzyklika.

Erst das Zweite Vatikanische Konzil (1962 bis 1965) milderte diesen Anspruch ab. Dadurch wurde auch ein neues Verhältnis zur ökumenischen Bewegung möglich. Zwar gehört die römisch-katholische Kirche auch heute noch nicht dem Ökumenischen Rat der Kirchen als Mitglied an, doch entsendet sie zu seinen Veranstaltungen Beobachter und Berater und nimmt am ökumenischen Gespräch teil. Der Vatikan errichtete ein *Sekretariat für die Einheit der Christen,* dessen erster Leiter der aus Deutschland stammende Kardinal Bea wurde. Als Würdigung für die Friedensarbeit der ökumenischen Bewegung erhielten Kardinal Bea und der Generalsekretär des Ökumenischen Rates Visser't Hooft gemeinsam den Friedenspreis des Deutschen Buchhandels (1966).

Die gemeinsame Arbeit blieb nicht auf die Spitzen der Kirchen beschränkt. In vielen Ländern führten die neuen Kontakte zwischen evangelischen und katholischen Christen zu ökumenischen Veranstaltungen, z.B. Wortgottesdiensten. Verschiedene Kirchenlieder stehen nunmehr in den Gesangbüchern beider Konfessionen. Im deutschsprachigen Raum wurde für das Vaterunser ein gemeinsamer Text gefunden. An vielen Orten haben sich ökumenische Initiativgruppen gebildet, um wichtige Probleme gemeinsam zu beraten.

Einen besonderen Anstoß, insbesondere für jugendliche Christen, hat die ökumenische Bewegung durch die *Brüder von Taizé* erhalten. Seit dem Jahre 1944 wirkte die von Roger Schutz

Andacht in Taizé
Vorn links der Prior Roger Schutz

Gottesdienst in der Kirche von Taizé, die von der deutschen »Aktion Sühnezeichen« erbaut wurde

zwei Jahre zuvor begründete Bruderschaft in dem burgundischen Dorf Taizé. Sie legte das alte Mönchsgelübde der Armut, der Ehelosigkeit und des Gehorsams ab. Damit war die Bruderschaft von Taizé ein protestantischer Orden, dem von seinem Prior bald darauf eine eigene Regel gegeben wurde. Entscheidender Wesenszug des Denkens und Handelns der Brüder von Taizé war der Drang zur Einheit der Christen, der nach außen schon in der internationalen Zusammensetzung der Bruderschaft zum Ausdruck kam. Seit dem Beginn der fünfziger Jahre wurden einzelne Brüder an verschiedene Orte gesandt, um als »Zeugen Christi« unter den Menschen zu wirken. So gingen einige in die Arbeiterviertel von Marseille, andere nach Algerien in die Elendsviertel oder nach Paris zur Flüchtlings- und Gefangenenhilfe. Alle kamen und kommen regelmäßig in Taizé zusammen. Darin äußert sich die moderne Form des Christentums, die nicht wie im Mittelalter den Rückzug hinter Klostermauern zuläßt, sondern die Öffnung und das Wirken in der Welt erfordert.

Später schlossen sich den Brüdern Christen verschiedener Konfessionen, auch Katholiken, an, um gemeinsam für die Einheit des Christentums zu wirken. Dabei gingen sie für ihren Lebensunterhalt ihren bürgerlichen Berufen nach. Die Versöhnungskirche von Taizé wurde zum Treffpunkt für viele Besucher, die dort das Gespräch suchen. Aus den vielen Begegnungen Jugendlicher in Taizé erwuchs die Idee eines *Konzils der Jugend,* das Ausgangspunkt für kirchliche und politische Friedensarbeit in den Heimatländern und in der Dritten Welt wurde.

Quellen

1 Die Pariser »Basis« des CVJM-Weltbundes (1855)

Die christlichen Vereine Junger Männer haben den Zweck, junge Männer miteinander zu verbinden, welche Jesum Christum als ihren Gott und Heiland anerkennen, wie die Heilige Schrift es lehrt, deshalb seine Jünger sein und gemeinsam danach trachten wollen, das Reich ihres Meisters unter den jungen Männern auszubreiten.

- *Überlegen Sie, was es im Jahre 1855 konkret bedeuten konnte, das Reich Christi unter den jungen Männern auszubreiten?*

2 Aufruf der Kirchenkonferenz der Neutralen, Uppsala 1917

1. Die Kirche, die leider nicht selten mehr das Scheidende als das Vereinigende betont hat, muß das Ideal der christlichen Bruderschaft zur Geltung bringen, das Gewissen gegenüber der Selbstsucht wecken und schärfen und mit ganzer Kraft an der Arbeit teilnehmen, Kriegsursachen zu beseitigen, mögen diese sozialer, ökonomischer oder politischer Natur sein.
2. Die Christen müssen ihre Mitverantwortung an der allgemeinen Meinung fühlen und im öffentlichen, nationalen und internationalen Leben der Wahrheit und der Liebe dienen und sich bemühen, die Voraussetzungen für das Recht anderer, zu denken, zu reden und zu handeln, zu verstehen.
3. Die Kirche soll die Völker zu einem immer höheren Grade der Selbstbestimmung erziehen.
4. Die Kirche muß für Einvernehmen zwischen den Völkern und für die Entscheidung von internationalen Zwistigkeiten durch Vermittlung und Schiedsgericht arbeiten.

- *Wie sah die Kirchenkonferenz der Neutralen die Ursachen des Ersten Weltkriegs?*
- *Listen Sie die unterschiedlichen Möglichkeiten der Kriegsverhinderung auf, die sich auf den Aufruf der Kirchenkonferenz der Neutralen von 1917 stützen können.*
- *Welche Rolle kommt der Kirche für Zustandekommen und Sicherung des Friedens nach Auffassung der Konferenz von Uppsala 1917 zu?*

3 Botschaft der Stockholmer Weltkonferenz für Praktisches Christentum (1925)

... Durch Arbeit und Gebet christlicher Männer und Frauen ist unsere Konferenz seit fünf Jahren vorbereitet worden. Sie hat sich als der bisher umfassendste Ausdruck der Gemeinschaft und Zusammenarbeit der Kirchen über die Grenzen von Nation und Konfession hinaus erwiesen. Die Sünden und Sorgen, Kämpfe und Verluste der christlichen Kirchen in und nach dem Kriege haben sie zu der beschämenden Erkenntnis geführt, daß gegenüber einer in sich uneinigen Christenheit die Welt die Übermacht hat. Unter Beiseitelegung aller Fragen des Bekenntnisstandes und der Kirchenverfassung hat die Konferenz sich das Ziel gesetzt, sich in gemeinsamer praktischer Arbeit zu betätigen. Die Konferenz ist bei alledem, so weithin sichtbar sie auch in die Erscheinung trat, ein erster Anfang.
Wir bekennen vor Gott und der Welt die Sünden und Versäumnisse, deren sich die Kirche durch Mangel an Liebe und mitfühlendem Verständnis schuldig gemacht hat. Menschen, die mit Ernst nach Wahrheit und Gerechtigkeit trachteten, haben sich von Christus ferngehalten, weil seine Nachfolger ihn vor der Menschheit so unvollkommen vertreten haben. Der Ruf der gegenwärtigen Stunde an die Kirche muß deshalb ein Bußruf sein und doch auch ein Ruf zu einem freudigen Neuanfang aus der unerschöpflichen Kraftquelle Jesus Christus.
So haben wir auf dem Gebiete des Wirtschaftslebens uns dazu bekannt, daß die Seele der

höchste Wert ist, der den Rechten des Besitzes oder dem Mechanismus der Industrie nicht untergeordnet werden darf, und daß die Seele als ihr Grundrecht das Recht auf ihre Rettung beanspruchen kann. Wir kämpfen deshalb für eine freie und vollkommene Entwicklung der menschlichen Persönlichkeit.
Wir haben die für die internationalen Beziehungen maßgebenden christlichen Gedanken durchberaten, die von völkischer Selbstvergötterung ebenso weit entfernt sind wie von einem matten Kosmopolitismus, dem jedes beliebige Land gleich viel bedeutet. Wir haben die Verpflichtung des Einzelgewissens dem Staat gegenüber betrachtet. Wir haben den universalen Charakter der Kirchen und ihre Pflicht, die Bruderliebe zu predigen und auszuüben, anerkannt. Wir haben das Rassenproblem, die Frage nach Recht und Schiedsgerichtsbarkeit sowie nach der Herstellung einer internationalen Ordnung untersucht, die friedliche Methoden zur Entfernung der Kriegsursachen enthalten könnte, Fragen, welche uns in der Tragik unserer Tage so tief berühren …
Wir richten unser Auge auf die jungen Menschen in allen Ländern. Wir haben mit herzlicher Freude von dem Streben und Ringen der Jugendbewegung vieler Völker um eine bessere Gestaltung des Gemeinschaftslebens gehört. Den Eifer und die frische Kraft der Jugend möchten wir völlig einstellen in den Dienst des Reiches Gottes …
Wir richten diese Botschaft im Namen des Menschensohnes, des Zimmermanns von Nazareth, auch an die Arbeiter der Welt … Wir teilen ihr Streben nach einer sozialen Ordnung, in der durch Gerechtigkeit und Brüderlichkeit die Möglichkeit für eine Entwicklung jedes einzelnen und des ganzen Menschengeschlechts gesichert ist.

- *Beschreiben Sie die Entwicklungen des vorigen Jahrhunderts, auf die sich der Bußruf der Kirchen bezieht.*
- *Nennen Sie praktische Schritte, die sich aus dem Eintreten für die »Seele« und gegen den »Mechanismus der Industrie« ergeben. Sind die Kirchen hier konsequent geblieben?*
- *Markieren Sie die Punkte der Botschaft von Stockholm, die offensichtlich zeitbedingt sind, im Unterschied zu denjenigen, die heute noch gültig sind.*
- *Stellen Sie die Begründung der Botschaft für den Zusammenschluß der Kirchen heraus.*

4 Botschaft der Weltkonferenz für Glauben und Kirchenverfassung, Lausanne 1927

… Gott will die Einheit. Unsere Anwesenheit auf dieser Konferenz legt Zeugnis dafür ab, daß wir unsern Willen unter seinen Willen beugen wollen. Wie immer wir die Anfänge der Entzweiung beurteilen mögen, wir beklagen, daß sie weiterdauern, und anerkennen es als unsre Pflicht, fortan in Buße und Glauben dafür zu wirken, daß die zerstörten Mauern der Christenheit wieder aufgebaut werden …
Mehr als die Hälfte der Welt wartet noch auf das Evangelium. Im eigenen Lande und draußen wenden sich ungezählte Menschen von der Kirche ab, weil sie als Gemeinschaft keine Kraft besitzt. Was wir geneigt sind, als Luxus anzusehen, betrachten unsere Missionen als Notwendigkeit. So lehnen sich die Kirchen auf dem Missionsfeld bereits in Ungeduld auf gegen die Zerspaltung der Kirche des Westens und unternehmen selbständig das kühne Wagnis der Einigung. Wir Glieder der auf dieser Konferenz vertretenen Kirchen können nicht dulden, daß unsere geistlichen Kinder uns zuvorkommen. Mit ihnen müssen wir uns zu dem Werk rüsten, dessen erste Anfänge Gott so reich gesegnet hat, und zusammen arbeiten, bis unser gemeinsames Ziel erreicht ist …

- *Fassen Sie die Begründung der Notwendigkeit einer Kircheneinheit aus der Sicht der Bewegung für Glauben und Kirchenverfassung zusammen.*
- *Versuchen Sie, die Bemerkung zu deuten, man könne nicht dulden, daß die Kirchen auf den Missionsfeldern die europäischen Kirchen an Einigkeit überträfen.*

5 Die Konstituierung des Ökumenischen Rates der Kirchen, Amsterdam 1948

Basis (Grundlage):
Der Ökumenische Rat der Kirchen ist eine Gemeinschaft von Kirchen, die unseren Herrn Jesus Christus als Gott und Heiland anerkennen.
Aus der Botschaft der Vollversammlung:
...
Christus hat uns zu seinem Eigentum gemacht, und in Ihm ist keine Zertrennung. Wo wir Ihn suchen, finden wir einander. Hier in Amsterdam haben wir uns von Ihm und damit voneinander aufs neue in Pflicht nehmen lassen, und deshalb haben wir diesen Ökumenischen Rat der Kirchen gebildet. Wir haben den festen Willen, beieinander zu bleiben. Wir rufen die christlichen Gemeinden allenthalben auf, diesen Zusammenschluß zu bejahen und Ihn auch in ihrem eigenen Leben miteinander Wirklichkeit werden zu lassen ...
Die Funktionen des Ökumenischen Rates sind:
1. Die Arbeit der beiden Weltbewegungen für Glauben und Kirchenverfassung und für Praktisches Christentum weiterzuführen;
2. gemeinsames Handeln der Kirchen zu erleichtern;
3. das Zusammenwirken in der Studienarbeit zu fördern;
4. das Wachstum des ökumenischen Bewußtseins bei den Gliedern aller Kirchen zu fördern;
5. Beziehungen zu konfessionellen Weltbünden und anderen ökumenischen Bewegungen aufzunehmen;
6. Weltkonferenzen über bestimmte Themen einzuberufen, wie es von Fall zu Fall erforderlich wird, wobei solche Konferenzen ermächtigt sind, ihre Ergebnisse zu veröffentlichen;
7. die Kirchen in ihrer evangelistischen Aufgabe zu unterstützen.

► *Versuchen Sie, die Bedeutung des Ökumenischen Rates der Kirchen für die Entwicklung in den Kirchen selbst und für die Lösung der Weltprobleme einzuschätzen.*

6 Botschaft der vierten Vollversammlung des Ökumenischen Rates der Kirchen, Uppsala 1968

Keine Kirche kann sich der Verantwortung für das Leben ihrer eigenen Nation und Kultur entziehen. Wenn sich dies jedoch gegen die Gemeinschaft mit Kirchen und Christen anderer Länder richten sollte, dann ist an einem wichtigen Punkt eine Entstellung im Leben der Kirche eingetreten. Doch das deutlichste Hindernis für die Manifestierung der Universalität der Kirchen ist ihre Unfähigkeit zu erkennen, in welchem Maße sie bereits in einem Leib zusammengehören ... Die ökumenische Bewegung trägt dazu bei, diese Erfahrung der Universalität zu erweitern, und ihre regionalen Räte sowie der Ökumenische Rat der Kirchen können als eine Übergangslösung bis zu einer schließlich zu verwirklichenden wahrhaft universalen, ökumenischen, konziliaren Form des gemeinsamen Lebens und Zeugnisses angesehen werden. Die Mitgliedskirchen des Ökumenischen Rats der Kirchen, die einander verpflichtet sind, sollten auf die Zeit hinarbeiten, wenn ein wirklich universales Konzil wieder für alle Christen sprechen und den Weg in die Zukunft weisen kann ...
Die Rassendiskriminierungen unserer Zeit lassen alle Menschenrechte bedeutungslos werden und stellen eine unmittelbare Gefahr für den Weltfrieden dar ... Rassendiskriminierung ist eine krasse Leugnung des christlichen Glaubens. Sie leugnet die Wirksamkeit des Versöhnungswerks Jesu Christi, durch dessen Liebe alle menschlichen Verschiedenheiten ihre trennende Bedeutung verloren haben.

► *Formulieren Sie mit eigenen Worten das Selbstverständnis der ökumenischen Bewegung.*

► *Tragen Sie einzelne Punkte zusammen, die deutlich machen, inwiefern die Rassendiskriminierung ein Thema darstellt, das den Ökumenischen Rat der Kirchen in besonderer Weise angeht.*

7 Die Botschaft des Patriarchen Alexius von Moskau an den Zentralausschuß des Ökumenischen Rates, 1960

Liebe, die zum Opfer bereit ist, wird in der Tat viele Verzerrungen des Glaubens, die bisher der christlichen Einheit im Wege standen, überwinden. Es ist kaum notwendig, zu sagen, daß die Christen in unserer Zeit mehr als je zuvor nicht nur in der Förderung der höchsten Bestrebungen der Menschheit, sondern auch im Kampf gegen die Gefahr zerstörerischer Kriege einmütig sein sollten.
Trotz eines allgemeinen Verlangens nach Frieden gab es nie zuvor eine solche Anhäufung von Massenvernichtungsmitteln, deren Produktion die schöpferischen Kräfte des Menschen und seinen Besitz aufsaugen. Nie zuvor war die Gefahr eines plötzlichen Kriegsausbruches so groß.
Darum sollte die christliche Einheit in der Gesinnung zu einer Kraft werden, die imstande ist, die gegenwärtige Zerrissenheit der Welt zu überbrücken.
Durch gemeinsames Handeln sollten die Christen zur Abschaffung der Kernwaffen und anderer tödlicher Waffen beitragen.
Die Lösung des höchst schwierigen Problems der allgemeinen Abrüstung, von dem täglichen Kampf gegen Hunger, Armut und Krankheit ganz zu schweigen, hängt weitgehend von einem gemeinsamen Handeln der Christen ab.

► *Vergleichen Sie die Botschaft des Patriarchen mit dem Aufruf von Uppsala von 1917, der Botschaft von Stockholm von 1925 und der von Uppsala von 1968.*

8 Roger Schutz, Prior von Taizé: Am Gewand Christi weben (1981)

... (es) war der Auftrag der ökumensichen Berufung: die gespaltenen Christen zu versöhnen. Doch nach ermutigenden Vorstößen steht sie in einer Sackgasse. Die ökumenischen Konferenzen liefen weiter, zogen die Christen jedoch nur auf parallele Schienen. Nichts weiter.
Heute ist die Neigung zur Verherrlichung der Gegensätze wieder im Schwinden begriffen. Damit könnte die ökumenische Berufung einen Weg aus der Sackgasse finden. Doch wir sind noch in der Wüste... In der Dürre der Wüste spricht Gott, in der ihm eigenen Sprache, nicht in der unseren.
Manche, die sich aufrichtig um einen Ausweg aus dieser Sackgasse bemühten, beschritten entschlossene Wege, die sie von der Gesamtheit des Volkes Gottes abgeschnitten haben.
Andere haben mit demselben Ziel Versuchsballons aufsteigen lassen. Sie waren sich des Risikos bewußt, daß diese Ballons in großer Höhe zerplatzen können. Doch es ging ihnen in erster Linie darum, ihren Platz mitten im Volk Gottes zu haben, um es von innen heraus neu zu beleben.
Wer eine Gemeinschaft unter Christen sichtbar zu machen sucht, muß im Innern wirken, so wie auch ein einzelner Mensch nicht durch Aufforderungen von außen, sondern nur aus seinem Innern heraus geändert werden kann. Härte und Druckmittel haben noch immer zur Erpressung geführt, zur Verletzung der menschlichen Freiheit.
Neue Verbindungen der Gemeinschaft knüpfen, heißt Fäden spinnen; manchmal genügt schon ein einziger Faden. Ob wir es wissen oder nicht, weben wir dabei am Gewand Christi, seiner Kirche.

► *Inwiefern könnte Frère Roger das Wirken der Brüder von Taizé als das im Text beschriebene Wirken im Innern verstehen?*

9 Katholische Kirche und Ökumenische Bewegung

9a Papst Pius XI.: Enzyklika »Mortalium animos« (1928)
(Auszug)

Allzuleicht werden manche durch die Vorspiegelung einer scheinbar guten Sache getäuscht, wenn es sich darum handelt, die Einheit aller Christen untereinander zu fördern. Ist es nicht billig – so sagt man – ... daß alle, die den Na-

men Christi anrufen, von den gegenseitigen Verketzerungen ablassen und endlich einmal durch das Band gegenseitiger Liebe verbunden werden? ...
So und ähnlich reden in stolzer Sprache jene, die man Panchristen nennt. Man glaube nicht, es handle sich bei ihnen nur um vereinzelte kleine Gruppen. Im Gegenteil: sie sind zu ganzen Scharen angewachsen und haben sich zu weitverbreiteten Gesellschaften zusammengeschlossen, an deren Spitze meist Nichtkatholiken der verschiedensten religiösen Bekenntnisse stehen. Ihr Beginnen fördern sie inzwischen so tatkräftig, daß es weithin die Zustimmung des Volkes gefunden hat. Ja, ihre Arbeit hat sogar viele Katholiken angezogen und begeistert, die sich der Hoffnung hingeben, auf diesem Weg lasse sich eine Einheit herbeiführen, wie sie auch wohl den Wünschen der heiligen Mutter, der Kirche, entspricht ...
So ermahnt Uns denn Unser apostolisches Pflichtbewußtsein, nicht zuzulassen, daß verderbliche und falsche Anschauungen in die Kirche des Herrn eindringen ...
Zum Apostolischen Stuhle also, der in dieser Stadt aufgerichtet ist, welche die Apostelfürsten Petrus und Paulus mit ihrem Blute geweiht haben, zu diesem Sitze, der »die Wurzel und der Mutterschoß der katholischen Kirche« ist, mögen die getrennten Söhne kommen, nicht in der Absicht und Hoffnung, die Kirche des lebendigen Gottes, die Säule und Grundfeste der Wahrheit, werde die Reinheit ihres Glaubens aufgeben und Irrtümer dulden und zulassen, sondern im Gegenteil, um sich ihrem Lehramt und ihrer Führung zu überlassen ...

9b Aus dem Dekret über den Ökumenismus »Unitatis reintegratio«, 1964 (Zweites Vatikanisches Konzil)

... Einige, ja sogar viele und bedeutende Elemente oder Güter, aus denen insgesamt die Kirche erbaut wird und ihr Leben gewinnt, können auch außerhalb der sichtbaren Grenzen der katholischen Kirche existieren: das geschriebene Wort Gottes, das Leben der Gnade, Glaube, Hoffnung und Liebe und andere innere Gaben des Heiligen Geistes und sichtbare Elemente: all dieses, das von Christus ausgeht und zu ihm hinführt, gehört rechtens zu der einzigen Kirche Christi. Auch zahlreiche liturgische Handlungen der christlichen Religion werden bei den von uns getrennten Brüdern vollzogen, die auf verschiedene Weise je nach der verschiedenen Verfaßtheit einer jeden Kirche und Gemeinschaft ohne Zweifel tatsächlich das Leben der Gnade zeugen können und als geeignete Mittel für den Zutritt zur Gemeinschaft des Heils angesehen werden müssen ... Dennoch erfreuen sich die von uns getrennten Brüder, sowohl als einzelne wie auch als Gemeinschaften und Kirchen betrachtet, nicht jener Einheit, die Jesus Christus all denen schenken wollte, die er zu einem Leibe und zur Neuheit des Lebens wiedergeboren und lebendig gemacht hat ... Denn nur durch die katholische Kirche Christi, die das allgemeine Hilfsmittel des Heils ist, kann man Zutritt zu der ganzen Fülle der Heilsmittel haben.

- *Vergleichen Sie beide Stellungnahmen der katholischen Kirche von 1928 und von 1964 miteinander.*
- *Untersuchen Sie im ersten Band (z.B. im Abschnitt über das Konzil von Trient, 1545–63), in welchem theologischen Selbstverständnis der katholischen Kirche die Distanz zur Ökumenischen Bewegung begründet ist.*

Jugend- und Sachbücher zum Kapitel 27

Fries, Heinrich: *Ökumene statt Konfessionen? Das Ringen der Kirche um Einheit.* Frankfurt a.M. (J. Knecht) 1977

Neuner, Peter, und Franz Wolfinger (Hg.): *Auf Wegen der Versöhnung. Beiträge zum ökumenischen Gespräch.* Frankfurt a.M. (Knecht) 1982

Stökl, Andreas: *Geschichte und Leben der Brüder von Taizé.* Hamburg (Siebenstern Tb 184) 1975

Schutz, Roger: *Einer Liebe Staunen.* Freiburg (Herder) ^{2}1981

28. Die Ausbreitung des Christentums in der Neuzeit

Die Zeit im Überblick

Mission	Kirchengeschichte	Kolonialismus und Imperialismus
seit 1541 Jesuitenmission in Asien (Ostindien, China), Südamerika	seit 1517 Reformation in Europa	1492 Entdeckung Amerikas durch Columbus
	1541 Gründung des Jesuitenordens. Beginn der Gegenreformation	seit ca. 1500 Inbesitznahme Südamerikas durch Spanien
	seit ca. 1650 Pietismus Herrnhuter Brüdergemeine	
1706 Ziegenbalg erster Missionar in Indien		seit ca. 1700 Gründung und Ausbau des britischen Kolonialreiches
1732 Herrnhuter Mission		
1799 **Elberfelder Missionsgesellschaft**		
1815 Basler Mission	seit ca. 1800 **Erweckungsbewegung in Deutschland, England, USA**	1840 Ostindische Kompanie
1836 Norddeutsche Mission, Leipziger Mission		1842 Opiumkrieg Englands gegen China
1841 Neuendettelsauer Mission		1858 Vizekönigreich Indien
1849 Hermannsburger Mission		seit ca. 1870 **Imperialismus**
1910 **Weltmissions-Konferenz in Edinburgh**	seit 1910 Zusammenarbeit der Kirchen auf dem Missionsfeld wirkt vorbereitend für die Ökumenische Bewegung	seit ca. 1900 Finanzimperialismus
1913 Beginn der ärztlichen Mission Albert Schweitzers in Lambarene		1900 Boxeraufstand in China
		1914–1918 Erster Weltkrieg
1921 Gründung des Internationalen Missionsrates	1925 **Weltkirchenkonferenz in Stockholm**	
seit 1925 Verselbständigung der jungen Kirchen	1927 Weltkirchenkonferenz in Lausanne	1939–1945 Zweiter Weltkrieg
1928 Internationale Missionskonferenz in Jerusalem	1948 **Gründung des Ökumenischen Rates der Kirchen** in Amsterdam	
1938 Internationale Missionskonferenz in Tambaram (Indien)	1968 Vollversammlung des Ökumenischen Rates der Kirchen in Uppsala	
1973 Internationale Missionskonferenz in Bangkok		

Voraussetzung für das Einsetzen der christlichen Mission unter fremden Völkern waren die geographischen Entdeckungen des 15. und 16. Jahrhunderts (Amerika, Seeweg nach Indien, Afrika, China). In diese neu entdeckten oder neu erschlossenen Gebiete drang zunächst nur die katholische Mission vor. Das Wort »Mission« hatten die **Jesuiten** geprägt, und sie waren es vor allem, die ihre Missionare bis nach Indien und China schickten. Ihr großer Pionier war Franz Xavier (gest. 1552), der selbst bis Japan vordrang. Er und die übrigen Jesuiten hatten beachtenswerte Missionserfolge durch die Methode der Anpassung an die in den Missionsländern vorherrschenden Verhaltensweisen und Bräuche der Bevölkerung. Als die Nachfolger der ersten Missionare in dieser Anpassung an die Menschen im fernen Osten noch weiter fortschritten, kam es zum sogenannten Ritenstreit oder *Akkommodationsstreit* mit dem Ergebnis, daß der Papst diese Missionsmethode der Anpassung an die fremden Völker verbot.

Auch in Südamerika betrieben die Jesuiten eine erfolgreiche Mission (s.u. S. 119/120).

1622 gründete Papst Gregor XV. eine eigene Kardinalskongregation für die Mission (*Congregatio de propaganda fide*), die wie ein Generalstab der Mission arbeitete und eine zentrale Planung der Missionsvorhaben einleitete.

Die **protestantischen Kirchen** betrieben im 16. und 17. Jahrhundert keine äußere Mission. Das heißt nicht, daß ihnen der Gedanke der Mission fremd gewesen wäre. Luther und die Reformatoren sprachen aber mehr von der Ausbreitung des Glaubens, d.h. von der Verpflichtung *jedes einzelnen* Christen, seinen Glauben anderen Menschen weiterzugeben. In diesem Sinne begannen die Schweden, Holländer und Engländer in ihren neuen überseeischen Besitzungen, die sie im 17. Jahrhundert erwarben, sogleich mit der Missionsarbeit, ohne daß sie sich dabei besonderer Organisationen bedienten.

Eine evangelische organisierte Mission setzte mit der Entsendung des Missionars Ziegenbalg

Der Herrnhuter Missionar David Zeisberger (1721–1808) predigt den Indianern des Ohiogebietes

in die dänische Besitzung Tranquebar in Indien 1706 ein. Bald darauf begannen die deutschen Pietisten Missionare in überseeische Gebiete zu schicken, so die **Herrnhuter Brüdergemeine** des Grafen Zinzendorf seit 1732. Auch die Württemberger Pietisten engagierten sich auf diesem Feld.

Die Aufklärungszeit brachte eine **Krise der Mission** in Übersee. Spanien und Portugal vertrieben die jesuitischen Missionare aus ihren Besitzungen. Insgesamt verließen im Zusammenhang mit dem *Jesuitensturm* etwa 3000 Jesuiten die Missionsfelder. Aber das Christentum war in manchen ihrer Missionsgebiete schon so stark verankert, daß es die Krisenzeit überdauerte, zumal auch andere Orden hier in der Mission tätig waren. Ein Beispiel dafür sind die *Philippinen* (1565–1898 spanisch), wo neben den Jesuiten die Dominikaner, Augustiner und Franziskaner als Missionare arbeiteten. Die elf großen und 7000 kleinen Inseln der Philippinen sind das einzige Gebiet Asiens, das nahezu vollständig christlich wurde. Heute leben dort 15 Millionen Katholiken neben 600000 Protestanten und einer Minderheit von etwa 500000 Moslems. Dieses Ergebnis ist der Tatsache zuzuschreiben, daß auf den Philippinen Missionsarbeit mit staatlicher Unterstützung durch eine spanische Verwaltung betrieben wurde, die für die Eingeborenen nicht wie anderswo Unterdrückung bedeutete, sondern wirtschaftlichen Aufbau und Beseitigung der Sklavenhaltung.

Deutsche Evangelische Missionsgesellschaften
in Auswahl mit Gründungsjahr und Zahl der Mitarbeiter in Übersee im Jahre 1968

1706	Dänisch-Hallesche Mission (–)
1732	Herrnhuter Mission (39)
1815	Basler Mission (360, davon deutscher Zweig 113)
1824	Berliner Missionsgesellschaft (90)
1828	Rheinische Missionsgesellschaft (146)
1836	Leipziger Mission (59)
1836	Goßner Mission (11)
1841	Neuendettelsauer Missionsanstalt (102)
1849	Hermannsburger Missionsanstalt (178)
1876	Schleswig-Holsteinische Mission zu Breklum (16)
1886	Bethel-Mission (90)
1899	Liebenzeller Mission (55)
1905	Missionshaus Wiedenest (82)
1906	Deutsches Institut für ärztliche Mission (vermittelt: 100)

Erst die **Erweckungsbewegung,** die sich seit der Wende vom 18. zum 19. Jahrhundert in England, Deutschland und den USA als Gegenbewegung zur Vernunftreligion oder auch zur Religionsfeindschaft der Aufklärung entwickelte, nahm die Missionsarbeit erneut in Angriff. Die Neigung der »Erweckten«, sich in Gemeinschaften und Gruppen zu sammeln, ließ **die Missionsgesellschaft** entstehen.

Das Leben in einer frühen Missionsgesellschaft in Deutschland hatte einen festen Ablauf. In der Elberfelder Missionsgesellschaft (gegr. 1799) kamen die Mitglieder an jedem ersten Montag im Monat abends zusammen und beteten. Anschließend lasen sie die eingelaufenen Missionsberichte und die Briefe von Missionsfreunden aus anderen Regionen. Sie entwarfen die Antworten, sammelten Geld in einer Büchse und gingen nach abschließendem Gebet wieder heim. Darüber hinaus brachten sie eine kleine Zeitschrift heraus: »Nachrichten von der Ausbreitung des Reiches Jesu«.

Erst als die Erweckungsbewegung die organisierte Kirche erreichte, gelangte die Missionsbewegung durch ihr Heraustreten aus dem Bereich kleiner erweckter Gruppen in die breitere kirchliche Bevölkerung. Einerseits wurden jetzt betont **lutherisch-konfessionelle Gesellschaften** gegründet, wie die *Leipziger, Hermannsburger* und *Neuendettelsauer Missionen.* Andererseits nahmen sich jetzt die Kirchen, die vorher abseits gestanden hatten, der Mission an: Missionsfeste mit Tausenden von Teilnehmern wurden in den Gemeinden organisiert und Pastoren reihten sich in steigender Zahl in die Missionsarbeit ein. Es entstand eine Missionsliteratur.

Das protestantische Vorbild ließ auch die Katholiken, deren Missionsarbeit seit dem 18. Jahrhundert zum Erliegen gekommen war, wieder neu beginnen.

Missionsschule in Afrika um 1880
Der Unterricht der Missionare bildete eine wichtige Voraussetzung für den Übergang von der mündlichen zur Buch-Religion.

Auch die **Arbeitsweise auf den Missionsfeldern** änderte sich mit dem Engagement der Kirchen. Hatten die Pioniere der Mission sich noch als vereinzelte Evangelisten bewegt, so wurde jetzt ein Netz von Stationen, Schulen, Ausbildungsstellen geknüpft, mit dessen Hilfe die Missionsgebiete systematisch erschlossen wurden.

In der deutschen Mission wurde die Volkskirche angestrebt, d.h. die weitgehende Erhaltung des Volkstums der missionierten Stämme mit Riten und Bräuchen, sofern sie christlicher Überzeugung nicht zuwiderliefen. Es entstanden große **Stammeskirchen,** deren Mitglieder oft geschlossen zum Christentum übergetreten waren, z.B. die Goßner-Kirche in Nordindien, die Batak-Kirche in Sumatra, Kirchen im Inneren Ostafrikas am Kilimandscharo. In diesen Kirchen lebten Stammesbewußtsein und Tradition fort; so wurden etwa alte Heiratsriten des Stammes in die Kirchenordnung aufgenommen.

Die deutsche Mission war auch deshalb mit ihrem Konzept erfolgreich, weil sie nicht an eine deutsche Kolonialverwaltung geknüpft war. Das Deutsche Reich erwarb erst seit 1884 Kolonien in Afrika, und allein die Rheinische Mission in Südwestafrika sah darin einen Nutzen, da sie sich davon die Beilegung der Stammeskriege erhoffte. Alle übrigen Gesellschaften suchten Distanz zur **Kolonialherrschaft** zu halten.

Im allgemeinen entging die Mission nicht den Folgen einer Verbindung mit der politischen Herrschaft der Europäer, vor allem seit der Überseehandel in die gewaltsame Beherrschung der Länder zur Sicherung wirtschaftlicher Ausbeutungs- und Absatzmöglichkeiten übergegangen war. Damit wurde die Voraussetzung der Mission, die Erschließung des Landes, zugleich zu ihrem Verhängnis, denn sie befand sich in den Augen der eingeborenen Bevölkerung mit den Imperialisten im Bunde und

büßte ihre Glaubwürdigkeit bei den unterworfenen Völkern ein. Dort sagte man bald: »Erst kommt der Missionar, dann kommt der Konsul, dann die Armee.«
Ein Beispiel für diesen Zusammenhang wurde **China.** Wegen des erbitterten Widerstandes der Chinesen gegen den von den Engländern gewünschten Opiumhandel war es 1840/42 zum **Opiumkrieg** gekommen. China wurde militärisch geschlagen und das Opium mit Gewalt ins Land gebracht. Das bedeutete für die Chinesen, daß das Christentum »gemeinsam mit dem Opium und unter dem Schutz von Kanonen« kam. Gegen Ende des 19. Jahrhunderts kam es in China zur Abgrenzung von Interessenzonen der europäischen Industrienationen und der USA. Europäische Kolonialtruppen wurden zum Schutz dieser wirtschaftlichen Ansprüche eingesetzt. Mit ihnen kamen weitere Missionare ins Land. Ihre Missionserfolge blieben gering.
Der **Boxeraufstand,** die Erhebung eines chinesischen Geheimbundes (»Gesellschaft für Rechtlichkeit und Eintracht«), im Jahre 1900 wurde der bedeutendste Versuch der Chinesen, die fremde Unterdrückung abzuschütteln. Er richtete sich gegen die Invasoren und ihr Christentum zugleich. Die Grausamkeit, mit der die europäischen, insbesondere auch die von Kaiser Wilhelm II. auf den Weg geschickten deutschen Expeditionstruppen gegen die chinesischen Aufständischen vorgingen, machte das von ihnen vertretene Christentum unglaubwürdig. Die folgende Verschärfung der Unterdrükkung durch die Europäer ließ die revolutionäre chinesische Nationalbewegung zunehmend erstarken. Der seit 1927 andauernde Bürgerkrieg zwischen chinesischen Nationalisten und Kommunisten führte 1949 zur Gründung der kommunistischen Volksrepublik China unter Mao Tse-Tung. Der Kampf gegen die westliche und damit christliche Kultur bestand in den ersten Jahrzehnten der Volksrepublik unvermindert fort.

»Hottentottengruppe«
Ein Ergebnis der Kulturbegegnung mit den Weißen: Das Alkoholproblem.

Auch in Japan hatte die christliche Mission große Schwierigkeiten und nur geringe Erfolge. Die anderen Hochreligionen ins Wanken zu bringen, ist der christlichen Mission nirgends gelungen. Insgesamt stehen einer Milliardenbevölkerung in Asien heute etwa 30 Millionen Christen gegenüber.
Auf dem **afrikanischen Kontinent** wurden ungezählte Missionsstationen errichtet, deren Erfolge besonders in den nördlichen Gebieten jedoch von der islamischen Mission bei weitem übertroffen wurden. Allein im mittleren und südlichen Afrika war die christliche Mission einigermaßen erfolgreich.
Von Anfang an gab es neben dem Missionar den **Missionsarzt,** weil man an den unzähligen Krankheiten, die sich dem Europäer darboten, nicht vorübergehen konnte. Anfangs fielen die Ärzte selbst schnell den noch unerforschten Krankheiten zum Opfer (Malaria, Amöbenruhr). Seit 1830 ging der Gedanke der Ärzte-Mission auf die angelsächsischen Länder über. In Deutschland gewann er erst seit den achtziger Jahren des 19. Jahrhunderts wieder an Boden.
Besondere Aufmerksamkeit fand in Europa die Tätigkeit **Albert Schweitzers** (1875–1965) in **Lambarene** am Ogowe in Französisch-Äquatorialafrika. Schweitzer, der ursprünglich als Theologe in Straßburg gearbeitet hatte, bekämpfte seit 1913 als Urwaldarzt vor allem die Schlafkrankheit, Herzkrankheiten und den Aussatz. Das Geld für die Unterhaltung des Urwaldkrankenhauses Lambarene erwarb er

Ambulante medizinische Versorgung in Afrika um 1880
Die Mitarbeiterin einer Missionsstation versorgt Patientinnen in einem Dorf.

neben Spenden aus Europa durch eigene Orgelkonzerte, Vorträge und Buchveröffentlichungen. Grundlage seines Engagements in Afrika war die Ausdehnung des christlichen Liebesgebots auf die gesamte Kreatur in seiner Philosophie von der »Ehrfurcht vor dem Leben«. 1952 erhielt Schweitzer den Friedensnobelpreis.
Die Selbständigkeit der Staaten in der Dritten Welt hat zu einem **Wandel auf den Missionsfeldern** beigetragen: Während z.B. Indien evangelisierende Missionare nur noch zögernd aufnimmt, werden überall Ärzte und ihre Helfer, auch als Missionsärzte, mit offenen Armen empfangen. In der jüngsten Zeit ist die ärztliche Mission immer stärker ökumenisch geworden, d.h. immer unabhängiger von bestimmten Missionsgesellschaften.

Albert Schweitzer (1875–1965)

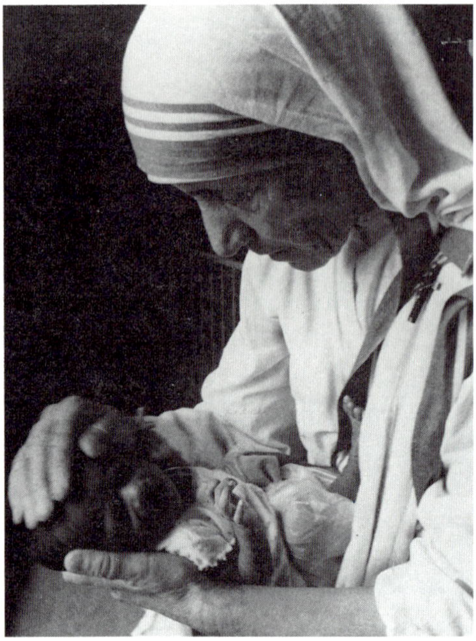

Mutter Teresa

Einen weltweit anerkannten Beitrag zur Mission leistet Mutter Teresa, Friedensnobelpreisträgerin des Jahres 1979. Sie wurde 1910 als Agnes Gonxa Bejaxnin in Skopje (heute in Jugoslawien) von albanischen Eltern geboren. Sie trat früh in die Marianische Kongregation ein und meldete sich schon als Novizin für die Bengalenmission. 1929–1948 arbeitete sie als Lehrerin und Direktorin einer Schule in Kalkutta. Seit 1948 lebt sie mit Erlaubnis des Ordens in den Slums von Kalkutta und wirkt dort in der Tracht der Armen in Bengalen, die Ordenskleid der Missionarinnen der Nächstenliebe geworden ist.
Sie erhielt für ihre aufopfernde Tätigkeit viele internationale Auszeichnungen.

Im 20. Jahrhundert schlossen sich die verschiedenen Missionsgesellschaften enger zusammen und berieten die gemeinsamen Aufgaben auf internationalen Missionskonferenzen. Den Anfang machte die *Kontinentale Missionskonferenz,* die seit den achtziger Jahren des vorigen Jahrhunderts alle vier Jahre in Bremen tagte und bereits eine Art Missionsrat schuf, der die Geschäfte der Konferenz zwischen den Tagungsperioden wahrnahm. Der **Internationale Missionsrat** (1921) ähnelte in seiner Arbeit immer mehr derjenigen der Ökumenischen Konferenzen (s.o. S. 75/76), so daß seit 1948 eine enge Zusammenarbeit mit dem Ökumenischen Rat der Kirchen besteht.

Diese enge Zusammenarbeit machte aber auch Unterschiede zwischen beiden Einrichtungen deutlich: In der Weltmission ist der evangelikale Anteil, d.h. der Anteil derer, die eine fundamentalistische Verkündigung betreiben wollen, weit größer als in der Ökumene. Die **Evangelikalen** sind aber auch in der Missionsarbeit ein Problem: Viele Mitarbeiter in der Mission lehnen eine einseitige Evangeliumsverkündigung ab und bestehen darauf, daß die Diakonie an den notleidenden Völkern mindestens gleichrangig sei. Sie sprechen von »Weltdienst« oder **ökumenischer Diakonie.** Die Spannung wurde desto größer, je schwieriger die Lage der Entwicklungsländer durch ihre schwache wirtschaftliche Position gegenüber den Industrieländern wurde. Die Weltmarktpreise für Rohstoffe werden permanent zuungunsten der Entwicklungsländer herabgedrückt, dafür steigen die Preise für Industrieprodukte im gleichen Ausmaß an. Dieser Sachverhalt bestimmt immer noch das Leben von Millionen Menschen in der Dritten Welt und hat unzählige von ihnen in Hungerkatastrophen geführt. Zu diesem Grundübel könne die Kirche nicht schweigen, wurde von vielen Vertretern der Weltmission und der Ökumene auf der Vollversammlung des Ökumenischen Rates der Kirchen in Uppsala 1968 geäußert. Heute gehöre der Kampf für Gerechtigkeit, Freiheit und Menschenwürde zu den Aufgaben der Mission. Man sprach von einer **Bekehrung der Strukturen.** Ohne diese sei die Evangeliumsverkündigung unglaubwürdig.

Insbesondere die Vertreter der jüngeren Kirchen in den überseeischen Ländern, die seit den ersten Jahrzehnten unseres Jahrhunderts die Leitung der Mission in ihren Ländern selbst übernommen hatten, vertraten diese Auffassung. Sie hatten bereits seit der großen **Missi-**

Tauffeier in Nordnigeria. Die 1923 von amerikanischen Missionaren gegründete Brüderkirche wurde 1973 selbständig. In der praktischen Arbeit verbinden die Mitarbeiter Evangelisation und Mission mit der Beratung der Bauern im Blick auf verbesserte Anbaumethoden und Gesundheitsvorsorge.

onskonferenz in Tambaram (Indien) 1938, wo sie erstmals die Mehrheit besaßen, ihre Stimme unmißverständlich zu Gehör gebracht. Diese Tendenz hatte sich in den folgenden Jahren verstärkt. Auf der **Weltmissionskonferenz in Bangkok** (1972/73) wurde offenkundig, daß die jungen Kirchen wie selbstverständlich die Analyse der gesellschaftlichen Verhältnisse in ihren Ländern mit marxistischen und sozialistischen Begriffen betrieben, ohne jedoch einer Säkularisierung oder religionsfeindlichen Verkündigung das Wort zu reden. Für sie bedeutet das Gespräch mit den Weltreligionen die Basis für die Lösung gemeinsamer Aufgaben in ihren Regionen. Es wurde sogar der Vorschlag gemacht, die Entsendung von Geld und Personen aus Europa und Amerika einzustellen, da dies von den jungen Kirchen nicht immer als Hilfe bei der Lösung ihrer Probleme empfunden werde. Man sprach von der Notwendigkeit einer **schwarzen Theologie,** die die Identität der überseeischen Völker überhaupt erst zum Ausdruck bringen könne, und der Unabhängigkeit von der »weißen Theologie« der westlichen Länder.

Heute scheint sich das Verhältnis zwischen Europa und den überseeischen Ländern im kirchlichen Bereich generell umzukehren. Von den Kirchen der überseeischen Länder gehen belebende Impulse auf die ehemaligen Mutterkirchen in Europa und Nordamerika aus, so daß die Weltmissionskonferenz von Mexiko-City 1963 bereits von der **Mission in sechs Kontinenten,** d.h. unter Einschluß Europas, sprach.

Quellen

1 Gründung der Missionsgesellschaften

1a Gründung der Basler Mission (1815)

Anzeige des Komitees der im Namen des Herrn neu errichteten Missions-Anstalt

Basel, den 3. Oktober 1815

...

Mit dankbarem Erstaunen nehmen wir das große Wunder gewahr, das uns in der Sache der Bibelverbreitung vor die Augen gelegt wird. Ein noch nie auf der Erde geschehener Gemeingeist ergießt sich in allen Weltteilen unter allen Ständen vom Höchsten bis zum Niedrigsten, um diese heilige Urkunde, diese Zeugin Gottes, die lange Zeit im Verborgenen geweissagt hat, unter allen Völkern zu verbreiten. Ebenso regt sich ein ungewöhnliches Verlangen unter dem Israelitischen Volke, selbst unter Türken und Heiden nach dem Worte Gottes. Und dies sind doch unverkennbare Winke unseres Herrn für seine Verehrer, daß Er ein Feuer anzünden will, wovon Er bei seinem Wandel auf der Erde wünschte, es brenne schon; es sind übergenügende Beweise, daß Er sich als der gewaltige Durchbrecher offenbaren will.

Zu der Verbreitung des göttlichen Worts unter den Heiden bedarf es aber auch der Boten, durch deren Mund den fernen Völkern das Evangelium von Christo noch näher ans Herz gelegt wird. Wir haben schon lange mit dankbarer Bewunderung gesehen, welchen gesegneten Erfolg die bisherigen Missions-Anstalten für den großen Zweck der Heidenbekehrung gehabt haben; aber soviel auch schon dafür getan ist, so ist doch verhältnismäßig noch wenig geschehen. Wenn wir annehmen dürfen, daß es noch über 500 Millionen Heiden in den verschiedenen Weltteilen gibt, denen das Evangelium noch nicht hat verkündigt werden können, was sind dagegen 500 Missionare, die man gegenwärtig rechnet, daß sie in diesem Weinberge arbeiten!

- *Beschreiben Sie den Hintergrund der Mission in der Erweckungsbewegung. Was trieb die Erweckten zur Missionstätigkeit?*
- *Welchen Anteil haben Aufklärung und napoleonische Zeit an der Entstehung der Erwekkungsbewegung und damit an der äußeren Mission?*

1b Norddeutsche Mission (1836)

Der Geist des Herrn, der in alle Wahrheit leitet, vereinigte alle in dem lebendigen Bewußtsein: die Mission, als ein Werk des Glaubens und der Liebe, habe ihren Standpunkt weder in Wittenberg noch in Genf noch in Rom, sondern in Jerusalem. Sobald von der Ausbreitung des Reiches Gottes unter den Heiden die Rede wäre, ständen die Gläubigen mit den Jüngern des Herrn auf dem Ölberg in jener für die ganze Welt so wichtigen und entscheidenden Stunde, wo der Herr der Herrlichkeit den Befehl zur Mission und zugleich die Instruktion für seine Boten gegeben habe.

- *Die Norddeutsche Mission hatte einen überkonfessionellen Charakter, da sie in enger Verbindung mit englischen Missionsgesellschaften stand. Wie läßt es sich erklären, daß sich bald nach der Gründung konfessionell-lutherische Gesellschaften abspalteten bzw. neu gegründet wurden (z.B. die Leipziger, Hermannsburger, Neuendettelsauer Missionsgesellschaft)?*

2 Imperialismus und Mission

2a Brief des Inspektors der Rheinischen Missionsgesellschaft und späteren Beraters Bismarcks in der Kolonialpolitik, **Friedrich Fabri (1824–1891) an die Herero-Gemeinden** (Süd-West-Afrika) vom 27.12.1876

Unser Herr Jesus Christus hat gesagt, gehet hin in alle Welt und lehret alle Völker ... – darum sind ja auch die von uns gesandten Missionare zu Euch gekommen, und haben die Christen in Deutschland sich so viel Mühe gegeben und sich's so viel kosten lassen, um Euch das Evangelium verkündigen zu lassen. Aber Geliebte, dies Wort ist einem jeden gesagt, der ein Christ und also ein Diener Jesu Christi sein und ihm gehorchen will ... Es ruht also die Verpflichtung auf einem jeden Christen, daß er den Herrn Jesum überall mit Wort und That bekenne und von jeder Gelegenheit Gebrauch mache, um auch seine Brüder, Verwandte, Nachbarn und andere Volksgenossen, mit denen er in Beziehung kommt, zum Herrn rufe (zu rufen) ... Es ist unmöglich, daß allein durch die Predigt der wenigen Missionare das ganze Volk der Ovaherero zum Glauben gebracht werden könnte, wenn Ihr nicht mithelft und mitarbeitet ... Außerdem, wenn der Herr Euch auch ferner mehrt und segnet, so daß Ihr durch Gottes Gnade in gutem Frieden und Wohlstand leben könnt, so gehört es sich, daß Ihr auch nach Eurem Vermögen etwas beitragt zum Werk der Mission, d.h. für die Ausbreitung des Reiches Gottes, damit das Evangelium auch anderen Völkern verkündet werden kann.

2b Friedrich Fabri über den Zusammenhang von Christentum und Kultur, 1884

Da die Macht der europäischen Kultur diesen heidnischen Kulturstaaten weit überlegen ist und in der Gegenwart, mehr und mehr sie zersetzend, durchdringt, so wird der Sieg der europäischen Kultur auch der Anfang der Christianisierung dieser Völker werden. Die heutige Missionsarbeit unter denselben ist wesentlich Vorarbeit für diese kommende Entscheidung.

- ► *Beschreiben Sie die von Fabri verfolgte Missionsmethode in Südwest-Afrika. Wie stellt er den Eingeborenen Deutschland dar?*
- ► *Kennzeichnen Sie die Begründung Fabris für den Imperialismus gegenüber überseeischen Völkern.*

2c Äußerung eines Chinesen während des Boxeraufstands, 1900

Fremde Teufel sind gekommen und haben durch ihre Lehre viele zu ihrem römischen oder protestantischen Glauben verleitet. Ihre Kirchen stehen außerhalb menschlicher Beziehungen. Sie haben indessen mit viel Bosheit ehrgeizige und begierige Menschen gewonnen. Sie haben hemmungslos ihre Kraft mißbraucht, bis alle guten Beamten verdorben und ihre Diener geworden waren aus Begierde nach fremdem Reichtum ... Sie lassen sich in Sänften tragen. China aber betrachtet sie doch als Barbaren, die Gott verdammen wolle.

2d Rede Kaiser Wilhelms II. vor der Abreise des deutschen Expeditionsheeres nach China, 27. Juli 1900

Eine große Aufgabe harrt eurer; ihr sollt das schwere Unrecht, das geschehen ist, sühnen. Die Chinesen haben das Völkerrecht umgeworfen, sie haben in einer in der Weltgeschichte nicht erhörten Weise der Heiligkeit des Gesandten, den Pflichten des Gastrechts hohngesprochen. Es ist das um so empörender, als dies Verbrechen begangen worden ist von einer Nation, die auf ihre uralte Kultur stolz ist. Bewährt die alte preußische Tüchtigkeit, zeigt euch als Christen im freudigen Ertragen von Leiden, möge Ehre und Ruhm euren Fahnen und Waffen folgen, gebt an Manneszucht und Disziplin aller Welt ein Beispiel.
Ihr wißt es wohl, ihr sollt fechten gegen einen verschlagenen, tapferen, gut bewaffneten, grausamen Feind. Kommt ihr an, so wißt: Pardon wird [Euch] nicht gegeben, Gefangene werden nicht gemacht. Führt eure Waffen so, daß auf tausend Jahre hinaus kein Chinese mehr es wagt, einen Deutschen scheel anzusehen. Wahrt Manneszucht.
Der Segen Gottes sei mit euch, die Gebete eines ganzen Volkes, Meine Wünsche begleiten euch, jeden einzelnen. Öffnet der Kultur den Weg ein für allemal!
Nun könnt ihr reisen! Adieu Kameraden!

Nach einer anderen Version, die die wahrscheinlichere ist, lautete der sechstletzte Satz des Kaisers so:
Wie vor tausend Jahren die Hunnen unter ihrem König Etzel sich einen Namen gemacht haben, der sie noch jetzt in Überlieferung und Märchen gewaltig erscheinen läßt, so möge der Name Deutscher in China auf tausend Jahre durch Euch in einer Weise bestätigt werden, daß niemals wieder ein Chinese es wagt, einen Deutschen auch nur scheel anzusehen.

- *Tragen Sie aus Lexika und Geschichtsbüchern nähere Informationen über den Boxeraufstand in China zusammen.*
- *Beschreiben Sie das Bild, das Chinesen und Europäer jeweils voneinander haben.*
- *Welche Rolle spielt das Christentum in der Rede des Kaisers?*
- *Der Boxeraufstand wurde von den Truppen europäischer Länder und Amerikas grausam niedergeschlagen. Wie ist dieses Ereignis im Hinblick auf das Christentum und die europäische Kultur zu werten?*

3 Mission in Indien

3a Aus dem Bericht des ersten deutschen Missionars Bartholomäus Ziegenbalg über das Gespräch mit einem indischen Einsiedler (1710)

Er sagte: Ein jeder schreit seine Religion für gut aus; ein Heiliger aber ist nur um die Gottseligkeit bemüht und fragt nicht viel nach Religionsstreitigkeiten.
Ich sagte: Dennoch muß die Wahrheit der Religion der Heiligkeit zugrunde liegen.
Er sagte: Was die Religionen angeht, sollte man sie lassen, wie sie vor vielen tausend Jahren in der Welt zerteilt worden seien.
Ich sagte: Ein Heiliger müßte ja den Blinden den Weg weisen zur wahren Heiligkeit, denn wenn er sich nicht bemühen würde, daß Heiligkeit und Wahrheit auch den anderen kundgetan würden, hätte er kein Kennzeichen eines Heiligen.

- *Informieren Sie sich in einem größeren Lexikon oder in einem Schulbuch über die wichtigsten Lehren des Hinduismus. Versuchen Sie die Haltung des indischen Einsiedlers aus diesen Lehren abzuleiten.*

3b Aus der Verfassung der Kirche von Südindien (1947)

Der Missionsauftrag der Kirche

Die Kirche von Südindien bekennt dankbar, daß die Kirchen, durch deren Zusammenschluß sie entstanden ist, ihre Existenz hauptsächlich dem Glauben, dem Eifer und den Gebeten vieler verdanken, die entweder selbst aus anderen Ländern nach Indien kamen, um dort das Evangelium zu verkündigen und die Kirche Christi aufzubauen, oder die freigiebig Zeit und Geld zur Förderung dieses Werkes geopfert haben. Sie glaubt, daß der Heilige Geist diese Kirchen zu dieser Vereinigung geführt hat, damit dieses Werk der Evangelisierung noch völliger erfüllt werde, daß, gemäß dem Gebot Christi, die Welt durch die Einigkeit SEINER Jünger erkenne, daß Er gesandt ist, ihr Heiland zu sein. Darum will die Kirche von Südindien immer ihres Missionsauftrages eingedenk sein. Sie betet zu Gott, daß Er sie nicht nur in der Ausbreitung des Evangeliums in Südindien reichlich brauchen möge, sondern daß Er ihr auch ihren Teil an der Verkündigung des Evangeliums und an dem Aufbau der Kirche Christi in anderen Teilen der Welt zuweisen möge.

- *Vergleichen Sie den Absatz aus der Verfassung der südindischen Kirche mit dem Brief Fabris an die Herero-Gemeinden (Q2a). Was läßt sich aus der Übereinstimmung der Gedanken schließen?*

4 Albert Schweitzer: Die Ehrfurcht vor dem Leben
(aus: Kultur und Ethik, 1923)

Bei Descartes geht das Philosophieren von dem Satze aus: »Ich denke, also bin ich.« Mit diesem armseligen, willkürlich gewählten Anfang kommt es unrettbar in die Bahn des Abstrakten. Es findet den Zugang zur Ethik nicht und bleibt in toter Welt- und Lebensanschauung gefangen. Wahre Philosophie muß von der unmittelbarsten und umfassendsten Tatsache des Bewußtseins ausgehen. Diese lautet: »Ich bin Leben, das leben will, inmitten von Leben, das leben will.« Dies ist nicht ein ausgeklügelter Satz. Tag für Tag, Stunde für Stunde wandle ich in ihm. In jedem Augenblick der Besinnung steht er neu vor mir. Wie aus nie verdorrender Wurzel schlägt fort und fort lebendige, auf alle Tatsachen des Seins eingehende Welt- und Lebensanschauung aus ihm aus. Mystik ethischen Einswerdens mit dem Sein wächst aus ihm hervor.
Wenn in meinem Willen zum Leben Sehnsucht ist nach dem Weiterleben und nach der geheimnisvollen Gehobenheit des Willens zum Leben, die man Lust nennt, und Angst vor der Vernichtung und der geheimnisvollen Beeinträchtigung des Willens zum Leben, die man Schmerz nennt: also auch in dem Willen zum Leben um mich herum, ob er sich mir gegenüber äußern kann oder ob er stumm bleibt.
Ethik besteht also darin, daß ich die Nötigung erlebe, allem Willen zum Leben die gleiche Ehrfurcht vor dem Leben entgegenzubringen wie dem eigenen. Damit ist das denknotwendige Grundprinzip des Sittlichen gegeben. Gut ist, Leben erhalten und Leben fördern; böse ist, Leben vernichten und Leben hemmen.

- *Handelt es sich bei der Philosophie von der »Ehrfurcht vor dem Leben« um ein Denken, dem jeder Christ verpflichtet sein müßte?*
- *Beschreiben Sie die Konsequenzen, die sich für die Welt ergäben, wenn alle Menschen der Philosophie von der »Ehrfurcht vor dem Leben« verpflichtet wären.*

5 »Schwarze Theologie« als Protest und Programm – ein Dokument der Weltmissionskonferenz in Bangkok 1973

»Schwarze Theologie« ist für viele Christen ein Ärgernis. Sie entlarvt die traditionelle Theologie (z.B. in Amerika, Großbritannien, Deutschland), die doch von denselben Christen ohne Bedenken gutgeheißen wird, als »weiße Theologie«. Sie ist weiße Theologie, weil sich der Westen das Recht angemaßt hat, in allen menschlichen Lebensbereichen die Kriterien festzusetzen für das, was annehmbar oder nicht annehmbar ist. Schwarze Theologie ist deshalb ein Ärgernis, weil sie diesen anmaßenden Herrschaftsanspruch zurückweist ...
Die schwarze Theologie versucht, die besondere Erfahrung des Leidens und der Unterdrückung der Schwarzen durch das Überhandnehmen des weißen Rassismus im Licht der göttlichen Offenbarung in dem Menschen Jesus Christus fruchtbar zu machen. Sie ist eine Theologie der Befreiung und als solche eine Theologie der Unterdrückten; sie kann daher allen denen dienen, deren Menschenwürde durch Unterdrückung verletzt wird, gleich welcher Hautfarbe sie sind. Die schwarze Theologie betont die Personalität der Unterdrückten und versichert sie als Menschen, für die Christus starb, des Heils, das Gott ihnen in Jesus Christus anbietet, so daß sie sich für ihre Existenz nicht zu entschuldigen brauchen. Schwarz oder nicht – sie sind Gottes Kinder. Christus ist ihr Bruder, der ihr ganzes Leben mit ihnen teilt, weil er sich unzweideutig auf die Seite der Unterdrückten und der Machtlosen stellt.
Sobald die »Mittler des Heils«, sei es zweifelnd, auf der Seite des Unterdrückers stehen, wird die christliche Botschaft verzerrt und die christliche Mission gefährdet. Das geschieht immer, wenn die, die offensichtlich eine wirtschaftliche, politische oder geistige Machtstellung innehaben, versuchen, das Evangelium zu predigen. Die Konvertiten werden dann verlockt, eine Religion anzunehmen, die sie nicht nur den höchsten Idealen ihrer Kultur entfrem-

det, sondern ihnen auch einen Christus schenkt, den sie mit ihren Machthabern identifizieren. Das ist böse. Wir sind tief besorgt darüber, daß in den nicht befreiten Gebieten des südlichen Afrika Kirchen und Missionen immer noch meinen, sie könnten ihre Mission von einer Machtposition und bevorrechtigten Stellung aus erfüllen. Wir glauben, daß konkrete Aktion notwendig ist, damit wir uns mit den Unterdrückten, die dieser vernichtenden Macht Widerstand leisten, identifizieren.

- *Versuchen Sie zu formulieren, was die »weiße Theologie« in den Augen der jungen Kirchen beinhaltet.*
- *Was bedeutet die Proklamation der »schwarzen Theologie« für die Missionsbestrebungen in Europa und Amerika?*

6 Die christliche Konfession und die Entwicklung der Weltbevölkerung

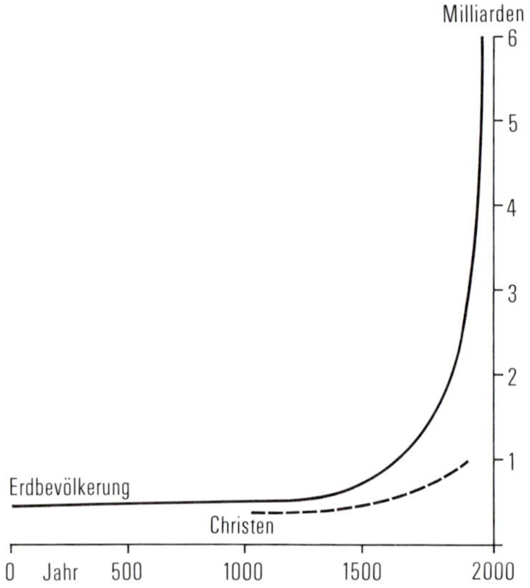

1850 etwa die Häfte der Erdbevölkerung: Christen,
1900 ungefähr 35% Christen
1950 ein Drittel Christen
2000 ca. noch ein Sechstel Christen.

- *Nennen Sie Gründe für das relative Absinken des christlichen Anteils der Weltbevölkerung.*
- *Welche Konsequenzen müssen die Kirchen aus diesen Zahlen ziehen?*
- *Entspricht es christlicher Verantwortung, Maßnahmen gegen die Weltbevölkerungsexplosion zu unterstützen? Ist es besser, Entwicklungshilfe zu gewähren?*
- *Sollte versucht werden, den Anteil der Christen an der Weltbevölkerung auf dem Weg der Mission zu vergrößern?*

Jugend- und Sachbücher zum Kapitel 28

Hammer, Karl: *Weltmission und Kolonialismus. Sendungsideen des 19. Jahrhunderts im Konflikt.* München (dtv-wiss. Reihe 4268) 1981

Höfling, Helmut: *Gehet hin und lehret alle Völker. Missionare von Las Casas bis Albert Schweitzer.* Düsseldorf (Econ) 1982

Lang, Othmar Franz: *Geh nicht nach Gorom-Gorom.* Zürich, Köln (Benziger) ^{2}1981 (betr. Obervolta/ Sahelzone) (Ju)

Moser, Bruno (Hg.): *Große Gestalten des Glaubens. Leben, Werk und Wirkung.* München (Südwest) 1982

Ruppert, Helmut S. (Hg.): *Mutter Teresa.* Bergisch-Gladbach (Bastei-Lübbe Tb 60012) 1980

Steffahn, Harald (Bearb.): *Albert Schweitzer in Selbstzeugnissen und Bilddokumenten.* Reinbek b. Hamburg (rororo biogr. 263) 1979

Schweitzer, Albert: Selbstzeugnisse. *Aus meiner Kindheit und Jugendzeit – Zwischen Wasser und Urwald – Briefe aus Lambarene.* München (Beck) 1975 (Ju)

Ustorf, Werner, und Wolfram Weiße (Hg.): *Kirchen in Afrika. Radiokolleg.* Eine Sendereihe des Deutschlandfunks. Erlangen (Erlanger Tb 50) 1979

29. Das Christentum auf dem nordamerikanischen Kontinent

Die Zeit im Überblick

Kirchengeschichte	Sozialgeschichte	Politische Geschichte
1620 Die puritanischen »Pilgerväter« landen mit der »Mayflower« in Massachusetts		
	17. Jh. Beginn der Siedlung weißer Einwanderer an der Ostküste Nordamerikas	
	17./18. Jh. Sklavenhandel – Sklavenarbeit auf den Plantagen der Südstaaten (Baumwolle)	1756–63 Siebenjähriger Krieg
1790 5% der Bevölkerung der USA sind Kirchenmitglieder	1763 Festlegung der weißen Siedlungsgrenze im Westen	1776 **Amerikanische Unabhängigkeitserklärung**
seit 1800/26 Gründung von Gesellschaften zum Zweck der Mission im eigenen Land (»Home Mission«)	Seit Ende des 18. Jh. Antisklavereibewegung in den Vereinigten Staaten unter kirchlicher Führung	1823 Monroe-Doktrin
1830–60 Einwanderung von über 3 Mill. (= 10% der Bevölkerung) Katholiken (Iren und Deutsche) in die USA – Antikatholische Stimmung in der amerikanischen Bevölkerung		
1833 Gründung der amerikanischen Anti-Slavery-Society (Garrison)		1860 Abraham Lincoln wird Präsident der USA
1865 Mission unter den freigelassenen Negersklaven. Negerkirchen: Methodisten und Baptisten	1863/65 **Sklavenbefreiung in den Südstaaten der USA nach der Niederlage im Bürgerkrieg** 1869 1. Transkontinentale Eisenbahnstrecke vollendet	1861/65 **Sezessionskrieg (Amerikanischer Bürgerkrieg)** 1862–1871 Guerillakrieg der Apachen gegen die US-Armeen
1870 18% der Bevölkerung der USA gehören einer Kirche an	1872 Beginn der systematischen Ausrottung der Büffel durch weiße Büffeltöter (Kampf gegen Indianer)	1867 Abschluß der Ausdehnung der USA auf dem nordamerikanischen Kontinent mit dem Kauf Alaskas

Kirchengeschichte	Sozialgeschichte	Politische Geschichte
1888–1890 Religiöse Erneuerungsbewegung bei den Indianern (»Geistertanz«)	**2. Hälfte 19. Jh.** – Zeit der Masseneinwanderung aus Europa – Nordwanderung von Teilen der schwarzen Bevölkerung der Südstaaten (Industriearbeiter) – Westwanderung weißer Einwanderer	ab ca. 1880 nordamerikanischer Imperialismus gegenüber Lateinamerika und Asien
	1890 Massaker an Indianern am Wounded Knee	
1908 Federal Council of Churches of Christ in America		
1910 43,4% der USA-Bevölkerung sind Kirchenmitglieder		
1918 Kirchliche Hilfslieferungen für Europa **Beginn der Hinwendung zur Ökumene**		1916 Eintritt der USA in den Ersten Weltkrieg
	1920 Alkoholverbot spaltet Bevölkerung der USA	
	1920 Wahlrecht für Frauen	
	1924–26 Geheimbund Ku-Klux-Klan in USA mit ca. 5 Millionen Mitgliedern wütet gegen Neger, Katholiken u.a. Bevölkerungsgruppen	
		1929 »Schwarzer Freitag« der New Yorker Börse löst Weltwirtschaftskrise aus
seit 1945 Kirchliche Hilfslieferungen nach Europa		1939–45 Zweiter Weltkrieg
1955 Busstreik der Neger von Montgomery/Alabama		1947 **Truman-Doktrin und Marshall-Plan-Hilfe für Europa**
1957 61% der Bevölkerung der USA gehören einer Kirche an		1962 Kuba-Krise
1967 15. April, **Martin L. King führt Friedensmarsch gegen Vietnam-Krieg** durch New York an	1968 Gewalttätige Rassenunruhen in 150 Städten der USA seit 1967 offene Protestdemonstrationen gegen den Vietnam-Krieg in den USA	1963–75 **Vietnam-Krieg** (1969–73 stufenweiser Rückzug der USA)

Ein Hamburger Auswandererschiff nimmt Auswanderer an Bord, Holzstich 1880

Basis des Christentums in Nordamerika ist vor allem die **Einwanderung,** weniger die Mission. Ein Großteil der Einwanderer behielt die angestammte Religion bei. Hinzu kamen zahlreiche Neugründungen von Kirchen. Damit war der Grund gelegt für die heutige **Zersplitterung des amerikanischen Christentums** in zahlreiche kirchliche Gruppierungen (Denominationen), die oft nur geringfügige konfessionelle Unterschiede aufweisen.

Heute gibt es in den USA etwa 250 verschiedene Denominationen, von denen neben mehreren calvinistischen und lutherischen Kirchen die Katholiken, Methodisten und Baptisten die größten sind. In einer Kleinstadt der USA mit ca. 20000 Einwohnern wirken im Durchschnitt 15 bis 20 verschiedene Kirchen nebeneinander. In den letzten Jahren sind die kirchlichen Zusammenschlüsse jedoch so weit fortgeschritten, daß die Vielfalt der Denominationen kaum noch die kirchliche Arbeit behindert. Prozentual liegt die Kirchenzugehörigkeit in den USA zwar niedriger als etwa in der Bundesrepublik Deutschland, auch gibt es eine Trennung von Staat und Kirche, d.h. keine Kirchensteuern und keinen Religionsunterricht an öffentlichen Schulen, doch sind die Kirchenmitglieder wesentlich bewußtere und aktivere Träger ihrer Gemeinden.

Diese Verhältnisse waren nicht von Anfang an gegeben: Erst der erste Zusatz zur amerikanischen Verfassung (1791) enthielt das **Gebot der Religionsfreiheit** und das **Verbot jeder Art von Staatskirche.** Bis dahin war von Maryland bis Georgia und in einem Teil des Staates New York die anglikanische Kirche allein zugelassen. In Massachusetts, Connecticut und New Hampshire durften nur die Kongregationalisten (Calvinisten) Kirchen errichten. Eine Trennung von Staat und Kirche gab es nur in

Rhode Island, Pennsylvania, New Jersey und Delaware. Auch nach der Einführung der Religionsfreiheit in allen Staaten der Union gab es Hochburgen bestimmter Konfessionen oder Denominationen, die sich auf die Zeit der Einwanderung zurückverfolgen lassen. So hielten die Bostoner am Kongregationalismus fest, viele New Yorker an der holländisch-reformierten Kirche. In New Jersey lebten vor allem Quäker und Anglikaner nebeneinander. Philadelphia in Pennsylvania war 1681 von William Penn als Kolonie für die in Europa verfolgten Quäker gegründet worden und blieb ein Quäkerzentrum. Katholiken, unter ihnen besonders Iren, die sich vor anglikanischer Verfolgung hatten schützen müssen, und Franzosen, waren in großer Zahl in Baltimore und New Orleans zu finden. In Providence stieß man vor allem auf Baptisten.

Die **Wanderprediger** der Methodisten und Baptisten wurden besonders kennzeichnend für Amerika. Sie waren es, die die Kirchen mit der nach Westen vordringenden »Grenze« Schritt halten ließen. Wo sich die Pioniere niederließen, entstanden jedes Jahr fast tausend neue Gemeinden. Das Wirken der Prediger war besonders erfolgreich während der drei großen **Erweckungsbewegungen,** die Amerika erlebte und die den protestantischen Kirchen der Vereinigten Staaten insgesamt einen »erwecklichen« Zug vermittelt haben: Die erste Bewegung dieser Art war »The Great Awakening« seit 1734. Es folgte in den Jahren seit 1800 »The Great Revival« in mehreren Wellen. Schließlich gab es 1870 die sogenannte Heiligungsbewegung. Zu den Erweckungsversammlungen (revivals) strömten oft riesige Menschenmassen zusammen. Viele revivals waren begleitet von Hysterieausbrüchen und Ekstase. Die Baptisten wurden durch das »Great Awakening« und die folgenden Wellen der Erweckung zu einer der größten Denominationen der USA. Fast ebenso stark profitierten die Methodisten von der religiösen Bewegung. Da sich diese Denominationen mit ihren Wander- und Laienpredigern, Versammlungen im Freien (z.B. im Lager) und in nicht-sakralen Räumen am besten an die Pioniersituation anpassen konnten, wurden die neuen Gebiete im Westen vorwiegend baptistisch und methodistisch geprägt. Bis 1875 wurden fast alle evangelischen Kirchen in den USA von der Erweckungsbewegung erfaßt, deren Einflüsse noch heute spürbar sind.

Der Drang nach Westen war von dem Streben nach Eigentum an Grund und Boden verursacht. Die meisten weißen Siedler erkannten dabei die alten **Besitzrechte der Indianer** nicht an. Nur der könne Ansprüche geltend machen, so argumentierten sie, der seinen Boden auch bearbeite. Das aber treffe für die umherziehenden Indianer nicht zu. Die Siedler eigneten sich nach ihrer Meinung »herrenloses« Land an und betrachteten die Indianer, die sich zur Wehr setzten, als Angreifer. Die Indianerkriege der Weißen und die Dezimierung der Büffelherden, die Lebensgrundlage der Indianer, vernichteten die Indianer bis auf wenige Reste, die in *Reservate* abgedrängt wurden.

Taufe bei den Baptisten in den USA um 1850

Die Erweckungsfrömmigkeit der weißen Siedler auf der einen und der Kampf gegen die Indianer auf der anderen Seite bilden einen auffallenden Gegensatz, der nur durch den Glauben an das eigene Recht und an die eigene Sendung überbrückt werden konnte. Dieser Glaube wurde durch die Erweckungsfrömmigkeit offensichtlich gefördert. Die »Heiligungsbewegung« mit ihren zahlreichen Massenversammlungen trug durch die in ihr vermittelte Heilsgewißheit zur Steigerung des amerikanischen **Erwählungs- und Sendungsbewußtsein** bei. Die Verschmelzung von populären Ideen der Aufklärung und Erweckungsfrömmigkeit führte zu der eigentümlich amerikanischen Vorstellung, die Welt durch Menschenrechte und Demokratie zum Reich Gottes wandeln zu können.

Das Erwählungsbewußtsein des protestantisch geprägten Amerika wirkte sich auch im Kampf gegen bestimmte Einwanderergruppen aus. Dazu gehörten vor allem die *Katholiken.* In der Zeit des Einströmens zahlreicher katholischer Einwanderer in der Mitte des 19. Jahrhunderts grenzte sich der amerikanische Protestantismus gegenüber dem Katholizismus entschieden ab. In den ersten Jahrzehnten der Einwanderung von Katholiken war es teilweise sogar zu gewaltsamen Ausschreitungen gegen sie gekommen, da man die katholische Kirche als Bedrohung amerikanischer Freiheit empfand. Viele protestantische Amerikaner argwöhnten, in diesen katholischen Neuankömmlingen Abgesandten und Handlangern des Papstes zu begegnen, der seine Hände machtgierig nach Amerika ausstrecke. Gegen diese vermeintliche Gefahr religiösen Despotismus, vor dem sie aus Europa geflohen waren, wollten sich die Protestanten zur Wehr setzen. Eine ähnliche Abwehrhaltung nahmen seit der Jahrhundertwende zahlreiche Gemeinden gegenüber der modernen Bibelkritik und den Naturwissenschaften ein. Sie vertraten die absolute Irrtumslosigkeit der Bibel und bekämpften u.a. die Abstammungslehre Darwins. Diese fundamentalistische Bewegung spielt auch heute noch eine bedeutende, sogar politische Rolle, z.B. für die „New Moral Majority“.

Alle mit den Indianern – oft in ehrlicher Absicht – geschlossenen 371 Verträge wurden gebrochen, denn die Dynamik des Siedlungsvorganges erwies sich als stärker. Friede trat erst ein, als die Masse der Indianer vernichtet und die Überlebenden in etwa 250 wirtschaftlich kaum nutzbaren Reservaten zwangsangesiedelt waren (heute 223000 qkm, das entspricht etwa der Größe von North und South Carolina zusammen). Um 1900 lebten noch etwa 200000 Indianer, heute ist ihre Zahl wieder auf über 800000 angewachsen (nach: Informationen zur politischen Bildung (1977)).

Zu einer zentralen Frage des amerikanischen Kirchenwesens im 19. Jahrhundert wurde die innenpolitische **Auseinandersetzung um die Sklavenfrage.** Seit dem Ende des 17. Jahrhunderts waren Neger nach Amerika verschifft und dort an die Plantagenbesitzer der Südstaaten verkauft worden. Dies bedeutete eine Herausforderung für das Selbstverständnis der amerikanischen Kirchen, die darauf jedoch keineswegs einheitlich reagierten. Die Quäker erklärten bereits 1693 die Sklavenhaltung mit der Zugehörigkeit zu ihrer Gemeinschaft für unvereinbar. 1780 entschieden sich die Methodisten in gleichem Sinne; etwa zur gleichen Zeit nahmen auch die Baptisten gegen die Sklavenhaltung Stellung. Diese Beschlüsse wurden jedoch von den Kirchen der sklavenhaltenden Südstaaten nicht immer mitgetragen: 1845 spaltete sich z.B. die Baptistenkirche des Südens von der des Nordens ab; sie begründete ihr Eintreten für die Sklaverei mit einem Verweis auf die Erzväter des Alten Testaments, die ebenfalls Sklaven gehalten hätten.

1861 brach der **Bürgerkrieg** zwischen Nord- und Südstaaten der Vereinigten Staaten aus. Den Hintergrund der Auseinandersetzung bildeten einander widerstrebende wirtschaftliche (Norden: Industrie, Süden: Landwirtschaft) und damit politische Interessen und die grundsätzliche Frage der Kompetenz der Washingtoner Zentralregierung gegenüber den Einzelstaaten. Von Anfang an aber spielte die Frage der Sklaverei als sinnfälliger Ausdruck des Gegen-

Ein Negerhäuptling verkauft einem englischen Sklavenhändler seine Gefangenen

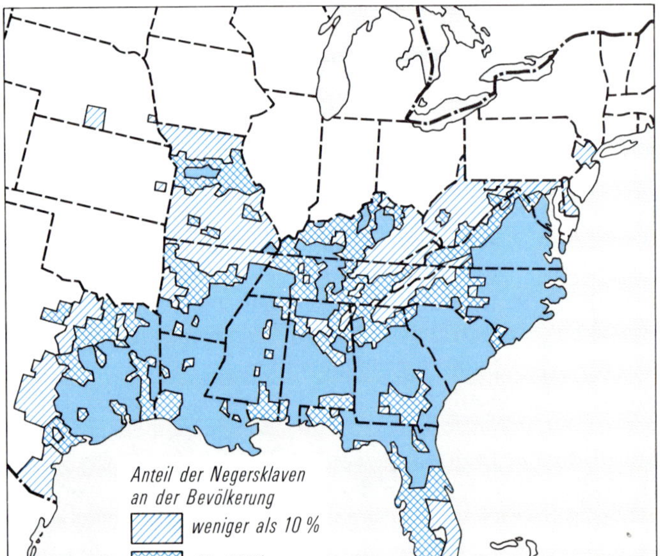

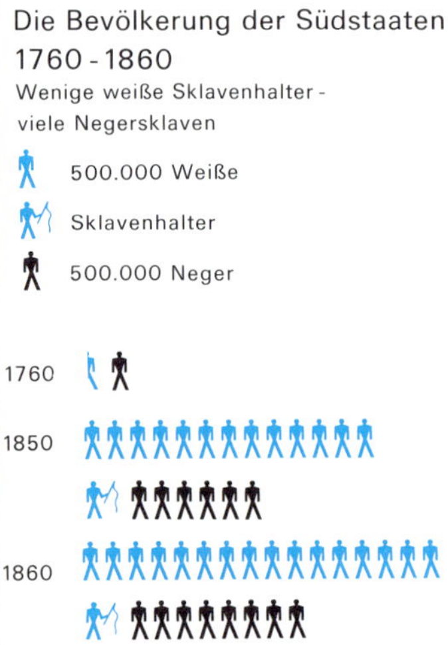

Die Sklaverei in den Südstaaten der USA um 1860

satzes zwischen Nord und Süd die wichtigste Rolle für das Bewußtsein beider Seiten. Die unter starker kirchlicher Beteiligung geführte **Antisklavereibewegung** der Jahrzehnte vor diesem ersten »modernen« Krieg mit seinen Materialschlachten und fast 700000 Toten konnte ihr Ziel der Abschaffung der Sklaverei durch den Sieg der Nordstaaten 1865 als erreicht betrachten. Doch war die Gleichberechtigung der schwarzen Bevölkerung noch weit entfernt.
Auch für die Kirchen besteht das Rassenproblem, denn die Schwarzen bildeten schon vor dem Bürgerkrieg, besonders aber nach 1865 eigene Kirchen, vor allem schwarze Methodisten- und Baptistenkirchen. Mit der Abwanderung vieler freigelassener Schwarzer in die Industriegebiete des Nordens übertrug sich das Rassenproblem auch in die Nordstaaten der USA.
Erst im 20. Jahrhundert fingen die Schwarzen an, unter Führung ihrer Kirchen selbst für ihre Rechte zu kämpfen. In Georgia leitete der Baptistenpfarrer **Martin Luther King** eine Bewegung zur Überwindung der öffentlichen Rassentrennung, die sich gewaltloser Mittel bediente. Aus dem von Martin Luther King ins Leben gerufenen Busstreik der Schwarzen von Montgomery/Alabama gegen die Rassentrennung in den Bussen der »Montgomery-City-Line« entwickelte sich allmählich die große

Martin Luther King während eines Protestmarsches der Bürgerrechtsbewegung in Montgomery 1965

Kirche der Weißen in New York

Vor einer der vielen freien Negerkirchen in Washington

amerikanische **Bürgerrechtsbewegung.** Nach der Ermordung Kings (1968) entlud sich der Rassengegensatz zunehmend in gewaltsamen Ausschreitungen.

Die Auseinandersetzung um die Rassenfrage, aber auch schwere soziale Kämpfe in der Wirtschaft der USA sowie das Problem des Alkoholmißbrauchs hatten die Kirchen dazu geführt, sich ihren jeweiligen Soziallehren in besonderer Weise zu widmen. 26 Kirchen, die 1908 im *»Federal Council of the Churches of Christ in America«* zusammentraten, verabschiedeten bei ihrer Gründungsversammlung ein soziales Bekenntnis, das in seiner Art das erste überhaupt war. Die Theologie des **Social Gospel** (soziales Evangelium) war nach 1918 für den größten Teil der Kirchen Amerikas bestimmend. Da sich diese Theologie den Menschenrechten und der Demokratie verschrieb, lag eine Verbindung mit dem auf der gleichen Basis beruhenden amerikanischen Nationalgeist nahe. Kennzeichnend dafür ist die Selbstverständlichkeit, mit der in vielen Kirchen der USA die Nationalflagge ausgestellt ist.

Der amerikanische Glaube an die Möglichkeit, die Welt durch Menschenrechte und Demokratie zum Reich Gottes zu wandeln, ist heute erschüttert durch Ereignisse wie die Niederlage der USA im Vietnamkrieg, aber auch durch den anhaltenden Rassenkonflikt im eigenen Land.

Quellen

1 Die Verbindung von Aufklärung und Bibelgläubigkeit im protestantischen Amerika

1a Alexander Hamilton (1757–1804), Minister im ersten Kabinett Washington, über die Menschenrechte

Nach den geheiligten Rechten der Menschheit braucht man nicht unter alten Pergamenten oder in vermoderten Akten zu suchen. Sie sind von der Hand Gottes selbst wie mit einem Sonnenstrahl in das umfassende Buch der Natur eingeschrieben worden, und keine sterbliche Macht kann sie je auslöschen oder verdunkeln.

► *Inwieweit läßt sich die Aussage Hamiltons auf die Vernunftreligion der Aufklärung zurückführen?*

1b Edmund Burke (1729–1797), englischer Politiker, über Puritanismus und bürgerliche Freiheit

Diese Menschen sind Protestanten und von der Art, die die implizite gemeinte Unterwerfung von Geist und Meinung am meisten ablehnt. Das ist eine Glaubensrichtung, die der Freiheit nicht nur förderlich ist, sondern die sich auch auf der Freiheit aufbaut. Ich glaube, ... daß der Grund dieser Ablehnung alles dessen, was nach absoluter Regierung aussieht, in den dissentierenden Kirchen nicht so sehr in ihren religiösen Grundsätzen als vielmehr in ihrer Geschichte zu suchen ist. Jeder weiß, daß die römisch-katholische Religion mit den Staatsgebilden, in denen sie vorherrscht, zum mindesten gleichaltrig ist, daß sie mit ihnen im allgemeinen Hand in Hand marschiert ist und von den Staatsbehörden viel Gunst und jede Art Unterstützung empfangen hat. Auch die anglikanische Kirche entwickelte sich von der Wiege an unter der wartenden Pflege der ordnungsmäßigen Regierung. Aber die dissentierenden Richtungen sind in direktem Gegensatz zu allen ordentlichen Gewalten der Welt entstanden; sie können ihre oppositionelle Haltung nur rechtfertigen, wenn sie sich mit Nachdruck auf einen natürlichen Freiheitsanspruch berufen. Schon ihre bloße Existenz beruht auf der kraftvollen und unablässigen Verkündung dieses Anspruchs. Aller Protestantismus, selbst der kälteste und passivste, ist eine Art Dissens. Die Religion aber, die in unseren nördlichen Kolonien überwiegt, stellt sogar eine Verfeinerung der Prinzipien des Widerstands dar; sie ist dissident gegenüber dem Dissens, sie ist ein Protestantismus gegenüber der protestantischen Religion.

► *Edmund Burke beurteilte die Puritaner und amerikanischen Kolonisten aus englischer Sicht. Wie sah er die politische Opposition der Siedler in Nordamerika begründet?*

► *Inwiefern mußten nach Burke die bibelgläubigen Puritaner sich gezwungenermaßen auf Aufklärungsideen berufen?*

1c Aus der amerikanischen Unabhängigkeitserklärung, 1776

Folgende Wahrheiten erachten wir als selbstverständlich:

daß alle Menschen als Gleiche erschaffen werden, daß ihnen von ihrem Schöpfer bestimmte unveräußerliche Rechte verliehen sind und daß zu diesen Rechten das Leben, die Freiheit und das Streben nach Glück gehören;

daß zur Sicherung dieser Rechte unter den Menschen Regierungen errichtet werden, die ihre berechtigten Befugnisse aus der Zustimmung der Regierten herleiten;

daß jedesmal wenn sich eine Regierungsform im Hinblick auf diesen ihren Zweck als zerstörerisch zu erweisen beginnt, es das Recht des Volkes ist, sie zu ändern oder abzuschaffen ...

► *Kennzeichnen Sie den religiösen Hintergrund der Unabhängigkeitserklärung. Wo lassen sich calvinistische Wurzeln, wo Aufklärungsgedanken erkennen?*

2 Die christlichen Siedler und die Indianer

2a Leben der Indianer vor der Ankunft weißer Siedler

Der Engländer John White, der 1584/85 mit einer Expedition an die Ostküste Nordamerikas kam, aquarellierte dieses Bild eines Indianerdorfes, das von Einflüssen weißer Siedler noch gänzlich unberührt ist. Es ist deutlich sichtbar, daß die Indianer dieses Gebiets bereits die Ackerbaukultur entwickelt haben: Rechts liegen drei Felder, auf denen Mais angebaut wird. Das vordere ist für die in Abständen gesetzten Jungpflanzen vorgesehen. Es folgt das grüne und im Hintergrund das ausgewachsene Getreide.
Im Vordergrund befindet sich der Festplatz: links »The place of solemne prayer« mit dem Feuer; in der Mitte der Ort des Festmahls; rechts der Platz, an dem rituelle Tänze aufgeführt werden und der mit geschnitzten Pfählen ausgestattet ist. Die Hütte unten links ist die Begräbnisstätte des Häuptlings.

► *Vergleichen Sie den Eindruck, den das Bild dieses Dorfes vermittelt, mit den Vorstellungen über Indianer, die Sie bislang aus Wild-West-Darstellungen entnommen haben.*

► *Zur Zeit der Landnahme der weißen Siedler entbrannte ein Streit darüber, ob Indianer als vollwertige Menschen mit der Fähigkeit zu selbständigem Handeln und Denken oder eher als menschengestaltige Tiere einzustufen seien, denen man guten Gewissens ihr Land rauben könnte. Welche Argumente hätte man aus diesem Bild für eine solche Auseinandersetzung entnehmen können?*

2b–c Indianer und Quäker während des Siebenjährigen Krieges

Erläuterung: Während des Siebenjährigen Krieges (1756 bis 1763), der auch in Nordamerika zwischen Franzosen und Engländern ausgetragen wurde, schlugen sich die meisten Indianerstämme auf die Seite der Franzosen, deren Kolonisationsmethode sie bei weitem nicht als so bedrohlich empfanden wie die der Engländer. Zu den Feinden der Engländer zählten die Delaware-Indianer, die bereits aus Ost-Pennsylvania vertrieben worden waren und die aus ihrer neuen Heimat im Ohiotal nicht schon wieder verdrängt werden wollten. Sie überfielen englische Grenzsiedlungen, um ein weiteres englisches Vordringen zu verhindern. Als der englische Gouverneur R.H. Morris daraufhin den Krieg erklären wollte, versuchten die Quäker Pennsylvaniens erfolglos zwischen ihm und den Delaware-Indianern zu vermitteln.

2b Bittschrift der Quäker Pennsylvaniens an die Regierung

Wir bitten deshalb mit großem Ernst und sehr nachdrücklich, daß das Unheil abgewendet werden möge ... Einige der traurigen Folgen sind in den Annalen der benachbarten Provinz, die voll der kriegerischen Leute ist, bezeugt; und wie die Gottesfurcht, die Hochachtung vor dem König und die Liebe zu unseren Brüdern und Mitchristen die Triebkräfte sind, aus denen wir diese Bittschrift abgefaßt haben, so hoffen wir durch unser Verhalten zu zeigen, daß wir jede Gelegenheit, den Bedrängten (den Delaware) zu helfen, ihnen beizustehen und zur Erhaltung des Friedens beizutragen, freudig ergreifen werden, wie es unserer friedlichen Berufung entspricht. Selbst wenn ein viel größerer Teil unseres Vermögens erforderlich sein sollte, als die schwersten Kriegssteuern ausmachen, die erwartet werden können, so werden wir freudig durch freiwillige Spenden unsere Ernsthaftigkeit hierin unter Beweis stellen.

2c Aus Gouverneur Morris' Kriegserklärung an die Delaware-Indianer, Philadelphia, den 14. April 1756

Hiermit erkläre und garantiere ich, daß an alle und jede Person, Indianer wie Christen, die nicht im Sold der Provinz stehen, die folgenden verschiedenen und besonderen Prämien und Kopfgelder gezahlt werden sollen: für jeden feindlichen männlichen Indianer über zwölf Jahren, der gefangengenommen ... wird, die Summe von 150 spanischen Dollars in Achterstücken. Für den Skalp jedes feindlichen männlichen Indianers über zwölf Jahren, vorgelegt als Beweis für dessen Tötung, die Summe von 130 Achterstücken. Für jeden weiblichen Indianer, gefangen und abgeliefert wie oben; und für jeden männlichen indianischen Gefangenen unter zwölf Jahren, gefangen und abgeliefert wie oben, 130 Achterstücke. Für den Skalp jeder Indianerfrau, vorgelegt als Beweis für deren Tötung, die Summe von 50 Achterstücken ...

- ► *Orientieren Sie sich in einem konfessionskundlichen Lehrbuch oder in einem Lexikon darüber, welche Eigenart ihres Glaubens die Quäker dazu führte, sich für die Indianer einzusetzen.*
- ► *Nennen Sie die Konsequenzen für das Verhältnis zwischen Weißen und Indianern, die sich aus den Kopfgeldzahlungen ergaben.*

2d Die europäische Besiedlung Nordamerikas im 18. Jahrhundert s. S. 108.

2e Ansprache des Häuptlings der Seneca, Red Jacket, an einen weißen Prediger, 1809

Warum ich kein Christ werde

Bruder! Unsere Wohngebiete waren einmal groß und Eure waren sehr klein. Ihr seid nun ein großes Volk geworden, und für uns ist kaum der Platz übrig, um unsere Decken auszubreiten. Ihr habt unser Land genommen, aber Ihr seid nicht zufrieden. Ihr wollt uns auch Eure Religion aufzwingen. Bruder! Hört weiter zu. Ihr sagt, Ihr seid gesandt worden, um uns beizubringen, wie der Große Geist zu seinem Wohlgefallen angebetet werden will; und wenn wir die Religion, die Ihr Weißen lehrt, nicht übernehmen, werden wir darüber ins Unglück gestoßen. Ihr sagt, Ihr habt recht, und wir sind verloren. Wie wissen wir, daß das wahr ist? Wir hören, daß eure Religion in einem Buch aufgeschrieben ist. Wenn es für uns ebenso wie für Euch gedacht war, warum hat der Große Geist es uns nicht gegeben, und nicht nur uns. Warum gab er unseren Vorfahren nicht die Kenntnis von diesem Buch, und die Mittel, es richtig zu verstehen? Wir wissen nur, was Ihr uns darüber erzählt. Wie sollen wir wissen, was wir glauben sollen, da wir so oft von den weißen Menschen getäuscht wurden?

Bruder! Ihr sagt, es gibt nur einen Weg, den Großen Geist anzubeten und ihm zu dienen. Wenn es nur eine Religion gibt, warum seid ihr Weißen so uneinig darüber, obwohl Ihr alle das Buch lesen könnt?

Bruder! Wir verstehen diese Dinge nicht. Man sagt uns, daß Eure Religion Euren Vorfahren geschenkt wurde und vom Vater auf den Sohn weitergegeben wurde. Wir haben auch eine Religion, die unseren Vorvätern geschenkt wurde und die an uns, ihre Kinder, weitergegeben wurde. Wir beten auf diese Weise. Sie lehrt uns, dankbar zu sein für alle die Gnaden, die wir erhalten, einander zu lieben und einig zu sein. Wir streiten niemals über Religion.

Bruder! Der Große Geist hat uns alle erschaffen. Aber er hat seine weißen und roten Kinder sehr verschieden erschaffen. Er hat uns eine andere Hautfarbe und andere Bräuche gege-

2d Die europäische Besiedlung Nordamerikas im 18. Jahrhundert

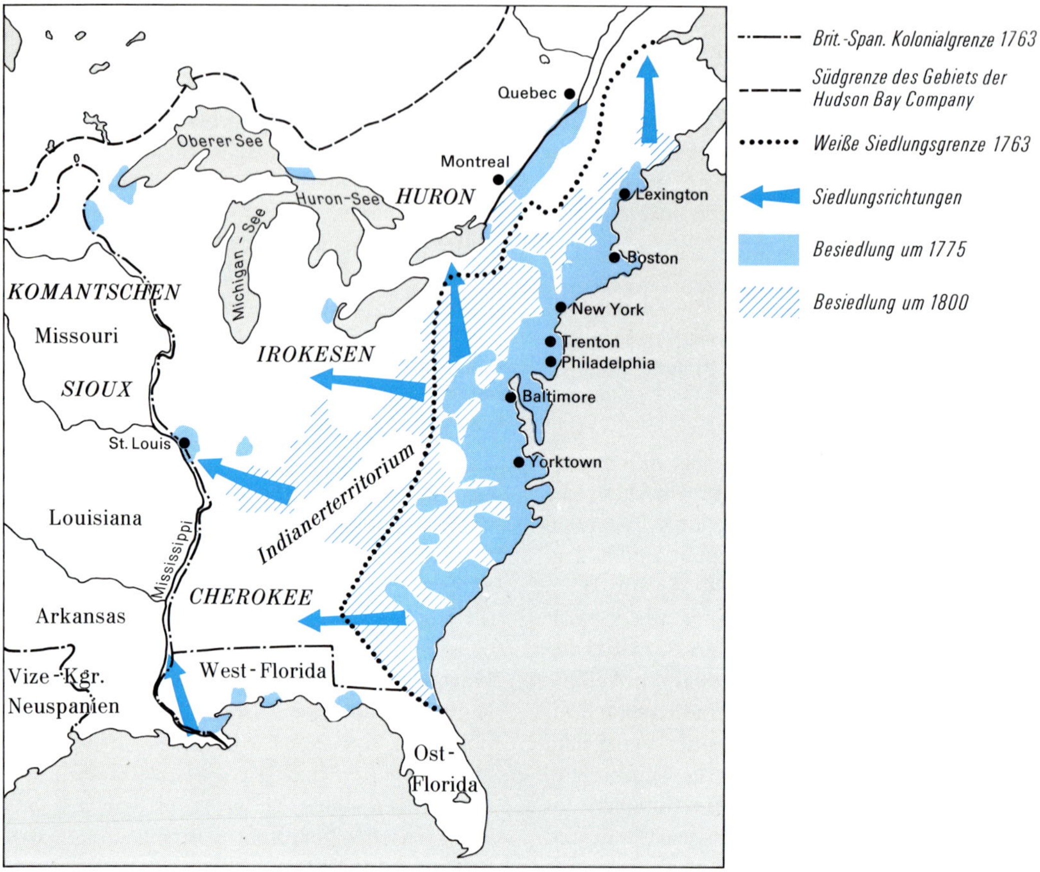

► *Bei Beendigung des Siebenjährigen Krieges wurde die Siedlungsgrenze durch die englische Regierung festgelegt, die von den weißen Siedlern nicht überschritten werden sollte. Sie wurde jedoch mißachtet. Warum? Welche Gründe veranlaßten die englische Regierung vermutlich, die Grenze festzulegen?*

► *Beschreiben Sie, was es für die indianischen Stämme, die auf ihre Jagdgründe angewiesen waren, bedeutete, wenn das Land von den Weißen eingezäunt oder umgepflügt wurde.*

► *Überlegen Sie, welche unterschiedlichen Möglichkeiten sich den Indianern boten, ihre Zukunft zu sichern.*

ben. Euch hat er die Fähigkeiten gegeben, für die er uns nicht die Augen geöffnet hat. Wir wissen, daß diese Dinge wahr sind. Er hat uns auch in anderen Dingen so verschieden gemacht. Warum sollten wir nicht daraus schließen, daß er uns eine andere Religion gegeben hat, die unserem Verständnis entspricht? Der Große Geist tut recht. Er weiß, was am Besten für seine Kinder ist. Wir sind zufrieden.
Bruder! Wir wollen Eure Religion nicht zerstören oder sie Euch wegnehmen. Wir wollen uns nur unserer eigenen erfreuen.

Bruder! Ihr sagt, Ihr seid nicht erschienen, um uns unser Land oder unser Geld abzunehmen, sondern um unseren Geist zu erleuchten. Ich sage, daß ich bei Euren Versammlungen war und gesehen habe, daß Ihr dabei Geld eingesammelt habt. Ich kann nicht sagen, wofür dieses Geld bestimmt war, aber ich nehme an, es war für Euren Geistlichen; und wenn wir Euren Glauben annehmen sollten, wollt Ihr vielleicht auch welches von uns.
Bruder! Wir haben gehört, daß Ihr hier weißen Menschen gepredigt habt. Diese Leute sind unsere Nachbarn. Wir kennen sie. Wir werden abwarten und sehen, welche Wirkung Eure Predigt auf sie hat. Wenn wir meinen, daß sie ihnen hilft, ehrlich zu werden und sie weniger darauf aus sind, Indianer zu betrügen, werden wir wieder überdenken, was Ihr gesagt habt.
Bruder! Ihr habt jetzt unsere Antwort auf Eure Ansprache gehört, und dies ist gegenwärtig alles, was wir zu sagen haben. Da wir jetzt auseinandergehen werden, wollen wir kommen, Euch die Hand reichen und hoffen, daß der Große Geist Euch auf Eurem Weg beschützen und Euch sicher zu Euren Freunden heimgeleiten wird.

- *Stellen Sie die Aussagen über die Religion der Indianer zusammen, die sich der Rede von Red Jacket entnehmen lassen.*
- *Nennen Sie die Kritik und die Ängste des Häuptlings gegenüber dem Christentum.*
- *Welcher Gesichtspunkt war für Red Jacket offensichtlich entscheidend?*

2f Aus der Rede des Häuptlings Seattle an den amerikanischen Präsidenten, 1853

Selbst der weiße Mann, dessen Gott mit ihm wandelt und redet wie Freund zu Freund, kann der gemeinsamen Bestimmung nicht entgehen. Vielleicht sind wir doch – Brüder. Wir werden sehen. Eines wissen wir, was der weiße Mann eines Tages vielleicht erst entdeckt: Unser Gott ist derselbe Gott.
Ihr denkt vielleicht, daß ihr ihn besitzt, so wie ihr unser Land zu besitzen trachtet. Aber das könnt ihr nicht. Er ist der Gott der Menschen – gleichermaßen der roten und der weißen. Dieses Land ist ihm wertvoll, und die Erde zu verletzen, heißt ihren Schöpfer zu verachten.
Auch die Weißen werden vergehen, eher vielleicht als alle anderen Stämme ... Aber in eurem Untergang werdet ihr hell strahlen, angefeuert von der Stärke des Gottes, der euch in dieses Land brachte und euch bestimmte, über dieses Land und den roten Mann zu herrschen. Diese Bestimmung ist uns ein Rätsel.

- *Was folgte für den Häuptling Seattle aus der Feststellung, daß der Gott der Indianer auch der Gott der Weißen sei?*
- *Was verstand Häuptling Seattle unter »Verletzung« der Erde, und inwiefern konnte er den Weißen den Untergang voraussagen?*
- *Stellen Sie der indianischen Sichtweise die Sichtweise der weißen Amerikaner gegenüber.*

2g Leserbrief des Sioux Masse Hadjo an den Herausgeber der ›Chicago Tribune‹ als Antwort auf einen Leitartikel gegen die Geistertanz-Bewegung (1890)

Erläuterung: Die Geistertanzbewegung war Ausdruck eines Messianismus der in die Enge getriebenen Indianer. Der neue Prophet war der Indianer Wovoka, der lange für einen weißen Farmer gearbeitet hatte, der seinem Personal stets laut aus der Bibel vorgelesen hatte. Aus biblischen Bestandteilen hatte nun Wovoka eine indianische Hoffnungsvision geschöpft:
Er lehrte, daß die alte Erde und mit ihr die »eiserne Schlange« (Eisenbahn), Bergwerke, Zäune, Städte und Lärm der Weißen hinweggerollt würden wie ein Teppich, sobald der Frühling komme. Darunter würden sich wieder Gras und Wasser, Büffelherden, Wildpferde und Wälder zeigen. Auch würden die gefallenen Krieger zurückkehren, ebenso wie die Frauen und Kinder, die Hunger und Kälte nicht überlebt hätten. Alle Stämme würden Frieden halten und der weiße Mann würde wie-

der in das Land jenseits des großen Wassers zurückkehren. Vorbedingung, um dies herbeiführen zu können, sei es, jeden Monat vier Tage hindurch einen Geistertanz in einem eigens gefertigten Geisterhemd bis zur Trance durchzuführen. – Der »Geistertanz« griff überall unter den Indianerstämmen um sich und versetzte die Behörden in Unruhe, da man einen Aufstand befürchtete. Man begann Truppen zusammenzuziehen, um die Geistertanz-Bewegung zu unterbinden. In den Zusammenhang dieser Aktionen gehört das Massaker von Regierungstruppen an einem Stamm der Sioux in Wounded Knee 1890.

Sir, Sie sagen: »Wenn die US-Armee tausend oder mehr dieser tanzenden Indianer töten würde, gäbe es kaum Ärger.«
Ich folgere aus dieser Sprache, daß sie ein Christ sind und somit geneigt, alles in ihrer Macht Stehende zu tun, um die Sache Christi voranzutreiben. Zweifellos glauben Sie an den Heiland der Weißen, sind aber anscheinend nicht miteinverstanden, daß Indianer ihren eigenen Messias haben.
Wir Indianer haben das von den Weißen gepredigte und praktizierte Christentum nie geschätzt. Wissen Sie warum? Weil der Große Geist, der Gottvater aller, uns eine bessere Religion gegeben hat – eine Religion, die nur gut ist und nicht schlecht, eine Religion, die dem Leben von Menschen angepaßt ist. Ihr Weiße sagt, wenn wir uns gut benehmen, den Zehn Geboten gehorchen und nie mehr sündigen, werden wir vielleicht in den Himmel kommen. Dort werden wir dann auf einem weißen Felsen sitzen, mit heiligen Gesängen Gott preisen in alle Ewigkeit und hinunterblicken auf unsere heidnischen Väter, Mütter, Brüder und Schwestern, die in der Hölle schmachten.
Ich werde das jedenfalls nicht tun. Der Ehrenkodex, nach dem die Weißen leben, ist mit dem unseren nicht vergleichbar. Wir bezahlen keine Richter und Pfarrer, dafür haben wir auch nicht ein Zehntel Eurer Kriminalität. Und wenn unser Messias kommt, werden wir nicht versuchen, seine Lehre Euch aufzuzwingen. Wir werden nicht unschuldige Frauen auf dem Scheiterhaufen verbrennen oder Männer zwischen zwei Pferde spannen, bloß weil sie sich nicht unserer Geistertanz-Bewegung anschließen.
Ihr Weißen hattet einen Messias, und wenn man der Geschichte glauben darf, so hatte jedes Volk einen. Ihr hattet zwölf Apostel; wir haben nur elf, und einige von ihnen sind bereits im Militärgefängnis. Wir hatten auch eine Jungfrau Maria, auch sie ist da drin.
Wenn Ihr Angst habt, daß Euch unser Messias zu fassen kriegt, so legt ihn doch einfach in Ketten. Oder besser noch: Kreuzigt ihn doch, wie Ihr das mit dem anderen gemacht habt. Uns Indianer aber könnt Ihr nicht zum Christentum bekehren. Nicht, solange Indianerblut in unseren Adern fließt.
Der Himmel von Euch Weißen ist für die Vorstellung eines Indianers ein widerliches Ding, und wenn Euch Eure Hölle paßt – behaltet sie doch! Ich bin sicher, es gibt genug weiße Schurken, um sie zu füllen.

- *Beschreiben Sie das Bild vom Christentum, das sich den Sioux-Indianern eingeprägt hat.*
- *Vergleichen Sie die Einstellung des Sioux Masse Hadjo mit der des Häuptlings Seattle von 1853. Worin sind die Unterschiede begründet?*

3 Die Sklavenfrage in den USA

3a Aus der Adresse des Gouverneurs McDuffie an den Landtag von Südkarolina (1835)

Keine menschliche Einrichtung entspricht nach meiner Meinung deutlicher dem Willen Gottes als häusliche Sklaverei, und keine seiner Verordnungen ist mit lesbareren Zeichen geschrieben als diejenige, die die afrikanische Rasse zu dieser Stellung bestimmt: wird sie doch dadurch zu ihrem eigenen Glück geführt, weit mehr als durch alles andere, für das sie empfänglich ist. Ob wir die Heilige Schrift oder die Offenbarungen der Natur und der Vernunft zu Rate ziehen, so tritt uns diese Wahrheit unzählige Male entgegen ... Die Patriarchen selbst, diese erwählten Werkzeuge Gottes, waren Sklavenhalter ... Daß der afrikanische Neger von der Vorsehung dazu bestimmt ist, diese Stellung dienstbarer Abhängigkeit einzunehmen, ist nicht weniger offensichtlich. Es steht auf seinem Gesicht geschrieben, auf seiner Haut gestempelt und geht deutlich aus der geistigen Unterlegenheit und natürlichen Sorglosigkeit dieser Rasse hervor ... Keine menschliche Macht kann die Eigenschaft verleihen, die zum Genuß der Freiheit befähigt. Sie ist eine Gabe Gottes, und eine der seltensten, die er in seiner unerforschlichen Weisheit den Völkern der Erde zu verleihen für gut hielt ... Es liegt klar am Tage, daß die Bestimmung der Negerrasse entweder die scheußlichste Art politischer Knechtschaft oder jene häusliche Sklaverei ist, wie sie jetzt in den sklavenhaltenden Staaten besteht. Und außer Frage steht der Vorzug häuslicher Sklaverei auch vor der günstigsten Art politischer Versklavung. Es ist nicht bloß die Pflicht, sondern das augenfällige Interesse des Herrn, für gute Nahrung und Kleidung seiner Sklaven zu sorgen; und was für Märchen und übertriebene Geschichten auch verbreitet werden: ... auf der ganzen Erde gibt es, ob hoch oder niedrig, keine zweite Volksklasse, die wie diese völlig frei von Sorgen und Angst ist ... Mit einem Wort, unsere Sklaven sind heiter, zufrieden und glücklich, und zwar weit mehr, als es die menschliche Rasse im allgemeinen sein kann – ausgenommen dann, wenn fremde Störenfriede und üble Unglücksboten, die Leute der Emanzipation nämlich, wie ihr Erzvorbild im Garten Eden von Neid umgetrieben werden und sie in Versuchung führen, über die Stellung hinauszustreben, die ihnen durch die Ordnung der Vorsehung zugewiesen worden ist ... Häusliche Sklaverei ist daher keineswegs ein politisches Übel, sondern der Eckstein unseres republikanischen Gebäudes ...

3b Rechnung über eine Lieferung von Negersklaven aus dem Jahre 1835

Rechnung über 10 Neger, heute an John B. Williamson von Georg Kremer gesandt, Namen und Preise wie folgt:

nämlich:	Betsey Kackley	$ 410.–
	Nancy Aulick	$ 515.–
	Harry & Helen Miller	$ 1200.–
	Mary Kootz	$ 600.–
	Betsey Ott	$ 560.–
	Isaac & Fanny Brent	$ 992.–
	Lucinda Luckett	$ 467.50
	George Smith	$ 510.–
		$ 5254.50

Betrag für meine Reiseauslagen und Unterhalt von Nr. 9, in obiger Aufstellung nicht enthalten	$ 39.50
Kremers Transportkosten für Nr. 9 nach Richmond	$ 51.–
Fuhrlohn	$ 6.–
	$ 5351.–

Ich habe heute die oben aufgeführten Neger zum Preis von fünftausenddreihundertundfünfzig Dollars einschließlich meiner Auslagen und sonstigen Spesen geliefert,

den 26. Mai 1835 John W. Pettman

Ich wollte eigentlich Nancys Kind zurücklassen, aber sie machte so ein verdammtes Theater, daß ich es ihr lassen mußte. Da ich dafür hätte fünfzig Dollars kriegen können, so müssen Sie vierzig Dollars zu obigen zulegen.

3c Aus den Statuten der »Amerikanischen Antisklavereigesellschaft« vom 4. Dezember 1833

Da der Allerhöchste Gott »alle Geschlechter der Menschen aus einerlei Blut geschaffen hat, auf dem Erdboden zu wohnen«, und ihnen gebot, ihren Nächsten zu lieben wie sich selbst; da unser Dasein als Volk auf den in der Unabhängigkeitserklärung anerkannten Grundsatz gegründet ist, »daß alle Menschen gleich geschaffen sind und daß sie von ihrem Schöpfer mit gewissen unveräußerlichen Rechten ausgestattet sind, darunter Leben, Freiheit und Streben nach Glück«; und da nach nahezu sechzig Jahren, seitdem das Wort und die Ehre des amerikanischen Volkes vor dem Allmächtigen Gott und vor der Welt zu diesem Bekenntnis verpfändet worden sind, fast ein Sechstel der Nation von seinen Mitbürgern in Kechtschaft gehalten wird; und da Sklaverei den Grundsätzen der natürlichen Gerechtigkeit, des Christentums und unserer republikanischen Regierungsform zuwiderläuft und den Wohlstand des Landes untergräbt, indem der Friede, die Eintracht und die Freiheiten der Staaten gefährdet werden; und da wir es für die Pflicht und das Interesse der Herren halten, unverzüglich ihren Sklaven die Freiheit zu schenken, zumal da durch Pläne freiwilliger oder erzwungener Auswanderung dieses große und wachsende Übel nicht beseitigt werden kann; und da wir es für ausführbar halten, durch Mahnrufe an die Gewissen, die Gefühle und die Interessen des Volkes in der ganzen Nation eine öffentliche Meinung zu erwecken, die sich in allen Teilen der Republik gegen die Fortdauer der Sklaverei wendet und allgemeine Unruhen verhindert, indem sie die schleunige Abschaffung der Sklaverei herbeiführt; und da wir es den Unterdrückten, unseren Mitbürgern, die Sklaven halten, sowie unserem ganzen Land, unseren Nachkommen und Gott schuld zu sein glauben, alle gesetzlichen Mittel anzuwenden, um es zur Ausrottung der Sklaverei zu bringen, so kommen wir hiermit, unter andächtigem Vertrauen auf göttlichen Beistand, überein, eine Gesellschaft zu bilden …

- *Stellen Sie die Argumente der Befürworter und der Gegner der Sklaverei in Amerika einander gegenüber. Unterstreichen Sie dabei insbesondere die religiösen Argumente.*
- *Überlegen Sie, welche Seite sich mit größerem Recht auf die »Grundsätze des Christentums« berufen kann.*
- *Versuchen Sie, eine Begründung Ihrer eigenen Position zur Sklavenfrage zu formulieren; berücksichtigen Sie dabei auch Q 3b.*

4 Der Kampf der Schwarzen Amerikas um Gleichberechtigung

4a Die Methode der Gewaltlosigkeit (Nonviolence) M.L. Kings, Zusammenfassung von H. Grosse

Zuerst muß betont werden, daß gewaltloser Widerstand keine Methode für Feiglinge ist.
Ein anderer charakteristischer Zug des gewaltlosen Widerstandes ist der, daß er den Gegner nicht vernichten oder demütigen, sondern seine Freundschaft und sein Verständnis gewinnen will.
…
Ein drittes Charakteristikum dieser Methode ist, daß ihr Angriff gegen die Mächte des Bösen gerichtet ist, nicht gegen Personen, die das Böse tun.
…
Ein vierter charakteristischer Zug des gewaltlosen Widerstands ist die Bereitschaft, Demütigungen zu erdulden, ohne sich zu rächen, und Schläge hinzunehmen, ohne zurückzuschlagen.
…
Fünftens läßt sich der Anhänger des gewaltlosen Widerstands weder äußerlich noch innerlich zu Gewalttätigkeiten hinreißen. Er weigert sich nicht nur, seinen Gegner niederzuschießen, sondern auch, ihn zu hassen. Im Mittelpunkt der Lehre vom gewaltlosen Widerstand steht das Gebot der Liebe.
Sechstens gründet sich der gewaltlose Widerstand auf die Überzeugung, daß das Universum auf der Seite der Gerechtigkeit steht. Infolgedessen hat der, der an Gewaltlosigkeit glaubt, einen tiefen Glauben an die Zukunft.
…
Von Gandhi übernahm King die Taktik, politische Gegner, die rational nicht ansprechbar sind, durch einen Appell an ihre Gefühle zur Änderung ihrer Einstellung zu bewegen.
Leiden hat, so genommen, »eine ungeheuere erzieherische und umwandelnde Kraft«. King, in einer Gesellschaft aufgewachsen, in deren Verfassungsdokument das Recht des Menschen, auf sein Glück auszusein, festgeschrieben wurde, glaubt von daher, freiwillig auf sich

genommenes Leiden könne den politischen Gegner zu einer Veränderung seines Verhaltens, also zur Aufgabe seiner rassistischen Vorurteile, veranlassen.

- *Beschreiben Sie das Verhältnis der Methode der Gewaltlosigkeit von M.L. King zu den Grundsätzen des Christentums.*
- *Beurteilen Sie aus Ihrer Sicht die Erfolgsaussichten der Methode der Gewaltlosigkeit.*
- *Nennen Sie wichtige Voraussetzungen für eine sinnvolle Anwendung der Methode der Gewaltlosigkeit.*
- *Nehmen Sie Stellung zu der These M.L. Kings, daß man die Person und das Schlechte, das sie tut, trennen könne.*
- *Inwieweit gründen sich die Prinzipien M.L. Kings auf das Evangelium? Nennen Sie Stellen aus dem Neuen Testament, die sich als Belege anführen lassen.*
- *Suchen Sie Beispiele für die in Anlehnung an Gandhi formulierte Aussage Kings, daß das Leiden eine »ungeheure erzieherische und umwandelnde Kraft« habe.*

4b Martin Luther King: »Ich habe einen Traum«, Rede am 28. August 1963 im Rahmen des »Marsches auf Washington« der Bürgerrechtsbewegung vor dem Lincoln Memorial in Washington

Heute sage ich euch, meine Freunde, trotz der Schwierigkeiten von heute und morgen habe ich einen Traum. Es ist ein Traum, der tief verwurzelt ist im amerikanischen Traum. Ich habe einen Traum, daß eines Tages diese Nation sich erheben wird und der wahren Bedeutung ihres Credos gemäß leben wird: »Wir halten diese Wahrheit für selbstverständlich: daß alle Menschen gleich erschaffen sind.« Ich habe einen Traum, daß eines Tages auf den roten Hügeln von Georgia die Söhne früherer Sklaven und die Söhne früherer Sklavenhalter miteinander am Tisch der Brüderlichkeit sitzen können. Ich habe einen Traum, daß sich eines Tages selbst der Staat Mississippi, ein Staat, der in der Hitze der Ungerechtigkeiten und Unterdrückung verschmachtet, in eine Oase der Freiheit und Gerechtigkeit verwandelt. Ich habe einen Traum, daß meine vier kleinen Kinder eines Tages in einer Nation leben werden, in der man sie nicht nach ihrer Hautfarbe, sondern nach ihrem Charakter beurteilen wird ... Ich habe einen Traum, daß eines Tages jedes Tal erhöht und jeder Hügel und Berg erniedrigt wird ... Und die Herrlichkeit des Herrn wird offenbar werden, und alles Fleisch wird es sehen. Das ist unsere Hoffnung. Mit diesem Glauben kehre ich in den Süden zurück. Mit diesem Glauben werde ich fähig sein, aus dem Berg der Verzweiflung einen Stein der Hoffnung zu hauen.

... Mit diesem Glauben werden wir fähig sein, zusammen zu arbeiten, zusammen zu beten, zusammen zu kämpfen, zusammen ins Gefängnis zu gehen, zusammen für die Freiheit aufzustehen, in dem Wissen, daß wir eines Tages frei sein werden. Das wird der Tag sein, an dem alle Kinder Gottes diesem Lied eine neue Bedeutung geben können: »Mein Land, von dir, du Land der Freiheit, singe ich. Land, wo meine Väter starben, Stolz der Pilger, von allen Bergen laßt die Freiheit erschallen!« Soll Amerika eine große Nation werden, dann muß dies wahr werden ... Wenn wir die Freiheit erschallen lassen, ... dann werden wir den Tag beschleunigen können, an dem alle Kinder Gottes – schwarze und weiße Menschen, Juden und Heiden, Protestanten und Katholiken – sich die Hände reichen und die Worte des alten Negro Spiritual singen können: »Endlich frei! Endlich frei! Großer allmächtiger Gott, wir sind endlich frei!«

- *Welche biblischen Elemente tauchen in der Rede Kings auf? Lassen sich diese biblischen Elemente auch anders interpretieren?*
- *In welcher Weise tritt die Methode der Gewaltlosigkeit in der Rede Kings hervor?*
- *Kennzeichnen Sie die Rolle der amerikanischen Nation in Kings Vorstellung.*
- *Stellen Sie die entscheidenden Beweggründe zusammen, die King zu seinem Handeln veranlassen.*

5 Aus der Vielfalt amerikanischer Glaubensgemeinschaften

5a Übersicht über die größten Konfessionen und Denominationen der Vereinigten Staaten, ca. 1979/80
(in Millionen Mitgliedern)

	Mill.
Römisch-katholische Kirche	ca. 50
Methodistenkirchen	ca. 31
Baptistenkirchen	ca. 23
Reformierte Kirche (Presbyterianer und Kongregationalisten)	ca. 8,5
Lutherische Kirchen	ca. 8
Jüdische Gemeinden	ca. 6
Gruppen der Disciples of Christ/ Churches of Christ	ca. 4
Protestantische Bischöfliche Kirche (Anglikaner)	ca. 3
Gemeinschaften der Mormonen	ca. 2
United Church of Christ	ca. 1,8
Orthodoxe Kirchen	ca. 1,5
Evangelical United Brethren Church	ca. 1

► *Besorgen Sie sich aus größeren Lexika nähere Informationen über die Eigenart und die wichtigsten Glaubensinhalte der verschiedenen aufgelisteten amerikanischen Kirchen.*

► *Überlegen Sie, welche Gründe vorwiegend zur Abspaltung bestimmter Glaubensrichtungen in zahlreichen Kirchen geführt haben.*

► *Lassen sich Anhaltspunkte finden, die erklären, daß manche Kirchen und religiöse Gemeinschaften vor einer Zersplitterung bewahrt blieben?*

5b–c Kurze Einführung in die Geschichte zweier Sekten

5b Die Mormonen

Die Geschichte der Mormonen basiert auf einer Prophetenlegende. Ihr Prophet ist Joseph Smith (1805–1844), dem im Jahre 1823 ein En-

Ein Wagenzug der Mormonen

gel erschien und ihn auf eine Anzahl goldener Platten verwies, die in einem Hügel im Staat New York enthalten und in fremden Buchstaben beschrieben waren. Smith übersetzte die fremde Schrift der Platten und schrieb so das Buch »Mormon«. Darin wird die phantastische Geschichte der Urvölker bis zum Erscheinen Jesu Christi auf dem amerikanischen Kontinent erzählt.

Smith und seine Anhänger sahen ihre Gemeinschaft als eine erneuerte Kirche der letzten Tage vor der Wiederkunft Christi. In ihren 13 Glaubenslehren weichen sie z.T. erheblich von anderen christlichen Bekenntnissen ab. So wird Gott z.B. als mit einem fühlbaren Körper ausgestattet vorgestellt. Dem Menschen wird die Möglichkeit zugeschrieben, so zu werden wie Gott ist. Diese Aussage entspricht dem amerikanischen Fortschrittsglauben des 19. Jahrhunderts.

Da die Mormonen in Ohio und Illinois, wo sie sich ursprünglich ansiedeln wollten, angefeindet wurden, machten sie sich auf den langen Weg in den Westen in die Gegend des großen Salzsees. Dort bauten sie den Staat Utah und ihre Hauptstadt Salt Lake City auf. Die von Smith anfänglich eingeführte Vielehe wurde 1890 wieder verboten.

► *Tragen Sie die Punkte zusammen, die die Mormonen als eine in besonderer Weise amerikanische Religionsgemeinschaft kennzeichnen.*

5c Die Heilsarmee

Entstanden aus der mit militärischer Organisation verbundenen Missionsarbeit in den Elendsvierteln des Londoner Ostens verbreitete sich die Heilsarmee (Salvation army) seit 1880 über die ganze Welt. Die Lehre der Heilsarmee ist methodistisch. Sie betreibt öffentliche Kundgebungen auf Straßen und Plätzen und eine große Zahl sozialer Einrichtungen. Die Soldaten der Heilsarmee werden bei ihrem Eintritt auf die sogenannten Kriegsartikel verpflichtet, d.h. zu einem Leben in Gehorsam und Selbstzucht und im Dienst Christi.
Die Heilsarmee arbeitet in 85 Ländern mit etwa 17000 Korps und Vorposten. Sie werden von etwa 26000 Offizieren geleitet. Das internationale Hauptquartier befindet sich in London. Eine amerikanische Spielart der Heilsarmee, die »Volunteers of America« (gegr. 1896) hat sich besonders durch ihre Arbeit für die Strafgefangenen in den USA verdient gemacht.

► *Listen Sie Tätigkeitsbereiche auf, für die der militärische Zuschnitt der Heilsarmee sich günstig auswirkt.*

Musiker der Heilsarmee in New York
Uniformen und Musik sind stets Kennzeichen der Heilsarmee gewesen.

► *Die Heilsarmee gehört in den USA zu den kleineren Glaubensgemeinschaften. Nennen Sie Gründe, weshalb sie dennoch jedermann bekannt ist und von den meisten Menschen geachtet wird.*

Jugend- und Sachbücher zum Kapitel 29

Die Wunden der Freiheit. Der Kampf der Indianer gegen die weiße Eroberung und Unterdrückung. Selbstzeugnisse, Dokumente, Kommentare. Hg. vom Council of Interracial Books for Children. Aktualisiert von Claus Biegert. Reinbek b. Hamburg (rororo Sachbuch 7357) 1980

Gröper, Klaus: *Schwarze Fracht nach Westen. Der Weg der Negersklaven von Afrika in die Neue Welt.* Würzburg (Arena) 1979 (Ju)

Haack, Friedrich W.: *Mormonen.* München (Ev. Pressedienst Bayern) ^{5}1981

Hetmann, Frederik: *Martin Luther King.* Hamburg (Dressler) 1979

Hughes, Monica: *Geistertanz.* München (C. Bertelsmann) 1980 (Ju) (betr. Indianer)

Martin, Hansjörg: *Überfall am Okeechobee. Vom Freiheitskampf der Seminolen-Indianer.* Reinbek b. Hamburg (rororo rotfuchs 4) 1979 (Ju)

McLuhan, T.C. (Hg.): *... wie der Hauch eines Büffels im Winter. Indianische Selbstzeugnisse.* Hamburg (Hoffmann und Campe) 1979

Norin, Victor: *Um ihres Glaubens willen. Erzählung aus der Zeit der Pilgerväter.* Konstanz (Bahn) 1978 (Ju)

Perkins, John: *Der Gerechtigkeit eine Gasse. Ein amerikanischer Christ erzählt aus seinem Leben.* Konstanz (Bahn) 1980 (Ju)

Schulte Nordholt, J.W.: *Das Volk, das im Finstern wandelt. Die Geschichte der Neger in Amerika.* Bremen (Schünemann) o.J.

Scott, Richenda C. (Hg.): *Die Quäker.* Stuttgart (Ev. Verl. Werk) 1974

30. Das Christentum in Lateinamerika

Die Zeit im Überblick

Missions- und Kirchengeschichte	Kolonial- und politische Geschichte
	1492 erste Reise des Kolumbus
	1494 Vertrag von Tordesillas
	1503 Erlaß des Systems der Eingeborenenverwaltung
1513 Indianermanifest König Ferdinands von Spanien	1519 Hernando Cortez erobert Mexiko Zerstörung des Aztekenreichs
	1532 Pizarro erobert und zerstört das Inkareich
1542 Bartolomé de Las Casas: Berichte an Kaiser Karl V. über den Völkermord an den Indianern	seit 1561 Spanische Silberflotten im Geleitzugsystem
1607 erste Indianer-Reduktionen der Jesuiten in Paraguay	1600 Silberstadt Potosi in den Anden zweitgrößte Stadt der Welt
1759/67 Ausweisung der Jesuiten aus spanischen und portugiesischen Besitzungen	1759/67 wirtschaftliche und soziale Krisen in ehemaligen Missionsgebieten der Jesuiten
seit 1789 zunehmende Verbreitung der Freimaurerlogen unter den weißen Lateinamerikanern (Zentren der politischen Befreiungsbewegungen und des Kampfes gegen die Kirchen als Herrschaftsmittel)	1819 Proklamation Groß-Kolumbiens unter Simon Bolivar (Freiheitskämpfer)
	1821 Peru unter San Martin (Freiheitskämpfer) unabhängig
	1822 unabhängiges Kaiserreich Brasilien
	1823 Monroe-Doktrin (Amerika den Amerikanern)
1858 Mexiko: unter Benito Juarez Verstaatlichung des riesigen Kirchenbesitzes; Abschaffung aller Privilegien der Kirche	1858–1861 Bürgerkrieg zwischen Klerikalen und Liberalen in Mexiko
1925 Kulturkampf in Mexiko unter Präsident Calles gegen die katholische Kirche	seit 1930 zahlreiche Diktaturen in Lateinamerika als Folge der Weltwirtschaftskrise
	1959 Kubanische Revolution
1966 Camillo Torres gefallen (Kolumbien)	1962 Kubakrise – zunehmende Aktivität der USA zur Stützung lateinamerikanischer antikommunistischer Regierungen einschließlich Diktaturen
1980 Erzbischof Romero ermordet (El Salvador)	

Während die Vereinigten Staaten von Amerika zu den führenden Industrienationen zählen, sind die meisten Staaten Süd- und Mittelamerikas noch Entwicklungsländer. Die Masse ihrer Bevölkerung ist arm und lebt nicht selten unterhalb des Existenzminimums. Der Besitz und damit meistens auch die politische Macht liegt in den Händen weniger Familien, deren ganzes Streben darauf gerichtet ist, diesen Reichtum nicht zugunsten einer gerechteren Verteilung zu verlieren.
Die Ursachen für die *sozialen Strukturen* in Mittel- und Südamerika sind in der Zeit der Eroberung und Zerstörung dieser Gebiete mit ihren hochentwickelten Kulturen zu suchen. Einer der Eroberer, der Spanier **Hernando Cortez**, der 1519 mit 600 Mann in Mexiko einfiel, zerstörte das indianische **Aztekenreich**.
Cortez versuchte die Herrschaft über das reiche *Mexiko* zu gewinnen, dessen Reichtum ihm durch die Geschenke des Königs Montezuma, in dessen Hauptstadt Tenochtitlan (auf ihren Ruinen wurde die Stadt Mexiko erbaut) er und seine Begleiter als »weiße Götter« Aufnahme gefunden hatten, immer wieder vor Augen geführt wurde. Es gelang ihm, den König gefangen zu nehmen und als Zeichen der Entthronung der mexikanischen Götter auf der Spitze der Tempelpyramide eine Kirche und ein Marienbild errichten zu lassen. Dies christliche Zeichen hinderte ihn nicht, die 600 Häuptlinge der Azteken, die zu einem Fest in die Hauptstadt gekommen waren, niedermetzeln zu lassen und sich ihres Reichtums zu bemächtigen. Als die Azteken daraufhin die spanische Unterkunft belagerten und den größten Teil der Spanier bei einem Ausbruchsversuch töteten, bereitete Cortez, der sich hatte retten können, mit Hilfe von aztekenfeindlichen Stämmen die Zerstörung Tenochtitlans vor. Sie gelang durch lange Belagerung (Aushungern und Seuchen unter den Bewohnern). Cortez wurde erster spanischer Statthalter von Mexiko.
Anderen Völkern Mittel- und Südamerikas erging es nicht besser. So wurde das **Sonnenreich der Inka** in Peru von dem spanischen Eroberer **Francisco Pizarro** besiegt, der 1532 nur 183 Mann und ein paar Pferde mit sich führte. Die Eroberung vollzog sich mit ähnlicher Grausamkeit wie die des Aztekenreiches. Pizarro hatte König Karl V. 1529 für den Plan der Eroberung des Inkareiches gewonnen und war mit den Machtbefugnissen eines Vizekönigs ausgestattet worden. Bei ihrer Ankunft waren die Spanier von den Inkas freundlich aufgenommen worden. Pizarro aber ließ den Inkaherrscher gefangennehmen und trotz Zahlung eines riesigen Lösegeldes ermorden. Danach gelang es ihm, mit Hilfe nachrückender Spanier das gesamte Inkareich zu unterwerfen. Bei einem Streit zwischen den spanischen Eroberern wurde Pizarro schließlich selbst getötet (1541).
Für die Spanier waren die indianischen Eingeborenen, die sich so leicht niederwerfen ließen, sei es wegen ihres Glaubens an die »weißen Götter«, sei es wegen ihrer waffentechnischen Unterlegenheit, keine gleichwertigen Menschen, sondern eher mit Tieren zu vergleichen. Daher unternahmen die Eroberer auch keine weitergehenden Missionsanstrengungen, sondern betrieben die bedenkenlose Ausbeutung der Indianer durch körperliche Arbeit. Millionen von Eingeborenen gingen auf diese Weise zugrunde.
Erst die katholischen Orden, insbesondere die **Jesuiten**, begannen mit einer systematischen Missionsarbeit unter den Eingeborenen, womit diese als Menschen anerkannt wurden. Die Orden waren es auch, die gegen die unmenschliche Behandlung der indianischen Bevölkerung durch die spanischen Grundbesitzer protestierten und darüber nach Spanien berichteten.
Vor allem der Mönch **Bartolomé de Las Casas** (1474–1566), der auch Bischof von Mexiko war, setzte sich im Jahr 1542 für die Eingeborenen ein. Er schickte Berichte an Kaiser Karl V., in denen er seine spanischen Landsleute anklagte, Völkermord an den Indianern zu begehen, während es doch Aufgabe der Europäer sei, diesen das Evangelium zu bringen. Statt des Friedens aber kämen Gewalt, Mord und Raub. Die auf Las Casas Betreiben hin erlassenen neuen Gesetze, die eine menschlichere Behandlung der Indianer vorschrieben, blieben

Teotihuacán (= der Ort, wo Menschen zu Göttern werden), eine Ruinenstätte 40 km nordöstlich von der Stadt Mexico gelegen, gibt heute noch Zeugnis von den kulturellen Hochleistungen Südamerikas. Die Anfänge von Teotihuacán reichen bis in die vorchristliche Zeit zurück. Ihre Blütezeit hatte die Teotihuacán-Kultur von Christi Geburt bis zum 9. Jahrhundert. Die Azteken verehrten die Stadt schon im 12. Jh. als mythische Begräbnisstätte. Die Stadt war größer als das antike Rom und allein die zentrale Straße des Kultbereichs ist 2 km lang. Das größte Bauwerk, die Sonnenpyramide (Bild oben und rechts), hat eine Grundfläche von 222 × 225 m, eine Höhe von 63 m und einen Rauminhalt von mehr als 1 Million m^3. Die Pyramide ist keine Grabstätte, sondern bildet die Plattform für einen Tempel. In der Höhe wollte man den Göttern näher kommen. Die dem Gott Quetzalcoatl errichtete Tempelpyramide ist reich mit Skulpturen (Bild unten links) und Flachreliefs verziert. Eine gefiederte Schlange stellt Quetzalcoatl dar. Die Götterwelt der im 10. Jahrhundert untergegangenen Teotihuacán-Kultur wirkte stark auf die Vorstellungen der Azteken ein.

nahezu wirkungslos, da das spanische Mutterland zu ihrer Durchsetzung keine Machtmittel einsetzte und die Empörung der Spanier in Übersee Karl V. sogar zwang, wichtige Bestimmungen wieder zurückzunehmen.
Ein wichtiger Grund dafür, daß sich auch weiterhin nicht viel änderte, war, daß sich das eigentliche **Interesse des Staates an den Kolonien** im 16. und 17. Jahrhundert auf den Gewinn von Edelmetallen richtete. Diese wurden mit Silberflotten und seit 1561 in einem kostspieligen Geleitzugsystem gegen die Überfälle der Engländer, Franzosen und Niederländer nach Spanien transportiert und bewirkten in Europa Inflation und Wirtschaftskrisen. Die Silberstadt Potosi, 4000 m hoch in den Anden gelegen, war um 1600 die zweitgrößte Stadt der Welt (nach London).
Da bald kaum noch indianische Arbeitskräfte zur Verfügung standen, die man zur Sklavenarbeit pressen konnte, gingen die Spanier dazu über, aus Afrika **Negersklaven** einzuführen und sie für sich arbeiten zu lassen. Zwar sahen die spanischen Grundbesitzer fortan darauf, daß ihre Arbeitskräfte am Leben blieben, denn sie mußten sie kaufen, doch ihre Einstellung ihnen gegenüber änderte sich kaum.
Noch heute leben auf den Haziendas, den großen südamerikanischen Gütern, die Landarbeiter in äußerster Armut und Abhängigkeit vom Grundbesitzer. Viele ziehen es vor, trotz ungewisser Aussichten in die Ballungsgebiete abzuwandern, wo sie zumeist ohne Arbeit und Einkommen bleiben und in Slums hausen.
Eine Industrialisierung, die den Notwendigkeiten dieser Länder entspräche, liegt in weiter Ferne. Die vorhandenen Industriebetriebe sind im allgemeinen von nordamerikanischen oder europäischen Konzernen errichtet worden und werden in deren Interesse geführt. Wenig Energie wird darauf verwendet, die notwendigen Bedingungen für eine eigenständige Industrie zu schaffen, die Konkurrenz für die Industrienationen bedeuten würde. Die Wirtschaftspolitik der Industrieländer fördert vielmehr die Abhängigkeit der Entwicklungsländer von einem einzigen Rohstoff oder Produkt, und dies bewirkt ein bedenkliches Ausgeliefertsein an die Weltmarktpreise.

Bartolomé de Las Casas, »Apostel der Indianer« (1474–1566)

Die Verachtung, mit der die meisten Europäer von Anfang an den Eingeborenen in Lateinamerika begegneten, konnte keine gute Basis für *Missionsanstrengungen,* vor allem aber für die Glaubwürdigkeit des Christentums sein.
Als **Dominikaner und Franziskaner** im 16. Jahrhundert an der Küste des heutigen Venezuela mit der Missionsarbeit beginnen wollten, fielen viele von ihnen den Indianern zum Opfer, die sich für die Grausamkeiten, die weiße Sklavenhändler, Perlenfischer und Kaufleute an ihnen begangen hatten, rächen wollten.
Erst 1650 konnten Ordensbrüder in der Nähe des Orinokodeltas Fuß fassen. Ende des 18. Jahrhunderts war die Mission so weit fortgeschritten, daß mehr als die Hälfte dieses Gebiets von Ortsgeistlichen versorgt wurde. Häufig bedeutete dies jedoch einen Rückfall in heidnische Bräuche, da diese Priester in bezug auf Ausbildungsstand und Sittenstrenge weit hinter den Ordensbrüdern zurückblieben.
Die **Jesuiten** wirkten im 17. und 18. Jahrhundert erfolgreich unter den Indianern Boliviens und vor allem Paraguays. In sogenannten *Indianer-Reduktionen* (= Kollektivsiedlungen ohne Privatbesitz) unterwiesen sie die eingebo-

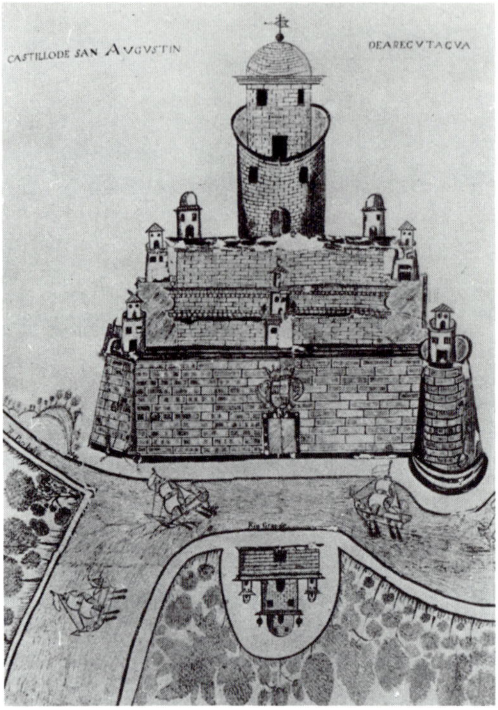

Jesuiten-Republik in Paraguay
Kastel San Augustin in Arecutagua.
Zeitgenössische Zeichnung

Die Staaten Südamerikas heute

Ruine einer Jesuiten-Mission in Paraguay

rene Bevölkerung außer im christlichen Glauben auch in Fragen des Ackerbaus. Sie errichteten Schulen und führten Schrifttum in den verschiedenen Mundarten der Indianer ein. Zugleich organisierten die Jesuiten einen bewaffneten Selbstschutz vor Sklavenjägern, meist Kolonisten, die die Indianer als Landarbeiter ausbeuten wollten. Die jesuitischen Missionen strahlten aus bis nach Uruguay und in die brasilianischen Staaten Parana und Rio Grande do Sul sowie in das nördliche Argentinien.

Die Ausweisung der Jesuiten aus den portugiesischen Besitzungen (1759) und acht Jahre später aus den spanischen Besitzungen (s. Bd. II,1, S. 31) wirkte sich für die Missions- und Entwicklungsarbeit in den genannten Gebieten verheerend aus und bedeutete zugleich eine schwere soziale und wirtschaftliche Krise. Andere Orden konnten die Stellen der Jesuiten nur z.T. ersetzen, so daß viele Missionen und Dorfgemeinden verfielen.

Zu Beginn des 19. Jahrhunderts wurde der Niedergang verstärkt durch Verfallserscheinungen der Kirche in den Mutterländern und durch den **Antiklerikalismus der liberalen Befreiungsbewegungen** in den Kolonien. Die kirchenfeindlichen Ideen wurden seit der Französischen Revolution in Lateinamerika vor allem von der unter der weißen Bevölkerung stark verbreiteten Freimaurerbewegung, die zugleich Zentrum der politischen Befreiungsbewegung war, getragen. Sie richteten sich insbesondere gegen den Mißbrauch der Kirche als Herrschaftsmittel durch die spanischen und portugiesischen Kolonialbehörden.

Während der Revolutionen in Lateinamerika stand die niedere einheimische Geistlichkeit meist auf seiten der Revolutionäre, während die höhere Geistlichkeit, die aus Spanien kam, in der Regel konservativ gesinnt war. Die neuen selbständigen Staaten beanspruchten die Macht über die Kirche ihrer Länder, die früher die Könige in Europa gehabt hatten. Zwar weigerte sich der Papst zunächst, die neuen Republiken anzuerkennen, doch gab er diese Einstellung im Interesse der Kirche bald auf und setzte Bischöfe ein, die von den lateinamerikanischen Republiken vorgeschlagen worden waren.

Dennoch blieb der Antiklerikalismus, die Bewegung der Gegner jeglichen kirchlichen Einflusses auf den Staat, in Lateinamerika besonders stark und führte in der zweiten Hälfte des 19. Jahrhunderts in verschiedenen Ländern Südamerikas zur *Trennung von Staat und Kirche.*

Die Stärke der antikirchlichen Bewegung hatte ihren Grund nicht zuletzt darin, daß es der katholischen Kirche hier – anders als in den USA – nicht immer gelang, die Einwanderer aus Spanien, Italien, Portugal und Deutschland bei ihrer angestammten Konfession zu halten.

Dies ist auch ein Grund, weshalb in Südamerika **keine Mission aus eigener Kraft** der dortigen Kirchen betrieben wurde. Zwar wurden hier nordamerikanische und europäische Missionen sporadisch tätig, doch blieb die Mehr-

Slumhütten in Rio de Janeiro, Brasilien

Skyline von Rio de Janeiro, Brasilien

Die Nachkommen der indianischen Mayas bringen auf der Treppe der **Basilika von Chichicastenango,** Guatemala, den Göttern Opfer. Dann treten sie in die Kirche ein und beten nach katholischem Ritus.

zahl der Eingeborenen entweder vom Christentum unberührt oder doch nur oberflächlich angepaßt. Viele betrieben selbst in den Slums der Großstädte uralte angestammte Kulte unterschiedlicher Götter in der Zurückgezogenheit weiter. Daß sich eine vom Christentum ausgehende Sittlichkeit in den Ländern dieses Kontinents auf die sozialen Verhältnisse auswirken würde, konnte noch weniger erwartet werden als im Europa des 19. Jahrhunderts. Daher wurde das Ausmaß der sozialen Ungerechtigkeit lange nicht gesehen. Erst heute werden im christlichen Bereich Stimmen laut, die für eine Umgestaltung, ja Revolution in Südamerika eintreten.

Bekannt geworden als Vorkämpfer der Revolution ist der kolumbianische Priester **Camilo Torres** (geb. 1929), der selbst aus einer privilegierten Familie stammte, aber die überwältigende Ungerechtigkeit in seinem Land erkannte und beseitigen wollte. Nachdem er mit seinen Aufrufen an die Reichen, Reformen zuzulassen, gescheitert war, sah er die einzige Möglichkeit, Gerechtigkeit herbeizuführen, in der Anwendung von Gewalt. Er schloß sich der »Nationalen Befreiungsarmee« an. Im Bergland von Kolumbien fiel Camilo Torres 1966 bei einem Gefecht gegen Regierungstruppen.

Der Gewaltlosigkeit beim Streben nach sozialer Gerechtigkeit hat sich demgegenüber der brasilianische Erzbischof **Dom Helder Camara** (geb. 1909) verschrieben. Er versucht, auch durch seinen äußeren Lebenszuschnitt den Eindruck zu vermeiden, als gehöre die Kirche zu den Herrschenden. Das erzbischöfliche Palais in Recife bewohnt er nicht. Er lebt in einer bescheidenen Unterkunft. Aber sein Leben ist gefährlich, da er unter den Reichen seines Landes viel Feindschaft auf sich gezogen hat. Mehrere Attentatsversuche gegen ihn sind ein deutliches Zeichen dafür.

Die wichtigste »Waffe« in Camaras Streben nach einer gewaltlosen »sozialen Revolution« ist die Erziehung. Deshalb leitete er in Brasilien schon Anfang der sechziger Jahre eine »Bewegung für Grundausbildung« ein. Das von ihr verbreitete »ABC-Buch« trug den Untertitel »Leben heißt kämpfen«. Es sollte nicht nur helfen, den Analphabetismus einzudämmen, sondern es sollte den Menschen, die mit ihm lesen lernten, zugleich ein Bewußtsein ihrer Menschenrechte geben und sie ermutigen, für diese Rechte einzutreten.

Durch Vorträge in aller Welt sucht Helder Camara Gesinnungs- und Kampfgenossen. Daß er immer nur eine Minderheit gewinnen wird, entmutigt ihn nicht: »Wir müssen bedenken, daß kleine und entschlossene Minderheiten voller Glaube, Hoffnung und Liebe Wunder wirken können.«

Bislang ist Helder Camara auch im eigenen Land und in der eigenen Kirche in der Minderheitsposition geblieben. Der größere Teil der brasilianischen Bischöfe steht auf der Seite der Herrschenden und Besitzenden. Ähnlich ist es

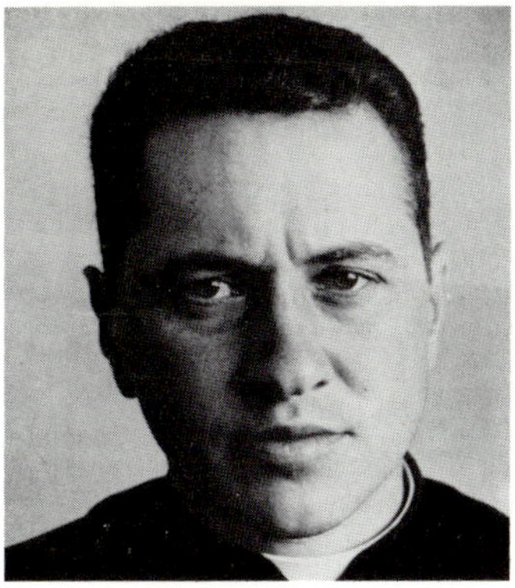

Camilo Torres

Helder Camara

Oscar Arnulfo Romero

in anderen Ländern Südamerikas. Aber in all diesen Ländern wächst die innerkirchliche Opposition gegen eine Politik, die in das soziale Elend hineinführt und es zum Dauerzustand macht. Auch die »Laien« haben angefangen, Partei zu ergreifen: Als die brasilianischen Behörden versuchten, den Bischof **Pedro Casaldáliga,** der in den Elendsgebieten des Nordostens arbeitete, auszuweisen, kam es in allen Teilen des Landes zu Sympathiekundgebungen für ihn.

Unmißverständlich hat sich die Kirche *El Salvadors* in Mittelamerika durch ihren Erzbischof **Oscar Arnulfo Romero** auf die Seite der Armen gestellt. Romero klagte die Regierung öffentlich an und machte sie für die Zustände im Lande verantwortlich. Nicht nur im Rahmen großer Zusammenkünfte wie der lateinamerikanischen Bischofskonferenz in Puebla 1979 und durch Verbindungen in das Ausland versuchte er Hilfe für das Volk seines Landes zu erwirken. Auch in vielen Einzelfällen setzte er sich persönlich für Verfolgte ein. Ein Militärputsch im Oktober 1979 änderte für fast die Hälfte der Bevölkerung nichts an der rechtlosen und entwürdigenden Lage in völligem Elend. »Wenn die Verteidigung der Menschenrechte subversiv ist«, sagte Romero, »dann bin ich ein Subversiver.« Am 24. März 1980 wurde er während eines Gottesdienstes am Altar erschossen.

Ernesto Cardenal (geb. 1925 in Nicaragua) entstammt einem wohlhabenden spanischen Haus. Als Student war er bereits an Aufständen gegen den Diktator Somoza beteiligt. Es schlossen sich Studienjahre in Mexiko und den USA an. 1957 trat er in ein Trappistenkloster in Kentucky ein. Seit 1965 lebte er auf der Insel Solentiname im Großen See von Nicaragua in einer Gemeinschaft, die sich am Vorbild der urchristlichen Gemeinde orientiert und versucht einen Weg zwischen Kapitalismus und Kommunismus zu finden. Er nahm an der nicaraguanischen Befreiungsbewegung teil und ist seit 1979 Kulturminister. 1980 erhielt er den Friedenspreis des Deutschen Buchhandels.

Quellen

1 Die Spanier erobern das Inkareich

Auszüge aus dem Bericht des Spaniers Fray Celso Gargia, der mit Pizarro zusammen das Inka-Reich zerstörte

Erläuterung: Die Herolde und der Beichtvater Pizarros verkünden den Inkas das »Indianermanifest« König Ferdinands von 1513, das zur Rechtfertigung der spanischen Eroberungen die Absicht der Bekehrung der Indianer zum Christentum erklärte. Widersetzten sie sich, so sahen sich die Spanier berechtigt, die Indianer wegen Abgötterei zu strafen, wie einst Mose und Josua die Kanaanäer gestraft hatten.

Mai 1532: Pizarro hatte seinen Leuten befohlen, jedwede Gewalttätigkeit zu vermeiden. Die Eingeborenen leisteten selten Widerstand. Bald erreichten die Spanier das zwischen dem Meer und den Bergen gelegene dicht besiedelte Land. Hier wurden sie überall gastfreundlich aufgenommen und mit Lebensmitteln versorgt. Wohin er kam, ließ Pizarro verkünden, daß er als Abgesandter des Kaisers von Spanien gekommen sei, um die Bewohner Perus zu Untergebenen seines Herrn und Kindern der Kirche zu machen. Dagegen erhob niemand Einspruch, weil kein einziger auch nur eine Silbe von dem verstand, was die Herolde ausriefen.
November 1532: Pizarro hatte einen Hinterhalt gelegt, um den Inka-König Atahuallpa zu fangen.
Atahuallpa verließ die Sänfte und fragte: »Wo sind die Fremden?« Es war nämlich nur ein einziger Spanier zu sehen.
Dieser einzige war der Dominikanermönch Vicente de Valverde, Pizarros Beichtvater. Er hielt in der einen Hand eine Bibel und in der anderen ein Kruzifix. Gemessenen Schrittes ging er auf den Inka zu und blieb knapp vor ihm stehen. Dann begann er zu sprechen. Er beherrschte die Quicha-Mundart, so daß Atahuallpa jedes seiner Worte verstehen konnte. Vorerst sprach Valverde von der Dreieinigkeit, dann von der Erschaffung des Menschen, dem ersten Sündenfall, der Erlösung durch unseren Herrn Jesus Christus und der Himmelfahrt Christi. Hierauf sagte er: »Der Heiland ließ auf der Erde den Apostel Petrus als seinen Stellvertreter zurück, dieser gab sein Amt an den Papst weiter, dieser wieder an die ihm folgenden Päpste. Der Papst, der jetzt über alle Herrscher der Welt Gewalt hat, hat dem spanischen Kaiser, dem mächtigsten aller Fürsten, den Auftrag erteilt, die Eingeborenen auf der westlichen Halbkugel zu unterwerfen und zu bekehren. Francisco Pizarro ist jetzt gekommen, die ihm gestellte Aufgabe zu erfüllen. Ich aber fordere euch jetzt auf, Atahuallpa, dem Irrglauben, in den ihr verstrickt seid, abzuschwören und den wahren Glauben anzunehmen. Überdies sollt ihr anerkennen, daß ihr dem spanischen Kaiser ab heute zinspflichtig seid.«
Atahuallpa stand wie erstarrt da, nachdem der Dominikaner seine Rede beendet hatte. Dann sagte er mit einer Stimme, aus der Haß klang: »Ich werde keinem zinspflichtig sein ... Ich bin der größte Fürst der Erde, niemand kommt mir gleich. Wie kann der Mann, der Papst heißt, Länder verschenken, die nicht sein Eigentum sind? Meinen Glauben werde ich nicht ablegen. Euer Gott ist von den Menschen getötet worden, die er erschaffen hat. Mein Gott« – bei diesen Worten zeigte er auf die Sonne – »lebt im Himmel und blickt auf seine Kinder herab.«
Jetzt stand auch Pizarro auf der Plaza. Er sah, wie Atahuallpa dem Mönch die Bibel aus der Hand riß und auf den Boden warf. Die Zeit war gekommen. Mit einer weißen Binde gab Pizarro das vereinbarte Zeichen. Das Geschütz wurde abgefeuert.

- ► *Überlegen Sie, welche Gründe die Spanier veranlaßten, ihren Eroberungen in der neuen Welt eine christliche Rechtfertigung zu geben.*
- ► *Versuchen Sie abzuschätzen, inwieweit die Eroberer von ihrem christlichen Auftrag überzeugt waren.*

2 Aus den Berichten des Bartolomé de Las Casas über die Indianer Mittelamerikas

2a Aus dem Bericht über die Verwüstung »Indiens«, 1542

Über diese sanftmütigen, von ihrem Herrn und Schöpfer mit solcher Wesensart begabten Menschen kamen nun die Spanier, und zwar vom ersten Augenblick an, wo sie sie kennenlernten, wie grausame Wölfe, Tiger und Löwen, die man tagelang hat hungern lassen. Sie haben in diesen vierzig Jahren bis zum heutigen Tag nichts anderes getan, und tun auch heutzutage nichts anderes als zerreißen, töten, ängstigen, quälen, foltern und vernichten, auf jede nur denkbare, nie gehörte, nie gesehene, nie erlebte Art äußerster Grausamkeit ... Und das alles in solchem Maße, daß auf der Insel Española (Haiti) von 3 Millionen Seelen, die zu unserer Zeit dort gelebt haben, heute keine 200 Eingeborenen mehr da sind. Die Insel Kuba ... ist heute entvölkert. San Juan (Puerto Rico) und Jamaika, zwei große, glückliche und anmutige Inseln, sind verödet ...

2b Über den Auftrag der Spanier in der Neuen Welt, 1542

... Ich kann übrigens wahrheitsgemäß versichern, daß mich zur Abfassung dieses Werkes nichts anderes getrieben hat als die ungeheuerliche Unkenntnis und Verfinsterung der Wahrheit über die wirkliche Lage der Dinge in den spanischen Besitzungen im gesamten Umkreis der indianischen Welt, die ich überall in Spanien vorgefunden habe. Was hat dieser Mangel nicht alles an Unrecht, Jammer, Überheblichkeit verschuldet, wie viele Länder sind dadurch entvölkert worden, wie viele Menschen sind darum in zeitliches und ewiges Verderben gefallen, wieviel Unrecht ist dadurch über dieses Indien gekommen, wie viele nie zu sühnende Verbrechen sind begangen worden, wieviel Blindheit und Zerstörung der Gewissen, welcher jammervolle Schaden ist aus alledem den Königen von Kastilien entstanden und erwächst ihnen noch täglich daraus! Ich bin gewiß, daß das alles sich nie genugsam aufzählen, abschätzen, ermessen und beklagen läßt, bis der Schreckenstag des gerechten und unerbittlichen göttlichen Endgerichtes anbricht ... Die Ursache solchen Verderbens war die Unkenntnis über das eigentliche Ziel, das die göttliche Vorsehung mit der Entdeckung dieser Völker und Länder im Sinne hat. Es ist kein anderes als jenes, um dessentwillen sie unser sterbliches Fleisch annahm, nämlich die Bekehrung und das Heil der Seelen, dem alles Zeitliche nachgestellt, unterworfen und untergeordnet werden muß ...

Aus diesem und aus keinem anderen Grunde (und nur aus diesem Grunde konnte er es) hat der apostolische Stuhl in Vollmacht Christi die Könige von Kastilien und Leon als souveräne, alleinige Herrscher über diese ganze, weite Welt der Indianer eingesetzt und dabei jeden der eingeborenen Könige und Fürsten nebst seinen Eigengütern und Herrschaften in seinem Königreich und Lande mitsamt seinen früheren Untertanen belassen, die Könige von Kastilien und Leon aber als ihre Oberherren und Lehensfürsten anerkannt, weil es so richtig und notwendig war zur Pflanzung, Ausbreitung und Erhaltung des Glaubens und der christlichen Religion in diesem ganzen Land Indien; aus diesem und keinem anderen Grunde!

- *Charakterisieren Sie die Eigenart der Indianer nach den Berichten von Las Casas, und stellen Sie sie der Eigenart der spanischen Eroberer gegenüber.*
- *Schätzen Sie ab, in welchem Verhältnis Christentum und praktisches Handeln der spanischen Eroberer zueinander standen.*

3 Camilo Torres' Kampf für die Lebensmöglichkeiten der Armen in Kolumbien

Aufruf an die herrschende Minderheit vom 9. Dezember 1965

Es ist eine unangenehme Pflicht, an die ein Wort zu richten, die nicht hören wollen und nicht hören können. Dennoch ist es eine

Pflicht, ja, eine historische Aufgabe, in einem Augenblick, in dem die herrschende Minderheit Kolumbiens darangeht, ihrer Herrschaft schreiender Ungerechtigkeit mit neuen Schandtaten die Krone aufzusetzen. Mehr als 150 Jahre lang hat die Schicht der Reichen, jene wenigen Familien, die beinahe das ganze Vermögen Kolumbiens ihr eigen nennen, die politische Macht zu ihren Gunsten mißbraucht. Sie haben keine Täuschung und keinen Betrug verschmäht, um an der Macht zu bleiben. Während all dieser Zeit wurde das arme Volk jämmerlich betrogen ... Die Reichen kehren zur Gewalttätigkeit zurück. Sie erklären das Kriegsrecht. Sie regieren mit Verfügungen. Sie verkaufen Kolumbien an die Vereinigten Staaten. Sie setzen sich in einem Luxushotel zusammen und bestimmen den nächsten Präsidenten. Vom Salon aus bestimmen sie die Geschicke des ganzen Landes. Sie sind mit Blindheit geschlagen.

Ich möchte ihnen als letzte Warnung zurufen:

Meine Herren Besitzenden, das Volk glaubt ihnen kein Wort mehr. Das Volk will nicht mehr Ihre Kandidaten wählen ... Das Volk leidet und ist zum Äußersten entschlossen ...

- *Verschaffen Sie sich in einem Lexikon oder in einer öffentlichen Bücherei nähere Informationen über die inneren Verhältnisse in Kolumbien, und versuchen Sie, die Aussagen von Camilo Torres in diesen Rahmen einzufügen.*
- *Versuchen Sie, Erklärungen dafür zu finden, weshalb die Reichen die Ungerechtigkeit in ihrem Land aufrechterhalten.*
- *Nehmen Sie Stellung zu dem Entschluß des Priesters Camilo Torres, nach dem Scheitern aller Versuche, auf friedlichem Wege zu Veränderungen in Kolumbien zu gelangen, das Gewehr zu nehmen und sich einer Befreiungsarmee anzuschließen.*
- *Handelt es sich bei dem Befreiungskampf, an dem Camilo Torres teilnahm, um einen gerechten Krieg? Gibt es überhaupt gerechte Kriege?*

4 Ivan Illich (Mexiko): Über die Abhängigkeit der lateinamerikanischen Kirchen von ausländischen Missionen, 1967

Diese Art von ausländischer Großzügigkeit hat die lateinamerikanische Kirche dazu verlockt, ein Trabant nordatlantischer Kultur und Politik zu werden ... Die lateinamerikanische Kirche erblüht von neuem, indem sie zu dem zurückkehrt, wozu die Konquistadoren sie geprägt hatten: eine koloniale Pflanze, die dank ausländischer Pflege blüht ... Die wahllose Masseneinfuhr von Klerikern verhilft der Kirchenbürokratie dazu, in ihrer eigenen Kolonie zu überleben, die mit jedem Tage ausländischer und komfortabler wird. Diese Einwanderung trägt dazu bei, die Hazienda Gottes alten Stils (auf der das Volk nur geduldet war) in den Supermarkt des Herrn zu verwandeln, in dem Katechismus, Liturgie und andere Gnadenmittel in großen Mengen vorrätig sind ... Die Menschen erkennen bald, daß die Kirche fern, ihnen entfremdet, ein importiertes und spezialisiertes Unternehmen ist, das vom Ausland finanziert wird und mit heiligem, nämlich ausländischem Akzent spricht.

Der Missionar aus den USA ist notgedrungen ein getarnter Agent, der – wenn auch unbewußt – für soziale und politische Übereinstimmung mit den USA arbeitet. Bewußt hingegen verfolgt er das Ziel, Südamerika die Werte seiner Kirche zu vermitteln; Anpassung und Auswahl lassen es nur selten zu, daß er diese Werte selber in Frage stellt.

- *Stellen Sie einen Vergleich an zwischen der Praxis der Christianisierung in Südamerika heute und zur Zeit der Konquistadoren (spanische Eroberer).*
- *Inwiefern wird durch die Bindung der nordamerikanischen Missionare an nordamerikanische Werte das Mißtrauen der Menschen Lateinamerikas gegenüber dem Christentum genährt?*

5 Die Christen und das soziale Unrecht in Brasilien

5a Dom Helder Camara über die revolutionäre Gewalt

Ich achte diejenigen, die sich im Gewissen verpflichtet fühlen, die Gewalt zu wählen, nicht die allzu leichte Gewalt der Salonguerilleros, sondern derer, die ihre Aufrichtigkeit durch das Opfer ihres Lebens bewiesen haben. Es scheint mir, daß das Andenken Camilo Torres' und Che Guevaras ebenso viel Achtung verdient, wie das des Pastors Martin Luther King. Ich klage die eigentlichen Helfershelfer der Gewalt an, die auf der Rechten oder Linken die Gerechtigkeit verletzen und den Frieden verhindern. Meine persönliche Berufung ist die eines Pilgers des Friedens, und ich folge da dem Beispiel Pauls VI.: Persönlich ziehe ich tausendmal vor, getötet zu werden als zu töten.

5b Erklärung von fünfzehn südamerikanischen Bischöfen einschließlich Dom Helder Camaras

Wir haben die Pflicht, unser Brot und alle unsere Güter zu teilen. Wenn einige wenige das mit Beschlag belegen, was für andere notwendig ist, dann ist es eine Pflicht der öffentlichen Gewalt, eine Teilung zu erzielen, die gutwillig nicht geschieht ... Es kann nicht länger zugelassen werden, daß reiche Fremde kommen und unsere armen Völker unter dem Vorwand ausbeuten, sie betrieben Handel und Industrie. Es kann nicht länger geduldet werden, daß einige wenige Reiche ihr eigenes Volk ausbeuten. ... Die Regierungen müssen sich für die Beendigung eines Klassenkampfes einsetzen, der, entgegen der üblichen Meinung, sehr oft von den Reichen ausgelöst und kontinuierlich gegen die Arbeiter geführt wird, indem sie durch unzureichende Löhne und unmenschliche Arbeitsbedingungen ausgebeutet werden. Das ist ein subversiver Krieg, den das Geld seit langem heimtückisch in aller Welt führt; ganze Völker werden dabei ermordet. Es ist Zeit, daß die armen Völker, unterstützt und geführt von ihren gesetzmäßigen Regierungen, ihr Recht auf Leben wirksam verteidigen. Jesus hat die ganze Menschheit auf sich genommen, um sie zum ewigen Leben fortzuführen. Dessen Vorbereitung auf Erden ist die soziale Gerechtigkeit, die erste Form der brüderlichen Liebe.

- ► *Vergleichen Sie das Vorgehen Dom Helder Camaras mit dem von Camilo Torres. Welcher Art ist die Hoffnung, die Camara den Verzicht auf Gewalt als eine erfolgversprechende Möglichkeit erscheinen läßt?*
- ► *Versuchen Sie, die Wirkung des Handelns von Dom Helder Camara abzuschätzen. Bei wem liegt der Schlüssel für die Beseitigung der Not und Ungerechtigkeit in den Ländern Südamerikas?*

5c–e Über den Kampf des Bischofs Dom Pedro Casaldáliga

5c Aus einem Hirtenbrief

Wenn es die erste und vordringlichste Aufgabe des Bischofs ist, Prophet zu sein, und wenn Prophet sein bedeutet, vor dem Volk die Wahrheit zu sagen; wenn Bischof sein heißt, die Stimme der Schwachen und Stummen zu sein, dann kann ich, sobald ich im Vollbesitz dieses priesterlichen Amtes bin, mit gutem Gewissen nicht länger schweigen.

5d Bericht über eine Militäraktion gegen den Bischof

Am 7. Juni 1973 ist unter der Befehlsgewalt von Oberst Euro Barbosa de Barros ein Kommando in die Wohnung des Bischofs eingedrungen, das sich aus Soldaten des Heeres, der Luftwaffe und der Militärpolizei zusammensetzte.
Die Mitglieder des Pastoralteams des Bistums wurden mit Stromstößen gemartert, blieben während mehrerer Tage verschwunden und wurden schließlich nach Brasilia (Hauptstadt

von Brasilien) gebracht. Alle wurden zu der Aussage gezwungen, daß Bischof Casaldáliga ein Umstürzler wäre und daß er das Volk zum bewaffneten Kampf aufstacheln würde. Über eine bestimmte Anzahl von ihnen wurden von der Militärpolizei Nachforschungen angestellt, sie mußten sich in São Félix und Goiânia Verhören unterziehen.

5e Bischof Casaldáliga über die Verfolgung

Dies ist eine Zeit der Prüfungen und Bewährung, Brüder, aber auch eine Zeit des Glaubens, der Einheit und der Stärke. Und es ist die Stunde der Entscheidung: entweder mit dem Volk und Christus oder gegen Christus und das Volk. Niemand kann zwei Herren dienen, hat Christus gesagt.

- *Welche Möglichkeiten bieten sich den herrschenden Kreisen Brasiliens, sich gegen den moralischen Druck des kirchlichen Engagements zu wehren?*
- *Inwieweit sieht sich die Kirche, wenn sie bedrückt wird, in ihre Ursprungssituationen zurückversetzt? Was bedeutet dies für das Leben einer solchen Kirche?*

6 Brief führender Mitglieder der Kirche El Salvadors an Christen in Europa, 1980

... Kampfhubschrauber zerstören ganze Dörfer und setzen mit Napalmbomben die Felder in Brand, machen keinen Unterschied zwischen Zivilbevölkerung und bewaffneten Freiheitskämpfern, vergiften Flüsse und entlauben die Wälder, um jeden Schlupfwinkel zu vernichten und einen Teil der Bevölkerung außer Landes zu treiben.

Dies alles geschieht in einem christlichen Land, dessen Kirche sich nicht aus der Auseinandersetzung zwischen arm und reich heraushält, sondern eindeutig Partei ergreift für soziale Gerechtigkeit und Freiheit. Erzbischof Romero von San Salvador schrieb wenige Wochen vor seiner Ermordung:

»Weil sie die Armen verteidigt, ist die Kirche in Konflikt mit den Mächtigen der wirtschaftlichen Oligarchie und den politischen und militärischen Führern des Staates geraten ...«

Die Kirche bezahlt diese Solidarität mit den Armen mit Diffamierung, Verfolgung und dem Martyrium vieler Priester, Ordensleute und Laien. Diese konsequente Nachfolge Jesu bis in den eigenen Tod hinein hat der Kirche jedoch auch einen großen Vertrauenszuwachs im ganzen Volk gebracht; in den Gotteshäusern suchen die Menschen Zuflucht, nur noch die Gottesdienste sind ein Ort, wo die Namen der Ermordeten und Verschleppten laut genannt werden und ihrer durch den Auferstehungsruf »presente« gedacht wird. El – Salvador – del mundo! Ja, es ist Christus, der hier gefoltert, verhöhnt und wieder einmal gekreuzigt wird, weil er den Herrschenden ein Dorn im Auge ist. Liebe Brüder und Schwestern, Bürger eines reichen und freien Landes, in dieser Stunde der Not flehen wir Euch an, uns mit Wort, Tat, und Gebet zur Seite zu stehen!

– Laßt nicht zu, daß die Massenmorde an einer wehrlosen Bevölkerung weitergehen und der Terror über Hoffnung und Befreiung siegt. Schließt die Gefolterten und Verschleppten in Euer Gebet mit ein und haltet die Erinnerung an die Opfer in Euren Gemeinden wach!

– Laßt nicht zu, daß die USA ihre Militärhilfe an die Junta weiterleisten oder sogar Truppen aus den USA oder den Nachbarländern Honduras oder Guatemala einmarschieren.

– Unterstützt tatkräftig die Hilfsorganisationen des Volkes und helft das Schicksal der Flüchtlinge zu lindern, die auch in ihren Asylen noch von bewaffneten Überfällen des Militärs heimgesucht werden.

Wir sind Pazifisten, wir glauben nicht an die Gewalt, aber wir glauben auch an das salvadoranische Volk, dessen Rechte respektiert werden müssen. Die Militärs, die Oligarchie und die Vereinigten Staaten von Nordamerika haben ihm nur den nichtfriedlichen Weg offengelassen. Angesichts dieser massiven Mißachtung des Rechtes auf Leben, des fundamentalsten aller Rechte, erhält das salvadoranische Volk das Recht, sich zu verteidigen.

Unser Volk, das Volk von El Salvador, führt einen Kampf um Gerechtigkeit und Frieden. Monseñor Oscar Romero sagte: »Der Schrei meines Volkes nach Befreiung wird bis an den Himmel dringen, und nichts und niemand wird ihn aufhalten können.«

Helft uns, ehe es zu spät ist.

Mit brüderlichen Grüßen

Einige führende Mitglieder aus der Kirche El Salvadors

► *Überlegen Sie, welche Handlungsmöglichkeiten die Kirche in einer solchen politischen Situation hat und was sie tun sollte.*

7 Die lateinamerikanischen Bischöfe zum Problem der Gewalt, Medellín 1968

Erläuterung: Im September 1968 versammelte sich in Medellín (Kolumbien) die Generalversammlung des Lateinamerikanischen Episkopats, um im Lichte des II. Vatikanischen Konzils und der Umbruchsituation in den Ländern Lateinamerikas die pastorale Arbeit der Kirche neu auszurichten.

...

Wenn der Christ an die Fruchtbarkeit des Friedens glaubt, um zur Gerechtigkeit zu gelangen, glaubt er auch, daß die Gerechtigkeit eine unumgängliche Bedingung für den Frieden ist. Er übersieht nicht, daß sich Lateinamerika in vielen Gebieten in einer Situation der Ungerechtigkeit befindet, die man institutionalisierte Gewalt nennen kann...Eine solche Situation erfordert vollständige, kühne, dringende und tiefgreifend erneuernde Umwandlungen. Es darf uns darum nicht wundern, daß in Lateinamerika »die Versuchung der Gewalt« aufbricht. Die Geduld eines Volkes, das jahrelang Bedingungen erträgt, die schwerlich von denjenigen akzeptiert würden, die ein besseres Bewußtsein der Menschenrechte haben, darf nicht mißbraucht werden ...

Wir möchten unseren Appell in erster Linie an jene richten, die in größerem Rahmen am Reichtum, an der Kultur oder an der Macht beteiligt sind ... Deshalb ermahnen wir sie dringend, die friedfertige Haltung der Kirche nicht ausnützen zu wollen, um sich passiv oder aktiv den tiefgreifenden Umwandlungen, die notwendig sind, zu widersetzen. Wenn sie eifersüchtig an ihren Privilegien festhalten und besonders, wenn sie diese selbst unter Einsatz gewaltsamer Mittel verteidigen, machen sie sich vor der Geschichte verantwortlich, »die explosiven Revolutionen der Verzweiflung« zu provozieren ... Doch auch alle diejenigen sind für die Ungerechtigkeit verantwortlich, die nicht mit den ihnen zur Verfügung stehenden Mitteln für die Gerechtigkeit handeln.

► *Inwiefern ist die Haltung der Kirche für die Veränderung der sozialen Verhältnisse in den Ländern Lateinamerikas von entscheidender Bedeutung?*

Jugend- und Sachbücher zum Kapitel 30

Camara, Dom Helder: *Die Bekehrungen eines Bischofs. Aufgezeichnet von José de Broucker.* Wuppertal (P. Hammer) 1978

Cardenal, Ernesto: *Das Evangelium von Solentiname. Gespräche über das Leben Jesu in Lateinamerika.* Bd. 1.2. Gütersloh (GTB 327 und 349) 1979–1980

Kremer, Eva-Maria: *Mord am Altar. Das Zeugnis des Erzbischofs Oscar Arnulfo Romero.* Mit einem Vorwort von José Sandoval, Mexiko. Luzern, Stuttgart (Rex) 1981 (Ju)

Lange, Martin, und Reinhold Iblacker (Hg.): *Christenverfolgung in Südamerika. Zeugen der Hoffnung.* Freiburg (Herder Tb 770) 1980

Las Casas, Bartolomé de: *Kurzgefaßter Bericht von der Verwüstung der westindischen Länder.* Frankfurt a.M. (Insel Tb 553) 1981

Schlegelberger, Bruno u.a. (Hg.): *Von Medellín nach Puebla. Gespräche mit lateinamerikanischen Theologen.* Düsseldorf (Patmos) 1980

Torres, Camilo: *Revolution als Aufgabe des Christen.* Mit einem Vorwort von Dorothee Sölle. Mainz, München (Grünewald, Kaiser) 1981

31. Die orthodoxe Kirche im Zarenreich und das Christentum im sowjetischen Einflußbereich heute

Die Zeit im Überblick

Kirchengeschichte	Politische Geschichte
1453 Moskau tritt das Erbe Konstantinopels an	seit 1480 »Sammlung der russischen Erde«
1589 **Moskau wird Patriarchat**	1533–84 Iwan IV. der Schreckliche entmachtet den Adel (Bojaren). Kosaken beginnen die Eroberung Sibiriens
1603–1613 Polen möchte Rußland für den römisch-katholischen Glauben öffnen	
1666 Reform liturgischer Texte durch Patriarch Nikon führt zur Abspaltung der Altgläubigen	1682–1725 Zar Peter I. »der Große« öffnet Rußland nach Westen
	1861 Bauernbefreiung durch Zar Alexander II.
	1881 Judenpogrome in Rußland
	1905 Revolution in Rußland
bis 1917 Enge Verbindung von russisch-orthodoxer Kirche mit dem Staat **(Cäsaropapismus)**	1917 Februar Russische Revolution Oktober **Bolschewistische Revolution** Frieden von Brest-Litowsk (Ausscheiden des bolschewistischen Rußland aus dem Ersten Weltkrieg)
1918 Januar Strikte **Trennung von Kirche und Staat** in der Sowjetunion	
1922 Erste Phase 1929 Zweite Phase 1937–43 Dritte Phase } des bolschewistischen Kampfes gegen den Einfluß der Religion in der Sowjetunion	1925 Hungerkatastrophe in der Sowjetunion durch die Schwierigkeiten bei der Umstellung auf die Kolchoswirtschaft
	1939–45 Zweiter Weltkrieg
	1941 Überfall Hitlers auf die Sowjetunion
seit 1945 Trennung von Kirche und Staat in osteuropäischen Ländern und Druck auf die Kirchen	1945 Sowjetische Besetzung Osteuropas
	1953, 17. Juni Arbeiteraufstand in Ostberlin und der DDR
seit 1961 Beteiligung der russisch-orthodoxen Kirche an der Ökumenischen Bewegung	1956 Ungarnaufstand
	1968 »Prager Frühling«
1979 Polenreise des Papstes Johannes Paul II.	1980 Streikbewegung in Polen, Bildung von Gewerkschaften, militärischer Ausnahmezustand

Seit der Mongolenzeit hatte sich die russische Kirche immer stärker festigen können. Sie wurde von den mongolischen (tartarischen) Herrschern begünstigt und förderte nicht zuletzt durch zahlreiche Klostergründungen die russische Kultur. **Moskau** war seit dem 14. Jahrhundert der nationale und kirchliche Mittelpunkt Rußlands. Die Großfürsten von Moskau hatten im Kampf gegen andere Teilfürsten und gegen die mongolische Fremdherrschaft (»Sammlung der russischen Erde«) die Hilfe der russischen Kirche erhalten und so das neurussische Reich begründen können. Damit wurde die Verschmelzung des Religiösen mit dem Nationalen vollendet, und es entstand darüber hinaus eine enge Verbindung zwischen Staat bzw. Zarentum (= Kaisertum) und Kirche (*Cäsaropapismus*).
Dieser Zustand verfestigte sich, seitdem Moskau nach dem Fall von Konstantinopel im Jahr 1453 das kirchliche Erbe des Oströmischen Reiches angetreten hatte. Zusätzlich wurde die Verbindung von Staat und Kirche durch die religiöse Theorie von Moskau als dem *»dritten Rom«* überhöht, die der Mönch Filofej entwikkelte. An Iwan IV. den Schrecklichen (1533 bis 1584) schrieb er: »Auf der ganzen Erde leitet und lenkt allein der rechtgläubige große rus-

Die Basilius-Kathedrale in Moskau wurde 1552 vor den Toren des Moskauer Kreml errichtet. Sie verbindet byzantinische Kuppelarchitektur und die nach Vorbildern altrussischer Architektur entwickelte Zeltbauweise. Die Abbildung zeigt, wie der Patriarch von Moskau den Zaren vor der Kathedrale segnet.

Das Großfürstentum Moskau 1300–1533

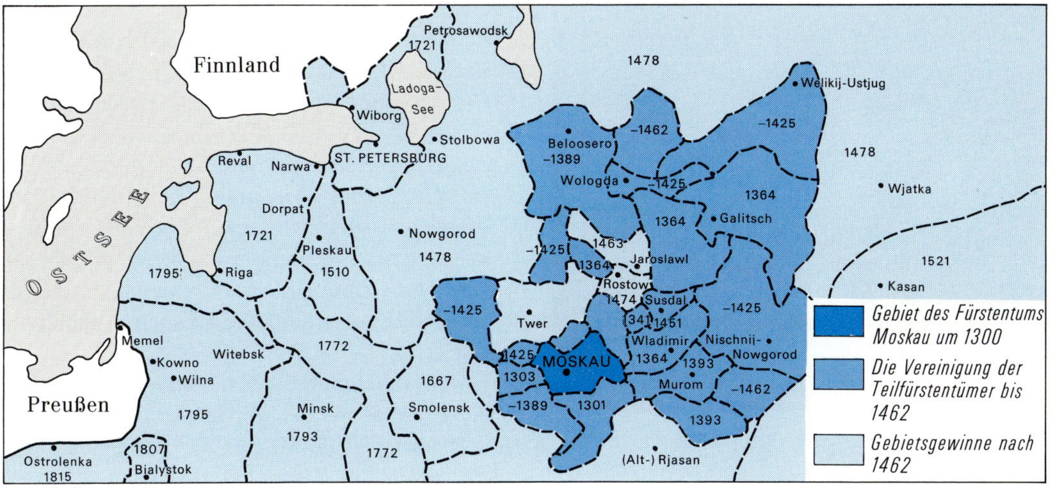

Der führende Theologe der Altgläubigen, **Avvakum,** wurde als Ketzer 1667 verbrannt. Die altgläubige Ikone zeigt einen Engel, der die Seele Avvakums zu Christus trägt.

Porträt Peters des Großen
Zeitgenössischer Kupferstich

sische Zar – wie Noah in der Arche vor der Sintflut gerettet wurde – die Kirche Christi und festigt den orthodoxen Glauben.« Filofej schöpfte seine Theorie vom »dritten Rom« aus bestimmten Abschnitten der Bibel, die er für seine Zeit deutete; er leistete damit einen wichtigen Beitrag zur Festigung des Moskauer Staats und seiner Verflechtung mit der Kirche.

Die Beziehungen zu den Kirchen der Länder in West- und Mitteleuropa blieben unbedeutend. Von der Reformation waren fast keine Wirkungen auf die russische Kirche ausgegangen. Sie erlebte eine eigene **Reformphase** unter dem Patriarchen (Oberhaupt der russischen Kirche) Nikon, der 1666 auf einem Konzil zu Moskau die Veränderung der liturgischen Texte und Bräuche aufgrund der byzantinischen Urtexte beschließen ließ. Die Gegner dieser Neuerungen bezeichneten die Änderungen an den »heiligen« Worten als Verirrungen und entwickelten eine Vielzahl altgläubiger Richtungen, die schwere Verfolgungen durch den Staat erdulden mußten.

Die *Altgläubigen* sahen in den Reformmaßnahmen der Staatskirche das Werk des Antichrist und flohen seit 1667 in großer Zahl in die Wälder und über die Grenzen des russischen Reiches. Vielfach kam es zu gemeinschaftlichen Selbstverbrennungen der Altgläubigen in den russischen und sibirischen Einödklöstern, wenn die Staatskirche durch Missionare oder sogar durch Truppeneinsatz versuchte, die entflohenen Menschen zurückzuholen. Die Altgläubigen sprachen in solchen Fällen von einer »Flucht in das Feuer«, durch die sie sich dem Zugriff des »Antichrist« entzogen. Auch Zar **Peter der Große** (1682–1725), der durch seine Reformpolitik Rußland dem Westen öffnete, galt ihnen als Verkörperung des Antichrist. Es gelang Zar Peter jedoch, die Selbstverbrennungen einzudämmen, indem er die Einödklöster der Altgläubigen in Ruhe gewähren ließ.

In den Jahrzehnten nach Peter dem Großen und vollends im 19. Jahrhundert war die Politik des russischen Staates fortschrittsfeindlich. Die westliche Kultur fand keinen Eingang

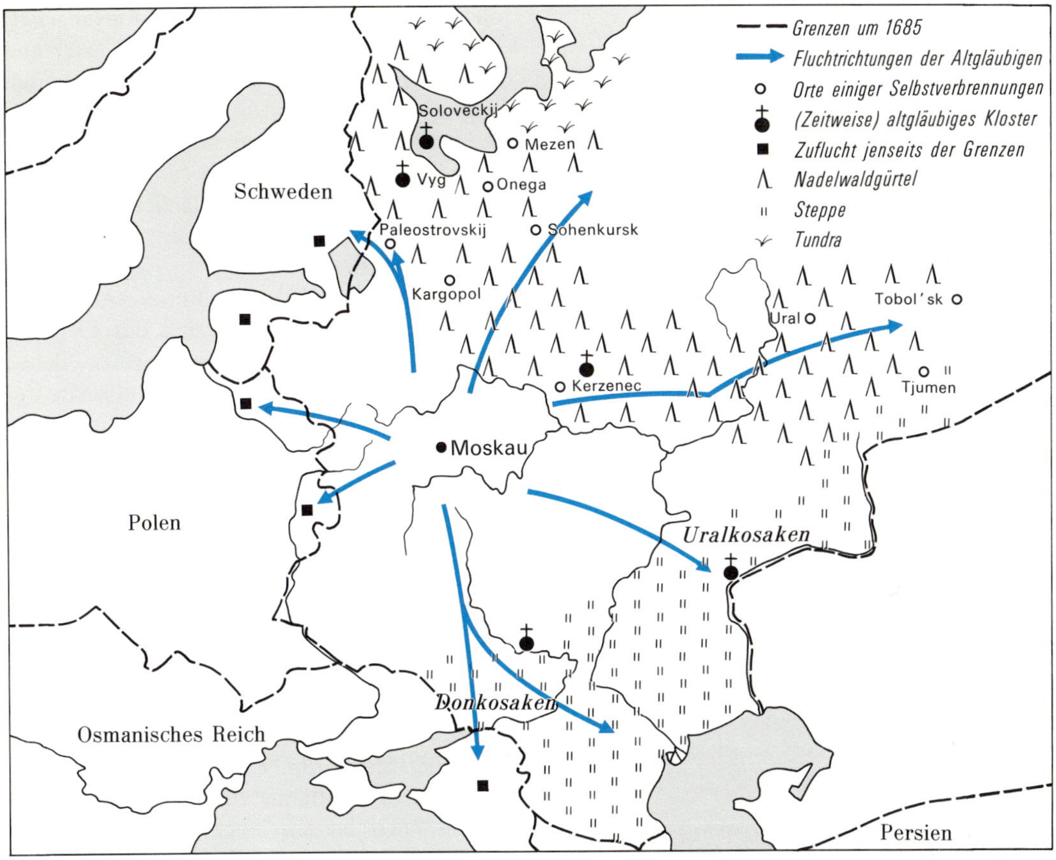

Fluchtbewegungen der Altgläubigen, Ende des 17. Jahrhunderts, nach Nordrußland und Sibirien

In den **altgläubigen Klöstern** lebte das alte russische Mönchtum unter Einschluß zahlreicher Laien wieder auf, während es in der übrigen russischen Kirche verfiel. Die Klöster entwickelten wirtschaftlich die Form von Kooperativen zur Produktion von Fleisch und Getreide, z.T. mit eigenen Handelskontoren in den Städten. Ein Beispiel ist das altgläubige Einödkloster am Vyg-Fluß in Karelien. Peter der Große vermied bei einer Reise 1702 durch Karelien, in die Nähe des Klosters zu kommen, und ließ den Altgläubigen, die sich zu Flucht und Selbstverbrennung bereitmachten, sagen, sie könnten in Ruhe leben. Sie brauchten lediglich für die karelischen Eisenhütten (Rüstungsbetriebe) Arbeiter zu stellen (Zeichnung des 18. Jahrhunderts).

Leibeigene als Einsatz beim Kartenspiel
Der französische Zeichner Gustave Doré (1832–1883) stellt russische Gutsbesitzer mit ihren gebündelten Seelen am Kartentisch dar.

Vertreibung von Juden aus Kiew, 1881

mehr. Wichtiges Anliegen zaristischer Bemühungen wurde die Bekehrung aller Nichtrussen des Reiches zum Russentum und zur orthodoxen Kirche. Die Lutheraner der baltischen Länder litten darunter ebenso wie die römisch-katholischen Polen im russischen Teil Polens. *Russifizierung* aller Bevölkerungsteile und Erzwingung der kirchlichen Einheit Rußlands waren Maßnahmen im Sinne einer autokratischen Regierung, die auch die Kirche als Herrschaftsmittel einsetzte. Gestützt wurde die Regierung von der reaktionären altrussischen Bewegung, die schließlich soziale Bedingungen schuf, die zur russischen Revolution von 1905 führten.

Erst 1861 war in einer liberalen Zwischenphase die Leibeigenschaft durch Zar **Alexander II.** abgeschafft worden. Der polnische Aufstand desselben Jahres ließ jedoch die altrussische Bewegung erstarken und brachte den Zaren von seinem Reformprogramm ab. Dennoch gelang es, einige überholte Züge der russischen Staatskirche, wie die kastenartige Isolierung der niederen Geistlichkeit, zu beseitigen, bevor die altrussische Reaktion siegte.

Als Zar Alexander II. 1881 durch ein Attentat getötet wurde, verbreitete sich das Gerücht, dies sei das Werk der **Juden** gewesen, denen man auch sonst gern jegliche revolutionäre Bestrebungen in der Bevölkerung als Schuld anlastete, um von der staatlichen Verantwortung für die sozialen Mißstände abzulenken. Pogrome (Verfolgungen) gegen die Juden wurden in dieser Zeit von den russischen Volksmassen mit stillschweigender Duldung der Regierung durchgeführt. Zu Tausenden flohen die Juden seit 1881 über die Grenzen in das westliche Ausland, vor allem in die USA.

Aber auch der Versuch, die Juden als Sündenböcke abzustempeln, konnte die Revolution in Rußland nicht aufhalten: Die Revolution von 1905 war der Vorläufer der *Großen Revolution von 1917*. Da die Kirche eng an den Staat gebunden war, traf sie die Zerschlagung des zaristischen Staates in gleicher Weise. Die bolschewistische Regierung führte im Januar 1918 die Trennung von Staat und Kirche ein. Sie beseitigte rigoros alle kirchlichen Privilegien, z.B. das Recht, Steuern einzutreiben oder Eigentum zu besitzen.

Die **Maßnahmen Lenins** entsprachen der grundsätzlichen Anschauung der Revolutionäre, die von der marxistischen Religionskritik ausgingen. Entsprechend der Annahme, daß mit der Änderung der wirtschaftlichen Verhältnisse das religiöse Denken von selbst verschwinden werde, wurden anfänglich nicht-orthodoxe Kirchen sogar gefördert, wenn dies der Zerstörung der ehemaligen Staatskirche diente.

Offensichtlich fürchtete die bolschewistische Führung in der Phase des Aufbaus der Sowjetunion, daß das religiöse Bewußtsein vor allem in der bäuerlichen Bevölkerung der Gegenrevolution als Basis dienen könnte. Daher ging sie zunächst besonders scharf gegen den Einfluß der orthodoxen Kirche vor, indem Kirchen geschlossen und Priester verhaftet wurden. Die Verwurzelung der Bevölkerung in der Religion ließ sich jedoch nicht ohne weiteres durch administrative Maßnahmen beseitigen, so daß sich die bolschewistische Regierung gezwungen sah, den Druck auf die Kirche etwas einzuschränken. Nach 1922 trat eine gewisse Entspannung im Verhältnis von Staat und Kirche ein. 1927 verkündete der Metropolit Sergius, Bischof von Moskau, daß die Kirche der Sowjetregierung gegenüber künftig »absolute Loyalität« zeigen werde.

Als die Kirche in der Ära Stalins erneut in große Bedrängnis geriet, schalteten sich der Weltprotestantismus ebenso wie der Papst in Rom ein und erhoben scharfen Protest. Erst 1943 bahnte sich wieder eine *Entspannung zwischen Staat und Kirche* in der Sowjetunion an, nachdem die Kirche sich öffentlich für gemeinsame Anstrengungen zur Verteidigung des Landes im »Großen vaterländischen Krieg« eingesetzt hatte. Es war seitdem wieder möglich, in Moskau orthodoxe Konzile unter Beteiligung auch außerrussischer Kirchen stattfinden zu lassen.

Heute hat die russisch-orthodoxe Kirche Anschluß an die *ökumenische Bewegung* (s. o. S. 75) gefunden und ist an den großen internationalen kirchlichen Konferenzen regelmäßig durch ihre Vertreter beteiligt.

Das **zentrale Dogma** der orthodoxen Kirche ist die *Lehre von der Trinität,* d.h. von der Dreiheit in der Einheit des Wesens Gottes. Die Trinität wird für den Menschen in der Lehre von der Menschwerdung des ewigen Logos (Wort) in dem Gott-Menschen Jesus Christus bedeutsam. Christentum ist für die orthodoxe Kirche die Begegnung zweier Naturen, Gottes und des Menschen, mit dem Ziel der Vergottung des Menschen und der Aufhebung des Todes. Daher hat Ostern eine große Bedeutung für die Orthodoxen. Dieser Zusammenhang wird im Kultus des orthodoxen Gottesdienstes wie in einer feierlichen Aufführung dargestellt, in die die Gläubigen einbezogen werden. Diese ersetzt die Predigt ebenso, wie es auch die zahlreichen

Am Tage der Heiligen Dreifaltigkeit (Pfingsten) in der Dreifaltigkeits-Sergi-Lawra in **Sagorsk** nordöstlich von Moskau. – Die Menschen sind von weither zusammengeströmt, weil Sagorsk eines der wenigen erhaltenen Klöster in der Sowjetunion ist.

Die **Ikonenwand** trennt den Altarraum vom Kirchenschiff. Ursprung der Bilderwand scheinen die geschmückten Chorschranken der frühen byzantinischen Kirche zu sein. Die Bilder entsprechen einer festen traditionellen Anordnung. Die Ikone verkörpert als Kultgegenstand auf ihre Weise die Menschwerdung Gottes und ist daher in der orthodoxen Kirche eine eigene Form der Heilsverkündigung.

Bilder (Ikonen) tun. Predigt in unserem Sinne gibt es selten.

Die **atheistische Propaganda** in der *Sowjetunion* arbeitet auch heute noch unverändert an dem Versuch, die Religion in der Bevölkerung zurückzudrängen. Die strikte Weisung der Partei an die Propagandisten lautet aber, keinerlei Verletzungen des religiösen Empfindens der Gläubigen zuzulassen, sondern sich auf die einfache Darbietung der Fortschritte der Wissenschaft zu beschränken, die im Gegensatz zu den Aussagen der Religion ständen.

Die atheistische Propaganda in der Sowjetunion stellt sich damit vor allem als Kampagne gegen ein religiöses Naturbild und gegen die biblischen Schöpfungsvorstellungen dar. Ihr Ziel ist, der Bevölkerung das Weltbild der Naturwissenschaften zu vermitteln. Diesem Zweck dient auch die Umgestaltung zahlreicher Kirchen des Landes, die nicht mehr »arbeiten«, z.B. in Museen der Naturwissenschaften oder der Raumfahrt.

Die Propaganda hat vor allem in der jüngeren Generation der Sowjetunion ihre Wirkung nicht verfehlt. Die Kirchenbevölkerung ist dezimiert. Ein christlicher Charakter der Gesellschaft ist nicht mehr vorhanden. Selbst den Sonntag als allgemeinen Ruhetag gibt es nicht mehr.

Ganz anders sieht es in den osteuropäischen Ländern aus, die erst nach dem Zweiten Weltkrieg kommunistische Regierungen gebildet haben. Hier finden sich in den Gebieten, die früher Teile des byzantinischen Reiches waren, griechisch-orthodoxe Kirchen (*Rumänien, Bulgarien, Serbien*). Die römisch-katholische Kirche ist in *Polen,* der *Tschechoslowakei* und *Ungarn* bedeutsam. Protestantische Minderheiten finden sich in den beiden letzteren Ländern, davon in Ungarn vorwiegend Calvinisten. In den genannten Ländern hat sich das Verhältnis von Kirche und Staat durchweg positiver entwickelt als in der Sowjetunion. Es reicht von der Mitarbeit des orthodoxen Patriarchen von Bukarest im Parlament (Rumänien) bis zur finanziellen Unterstützung durch den Staat in manchen Bereichen (Ungarn).

Eine Sonderstellung im Verhältnis von Kirche und Gesellschaft unter den osteuropäischen Ländern nimmt die Volksrepublik **Polen** ein. Hier hatte der römische Katholizismus seit jeher eine Hochburg. Die religiöse Überzeugung der Polen konnte sich in der Vergangenheit mit dem polnischen Nationalgefühl und den polnischen Freiheitsbewegungen verbinden. Der Kampf der vergangenen Jahrhunderte hatte sich gegen Russen und Deutsche gerichtet und damit gegen Völker, in denen nicht-katholische Kirchen führend waren. Im Zweiten Weltkrieg wurde die katholische Kirche als Rückhalt des polnischen Widerstandes von der deutschen Besatzung hart bedrückt. Priester wurden zu Tausenden erschossen oder in Konzentrationslager verschleppt.

Die Eingliederung Polens in den sowjetischen Einflußbereich nach 1945 und die Mitgliedschaft im Warschauer Pakt verbesserte die Situation der katholischen Kirche nicht entscheidend. Den Druck der zur Herrschaft gelangten kommunistischen Partei auf die Kirche empfand die Bevölkerung als Druck auf die Nation.

Vom Scheitern bedrohte Gespräche zwischen Staat und Kirche erhielten eine neue Dimension, als im Jahre 1978 ein »polnischer Papst« (Johannes Paul II.) gewählt wurde und wenig später Polen besuchte. Der Kirche wurden nunmehr wesentlich größere Einflußmöglichkeiten in der Öffentlichkeit eingeräumt als zuvor. Die Streikbewegungen polnischer Arbeiter 1980 (Danziger Leninwerft) fanden Unterstützung durch die Kirche. Sie versuchte mäßigend in den Konflikt einzugreifen, um die erreichten Freiheiten zu sichern und ein gewaltsames Eingreifen des Militärs zu verhindern. Dennoch verhängte der Staat das Kriegsrecht.

Quellen

1 Russisch-orthodoxe Frömmigkeit

1a Kirche und Zarenreich

Aus einem Schreiben des Mönchs Filofej um 1510

(Unser) Herrscher ... ist auf der ganzen Erde der einzige Zar über die Christen, der Lenker der heiligen, göttlichen Throne der Heiligen, Ökumenischen, Apostolischen Kirche, die, anstelle der Römischen und der Konstantinopeler Kirche, in der von Gott geretteten Stadt Moskau ... ist. Sie allein leuchtet auf dem ganzen Erdkreis heller als die Sonne. Denn wisse ...: Alle christlichen Reiche sind vergangen und sind zusammen übergegangen in das Eine Reich unseres Herrschers, gemäß den prophetischen Büchern: Das ist das Russische Reich. Denn zwei Rome sind gefallen, aber das dritte steht, und ein viertes wird es nicht geben.

► *In welcher Rolle sahen sich die Zaren als Herrscher über das dritte Rom? Woraus schöpft Filofej die Gewißheit für seine Aussagen?*

1b–c Bilderverehrung

1b Aus der Liturgie des Festes der Orthodoxie bzw. des »Festes der Bilder«, gefeiert alljährlich in Erinnerung an den Sieg der Bilderverehrer über die Feinde der Bilderverehrung seit dem Jahre 843

Durch Deine göttliche Natur bist Du zwar unbegrenzt. Doch wolltest Du in der Fülle der Zeiten Fleisch und Gestalt des Menschen annehmen und ihm ähnlich werden. Darum prägen wir uns das Bild dieser Ähnlichkeit ein. Die Ehre, die man dem Bilde erweist, geht über auf das Urbild. Weil wir die Würde und die Verehrung des Bildes auf das Urbild beziehen, darum halten wir es in Ehren und bekennen: nicht im Schein bist Du, Menschenfreund, uns erschienen, sondern in der Wirklichkeit der Menschennatur.

1c Russische Ikone »Gottesmutter des Zeichens« mit dem Thema: Der Engel kündigt Maria die Geburt des Gottessohnes an

Da die heiligen Bilder (Ikonen) gleichsam die Menschwerdung Christi wiederholen und damit die Wiederherstellung des verloren gegangenen Ebenbildes Gottes bedeuten, können die Gesichtszüge der Abbildungen sich stets nur strikt nach der Vorlage richten. Durch Versenkung in die Betrachtung der heiligen Bilder nähert sich der orthodoxe Christ der Begegnung mit Gott.

► *Kennzeichnen Sie die Rolle der Ikone, die in der traditionellen russischen Gesellschaft in jedem Haus vorhanden war.*

► *Deuten Sie die Darstellung des Jesus im Mutterleib.*

1d Orthodoxe Symbolik

Ein orthodoxer Bischof erteilt den Segen mit dem dreiarmigen Leuchter (Symbol der Heiligen Dreieinigkeit) in der rechten, mit dem zweiarmigen Leuchter (Symbol der zwei Naturen Christi) in der linken Hand (Darstellung von 1711)

Der Reichtum an Symbolen entspricht in der orthodoxen Kirche dem Reichtum der gottesdienstlichen Ordnung. Diese Ordnungen werden bis in die Kleinigkeiten hinein als unbedingtes Gesetz befolgt, denn in ihnen vollzieht sich für den Gläubigen erfahrbar die Verbindung des Göttlichen mit dem Sichtbaren. Infolgedessen ist die Predigt im evangelischen Sinne nicht zentral im Vollzug des Gottesdienstes.

► *Überlegen Sie, inwiefern das Symbol des zweiarmigen Leuchters gerade für das orthodoxe Christentum besonders wichtig ist. Formulieren Sie darüber hinaus, welchen Beitrag die Trinitätslehre (dreiarmiger Leuchter) zum orthodoxen Glauben leistet.*

1e Russisch-orthodoxer Kirchenbau
(Sagorsk)

Der Kirchenbau der russisch-orthodoxen Kirche bevorzugt den Rund- und Kuppelbau. Er folgt darin dem byzantinischen Kirchenbau (vgl. Hagia Sophia in Konstantinopel). Der Kreis als Linie des Unendlichen ist dabei Ausdruck des Ruhens in Gott. Die Kuppelformen und Giebelspitzen deuten Flammen an und stehen für das Feuer der Berührung mit dem Göttlichen. – Der Zentralbau ist jedoch nicht immer rein ausgeprägt. Vielfach wurde versucht, die Längsausrichtung eines kreuzförmigen Grundrisses mit dem Kuppelbau zu verbinden. Dabei erhob sich die Kuppel über dem Schnittpunkt der Achsen.

► *Vergleichen Sie den Kirchenbau der Ostkirche mit dem des lateinischen Westens. Inwieweit repräsentiert die Gotik Wesens- und Glaubenselemente der mittelalterlichen Kirche im Abendland (Bd. I, Kap. 10)?*

2 Der deutsche Theologe Adolf von Harnack (1851–1930) über die russisch-orthodoxe Kirche (aus: Das Wesen des Christentums)

2a Kirche und Volk

Überall werden Sie finden, daß Kirche und Volkstum nicht zu trennen sind, und daß das eine Element nur in und mit dem anderen existiert. Für ihre Kirche werden sich die Angehörigen dieser Nationen, wenn es sein muß, in Stücke hauen. Dies ist nicht die Folge des Druckes der feindlichen Macht des Islam; auch bei den Russen, die doch nicht unter diesem Druck stehen, ist es nicht anders. Wie innig und fest das Verhältnis zwischen Kirche und Volk bei ihnen ist, trotz der »Sekten«, welche auch hier nicht fehlen, lehrt nicht etwa nur die moskowitische Presse; man muß – um ein Beispiel herauszugreifen – die »Dorfgeschichten« Tolstojs lesen, um sich davon zu überzeugen. Wahrhaft ergreifend tritt dem Leser hier entgegen, wie tief die Kirche mit ihrer Predigt vom Ewigen, von der Selbstaufopferung, dem Mitleiden und der Brüderlichkeit in die Volksseele eingedrungen ist. Die niedrige Stufe, auf welcher der Klerus steht, und die Mißachtung, mit der ihm vielfach begegnet wird, dürfen darüber nicht täuschen, daß er als Repräsentant der Kirche eine unvergleichlich hohe Stellung einnimmt, und das Ideal des Mönchtums haftet tief in der Seele der östlichen Völker.

2b Die Ausschließlichkeit des Kultus

Nichts ist trauriger zu sehen als diese Umwandlung der christlichen Religion aus einem Gottesdienst im Geist und in der Wahrheit zu einem Gottesdienst der Zeichen, Formeln und Idole! Man braucht gar nicht bis zu den religiös und intellektuell völlig verwahrlosten Gliedern dieser Christenheit, zu Kopten und Abessyniern herunterzusteigen, um diese Entwicklung schaudernd zu erkennen – auch bei Syrern, Griechen und Russen steht es im ganzen nur um weniges besser. Wo aber ist in der Verkündigung Jesu auch nur eine Spur davon zu finden, daß man religiöse Weihen als geheimnisvolle Applikationen über sich ergehen lassen soll, daß man ein Ritual pünktlich befolgen, Bilder aufstellen und Sprüche und Formeln in vorgeschriebener Weise murmeln soll? Um diese Art von Religion aufzulösen, hat sich Jesus Christus ans Kreuz schlagen lassen; nun ist sie unter seinem Namen und seiner Autorität wieder aufgerichtet!

- ► *Inwiefern ist das harte Urteil von Harnacks über die orthodoxe Kirche als die Aussage eines Protestanten zu erkennen?*
- ► *Inwiefern trägt die Darstellung von Harnacks zum besseren Verständnis der religionsfeindlichen Maßnahmen nach der russischen Oktoberrevolution von 1917 bei (s. u. Q5–7)?*

3 Der Theologe Karl Holl (1866–1926) über die griechisch-orthodoxe Frömmigkeit

Platonischer Schwung und platonische Sehnsucht leben ... in der griechischen Kirche fort. Das Diesseits, der Ort des Lastenden und Drückenden, des Dunkels und der Unvollkommenheit, des Streits, des Übels und des Bösen. Hoch darüber die obere Welt als Stätte des Friedens, der Ruhe, der Eintracht, des Glanzes, der Helle, des Glücks und der Freude...
Auf diesem Hintergrund empfindet der griechische Christ die Tiefe des christlichen Erlösungsgedankens. Jene beiden Welten, die sonst durch eine breite Kluft geschieden sind, sind einmal tatsächlich zusammengekommen; Himmel und Erde haben sich einmal wirklich berührt. Das war in der Erscheinung des Gottmenschen...

- ► *Beschreiben Sie aufgrund der Interpretation Karl Holls Aufgabe und Bedeutung des griechisch-(russisch-)orthodoxen Gottesdienstes für den Gläubigen.*

4 Rußland am Vorabend der Revolution
Flugblatt aus einer Geheimdruckerei, 1900

- *Kennzeichnen Sie Aufgaben und gesellschaftliche Rolle der einzelnen Stufen der russischen Gesellschaftshierarchie, wie sie vom Zeichner des oppositionellen Flugblatts um 1900 gesehen wurden.*
- *In welcher Rolle sah der Zeichner die russisch-orthodoxe Kirche? Formulieren Sie die in der Darstellung enthaltene Kritik.*

5 Kirche und Staat nach der Oktoberrevolution in Rußland 1917

5a Über die Trennung der Kirche vom Staat und der Schule von der Kirche

Dekret des Rates der Volkskommissare vom 23. Januar 1918

1. Die Kirche wird vom Staat getrennt.
2. In den Grenzen der Republik ist es verboten, irgendwelche örtlichen Gesetze oder Bestimmungen zu erlassen, die die Gewissensfreiheit beschränken und begrenzen oder irgendwelche Vorrechte oder Privilegien aufgrund der konfessionellen Zugehörigkeit der Bürger festsetzen.
3. Jeder Bürger kann eine beliebige Religion bekennen oder gar keine Religion bekennen. Alle Rechtsverluste, die mit dem Bekenntnis irgendeines Glaubens oder mit dem Nichtbekennen eines Glaubens zusammenhängen, werden aufgehoben. Anmerkung: Aus allen amtlichen Akten wird jeglicher Hinweis auf die religiöse Zugehörigkeit und Nichtzugehörigkeit der Bürger entfernt.
4. Handlungen staatlicher und anderer gesellschaftlicher Einrichtungen des öffentlichen Rechtes werden nicht mit religiösen Riten und Zeremonien verbunden.
5. Die freie Ausübung religiöser Riten wird in dem Maße sichergestellt, in dem sie die öffentliche Ordnung nicht stören und nicht Eingriffe in die Rechte der Bürger der Sowjetrepublik zur Folge haben.
9. Die Schule wird von der Kirche getrennt.
In allen staatlichen und öffentlichen, aber ebenso auch in privaten Lehranstalten, in denen allgemeinbildende Fächer unterrichtet werden, wird der Unterricht in religiösen Glaubenslehren nicht zugelassen. Die Bürger können auf private Weise Religion lehren und lernen.
10. Alle kirchlichen und religiösen Gesellschaften werden den allgemeinen Bestimmungen über private Gesellschaften und Verbände unterworfen und genießen keinerlei Vorrechte und Zuwendungen, weder vom Staat noch von örtlichen autonomen und sich selbst verwaltenden Einrichtungen.
11. Zwangsbeitreibung von Steuern und Veranlagung zugunsten kirchlicher und religiöser Gesellschaften sowie Zwangsmaßnahmen und Bestrafungen von seiten dieser Gesellschaften gegenüber ihren Mitgliedern werden nicht zugelassen.
12. Keine kirchlichen und religiösen Gesellschaften haben das Recht, Eigentum zu besitzen. Sie haben nicht die Rechte einer juristischen Person.
13. Das gesamte Vermögen der in Rußland be-

stehenden kirchlichen und religiösen Gesellschaften wird zum Volkseigentum erklärt.

- *Kennzeichnen Sie die Gründe, die den Staat nach der bolschewistischen Revolution dazu führten, die Beseitigung aller kirchlichen Privilegien zu verfügen? Berücksichtigen Sie dabei die Aussagen von K. Marx zur Religion.*
- *Versuchen Sie, die Folgen der festgelegten Maßnahmen für die Kirche im Augenblick ihrer Durchführung abzuschätzen.*

5b Religionspolitisches Programm der Bolschewiki (1919)

Erläuterung: Das Parteiprogramm der Russischen Kommunistischen Partei (Bolschewiki), angenommen auf dem VIII. Parteikongreß im März 1919, formuliert in Punkt 13 Ziele und Methoden der bolschewistischen Religionspolitik:

Die Russische Kommunistische Partei begnügt sich in bezug auf die Religion nicht mit der schon dekretierten Trennung der Kirche vom Staat und der Schule von der Kirche, d.h. mit den Maßnahmen, die die bürgerliche Demokratie in ihren Programmen herausstellt, aber nirgends in der Welt zu Ende führt, weil das Kapital durch mannigfache Bindungen mit der religiösen Propaganda verbunden ist. Die Russische Kommunistische Partei läßt sich von der Überzeugung leiten, daß nur die Verwirklichung der Planmäßigkeit und Bewußtheit in der ganzen gesellschaftlich-wirtschaftlichen Betätigung der Massen das volle Absterben der religiösen Vorurteile zur Folge haben wird. Die Partei strebt danach, die Verbindung zwischen den ausbeuterischen Klassen und der Organisation der religiösen Propaganda völlig zu zerstören. Sie wirkt bei der Befreiung der arbeitenden Massen von religiösen Vorurteilen mit und organisiert eine breite wissenschaftlich-aufklärende und antireligiöse Propaganda. Dabei ist es notwendig, sorgfältig zu verhüten, daß die Gefühle der Gläubigen gekränkt werden, was nur zur Festigung des religiösen Fanatismus führt.

- *Skizzieren Sie die praktischen Erfahrungen mit der atheistischen Propaganda, die den religionspolitischen Leitsätzen der Bolschewiki offensichtlich zugrunde liegen.*
- *Auf welche Vorstellungen der Bolschewiki von der Religion läßt der Begriff „religiöse Vorurteile" schließen?*

6 Zur rechtlichen Situation der orthodoxen Kirche in der Sowjetunion

6a Aus der Verfassung der UdSSR (1936)

Art. 124. Um den Bürgern die Gewissensfreiheit zu sichern, ist in der UdSSR die Kirche vom Staat und die Schule von der Kirche getrennt. Die Freiheit, religiöse Kulthandlungen zu verrichten, und die Freiheit, antireligiöse Propaganda zu treiben, wird allen Bürgern zuerkannt.

6b Aus dem Strafgesetzbuch der Sowjetunion

Art. 122. Die Erteilung von Religionsunterricht an Kinder oder Minderjährige in staatlichen oder privaten Erziehungsstätten oder Schulen bzw. eine Übertretung der diesbezüglichen Bestimmungen wird mit Zwangsarbeit bis zu 1 Jahr bestraft.
Art. 125. Die Verhinderung der Vornahme religiöser Handlungen, sofern sie die öffentliche Ordnung nicht gefährden und die Rechte der Bürger nicht beeinträchtigen, wird mit 6 Monaten Zwangsarbeit bestraft.

- *Zwischen Art. 122 und 125 des Strafgesetzbuches besteht ein scheinbarer Widerspruch. Wie läßt er sich auflösen?*
- *Inwiefern ist es möglich, die Verhinderung einer religiösen Handlung zu bestrafen, wenn die Verfassung der UdSSR die antireligiöse Propaganda ausdrücklich als Recht jedes Bürgers garantiert?*

7 Die wissenschaftlich-atheistische Propaganda unter der Bevölkerung

Beschluß des Zentralkomitees der KPdSU vom 10. November 1954 (gekürzt)

Die Kommunistische Partei führt entsprechend ihrem Programm eine wissenschaftlich-aufklärende Propaganda im Sinne der materialistischen Weltanschauung durch, die auf die ständige Erhöhung des Bewußtseins der werktätigen Massen und ihre allmähliche Befreiung von religiösen Vorurteilen gerichtet ist. Dabei hielt es die Partei stets für unumgänglich, jede Verletzung der Gefühle der Gläubigen zu vermeiden.

Das ZK der KPdSU verfügt über Tatsachenmaterial, aus dem hervorgeht, daß in der letzten Zeit bei der wissenschaftlich-atheistischen Propaganda unter der Bevölkerung in einer Anzahl von Orten grobe Fehler zugelassen werden.

Anstatt eine systematische Kleinarbeit zur Propaganda naturwissenschaftlicher Kenntnisse und für den ideologischen Kampf gegen die Religion zu entfalten, kommt es in einigen zentralen und örtlichen Zeitungen sowie in den Reden einiger Lektoren und Referenten zu beleidigenden Ausfällen gegen die Geistlichkeit und die Gläubigen, die an den religiösen Handlungen teilnehmen. Es kommen Fälle vor, daß in den Spalten der Presse und in den mündlichen Äußerungen der Propagandisten einige Kultdiener und Gläubige ohne jeden Grund als Menschen dargestellt werden, die kein politisches Vertrauen verdienen. In einer Anzahl von Rayons sind seitens der örtlichen Organisationen und einzelner Personen Fälle administrativer Einmischung in die Tätigkeit der religiösen Vereinigungen und Gruppen sowie groben Verhaltens gegen die Geistlichkeit zugelassen worden ...

Das ZK der KPdSU beschließt: Die Gebiets- und Kreiskomitees der KPdSU, die ZKs der Kommunistischen Parteien der Unionsrepubliken und alle Parteiorganisationen zu verpflichten, die Fehler in der atheistischen Propaganda entschieden zu beseitigen und in Zukunft in keinem Falle irgendeine Verletzung der Gefühle der Gläubigen und der Diener der Kirche sowie keine administrative Einmischung in die Tätigkeit der Kirche zuzulassen. Es muß im Auge behalten werden, daß beleidigende Handlungen gegenüber der Kirche, der Geistlichkeit und den gläubigen Bürgern mit der Linie der Partei und des Staates bei der Durchführung der wissenschaftlich-atheistischen Propaganda unvereinbar sind und der Verfassung der UdSSR widersprechen, die den Sowjetbürgern Gewissensfreiheit gewährt ...

Im zaristischen Rußland diente die Kirche treu der Selbstherrschaft, den Gutsbesitzern und Kapitalisten, rechtfertigte die grausame Ausbeutung der Volksmassen und unterstützte die Ausbeuter im Kampf gegen die Werktätigen. Es ist ferner bekannt, daß sogleich nach dem Siege der sozialistischen Oktoberrevolution, in den Jahren des Bürgerkrieges und später, viele religiöse Organisationen und Gruppen der Geistlichkeit sich der Sowjetmacht gegenüber feindlich verhielten. Im Zusammenhang damit wurden einzelne Kultdiener vom Staat zur Verantwortung gezogen, nicht wegen ihrer religiösen, sondern wegen ihrer regierungsfeindlichen Tätigkeit, die gegen die Interessen des Sowjetvolkes gerichtet war, um die innere Konterrevolution und den internationalen Imperialismus zu begünstigen. Es ist daher natürlich, daß der Kampf des sowjetischen Volkes gegen die Feinde des sozialistischen Staates den Kampf gegen die reaktionären Vertreter der Kirche einbezog, die eine dem sowjetischen Volke feindliche Tätigkeit betrieben. Gegenwärtig sind in der UdSSR infolge des Sieges des Sozialismus und der Liquidierung der Ausbeuterklassen die sozialen Wurzeln der Religion untergraben und die Grundlagen vernichtet, auf welche sich die Kirche stützte. Die Diener der Kirche nehmen in ihrer Mehrzahl jetzt, wie die Tatsachen beweisen, ebenfalls eine loyale Haltung gegenüber der Sowjetmacht ein. Darum muß der Kampf gegen die religiösen Vorurteile jetzt als ideologischer Kampf der wissenschaftlichen, materialistischen Weltanschauung gegen die unwissenschaftliche, religiöse Weltanschauung angesehen werden ...

Zwar ist die Religion in bezug auf den Staat Privatangelegenheit und die Kirche deswegen vom Staat getrennt, doch kann die Kommunistische Partei, die sich auf die einzig richtige wissenschaftliche Weltanschauung stützt – den Marxismus-Leninismus und seine theoretische Grundlage, den dialektischen Materialismus –, nicht teilnahmslos und neutral gegenüber der Religion bleiben, gegenüber einer Ideologie, die mit der Wissenschaft nichts gemein hat ...

Die Wissenschaft erhöht die Verantwortung und das Wachstum der menschlichen Kultur, die Religion jedoch verfinstert das Bewußtsein des Menschen, macht ihn passiv gegenüber den Naturkräften, fesselt seine schöpferische Aktivität und Initiative.

Deshalb hält es die Partei für erforderlich, eine tiefgreifende, systematische, wissenschaftlich-atheistische Propaganda durchzuführen, wobei sie jedoch keine Verletzung der religiösen Gefühle der Gläubigen sowie der Kultdiener zuläßt.

Das ZK erinnert daran, daß die Grundlagen der wissenschaftlich-atheistischen Propaganda die allgemeinverständliche Erklärung der wichtigsten Erscheinungen im Leben der Natur und der Gesellschaft, z.B. des Aufbaus des Weltalls, der Entstehung des Lebens und der Menschen auf der Erde, der Errungenschaften der Astronomie, Biologie, Physiologie, Physik, Chemie und anderen Wissenschaften, die die Richtigkeit der materialistischen Anschauungen über die Entwicklung der Natur und der Gesellschaft bestätigen, bilden müssen ...

Das ZK der KPdSU ist der Ansicht, daß bei der auf die Überwindung der religiösen Überreste gerichteten Erziehungsarbeit positive Ergebnisse nur unter der Voraussetzung eines weiteren Aufschwungs unserer ganzen kulturellen Bildungsarbeit unter den Werktätigen, einer bedeutenden Verbesserung der Tätigkeit der Kulturpaläste, Klubs, Bibliotheken, Lesesäle, Vortragssäle, Parks für Kultur und Erholung und anderer Kultur- und Bildungsanstalten erzielt werden können. Darum besteht die Aufgabe der Partei- und Gesellschaftsorganisationen darin, die kulturelle Aufklärungsarbeit unter der Bevölkerung grundlegend zu verbessern und damit eine weitere Hebung des kulturellen Niveaus der Werktätigen zu erreichen.

Der Sekretär des ZK der KPdSU,
N. Chruščev

- *Vergleichen Sie den Text mit dem religionspolitischen Programm der Bolschewiki von 1919 (Q5b).*
- *Inwieweit kann man auf die Situation der orthodoxen Kirche in der UdSSR zurückschließen, wenn im Jahre 1954 diese Äußerungen des ZK der KPdSU für notwendig gehalten wurden?*
- *Nehmen Sie Stellung zu der These, die Religion werde mit zunehmender Ausbreitung der Kultur und Wissenschaft von selbst absterben.*

Jugend- und Sachbücher zum Kapitel 31

Bartos-Höppner, Barbara: *Kosaken gegen Kutschum-Khan. Die abenteuerliche Eroberung des Tatarenreiches.* Würzburg (Arena Tb 1302) 1977 (Ju)

Beck, Hans-Georg: *Geschichte der orthodoxen Kirche im byzantinischen Reich.* Göttingen (Vandenhoeck & Ruprecht) 1980

Döpmann, Hans-Dieter: *Die Russische Orthodoxe Kirche in Geschichte und Gegenwart.* Wien u.a. (Böhlau) 1977

Engelhardt, Ingeborg: *Sturmläuten über dem Abendland. Bedrohung und Eroberung Osteuropas durch die Tataren zwischen 1235 und 1242.* München (dtv junior 7433) 1981 (Ju)

Hirschinger, Johannes (Hg): *Im Namen der Freiheit.* Stuttgart (Thienemann) 1975 (betr. Lenin u.a.)

Holzapfel, Helmut: *Tausend Jahre Kirche Polens.* Würzburg (Echter) 1966

Mayer, Fred, und H.E. Pitirim: *Die orthodoxe Kirche in Rußland.* Zürich (Orell-Füssli) 1982

Savramis, Demethenes: *Zwischen Himmel und Erde. Die orthodoxe Kirche heute.* Stuttgart (Seewald) 1982

Stupperich, Robert (Hg.): *Kirche und Staat in der Sowjetunion.* Gesetze und Verordnungen. Witten (Luther) 1962

Text- und Bildquellen-Nachweise

Kapitel 24: **Quelle 2** W. Blasig/W. Bohusch, Von Jesus bis heute. München 1973, S. 167. **Quelle 3a** zit. n.: H. Müller (Hg.), Katholische Kirche u. Nationalsozialismus. München 1965 (dtv 328), S. 62f. **Quelle 3b** zit. n.: A. Kupper (Hg.), Staatl. Akten über die Reichskonkordatsverhandlungen 1933, Mainz 1969, S. 256–279. **Quelle 4a** zit. n.: Kirchliches Jahrbuch (= KJ) 1932, S. 68ff. **Quelle 4b** zit. n.: Junge Kirche Jg. 1, Göttingen 1933, S. 312. **Quelle 4c** zit. n.: Evangelium im Dritten Reich, 6. Nov. 1932. **Quelle 5a** zit. n.: KJ 1933–1944, S. 24. **Quelle 5b** zit. n.: W. Niemöller (Hg.), Texte z. Gesch. des Pfarrernotbundes. Berlin 1958 (Kl T 180), S. 26. **Quelle 6** zit. n.: KJ 1933–1944, S. 63ff. **Quelle 7a** KJ 1933–1944, S. 453. **Quelle 7b** zit. n.: Schulungsbrief der NSDAP, IV. Jahrgang, 4. Folge, 1937. **Quelle 8b** KJ 1933–1944, S. 131–135. **Quelle 9** zit. n.: D. Albrecht (Hg.), Der Notenwechsel zwischen d. Heiligen Stuhl u. d. dt. Reichsregierung Bd. I, Berlin 1965, S. 402–443. **Quelle 10** zit. n.: KJ 1933–1944. S. 413f. **Quelle 11a** zit. n.: G. Weisenborn, Der lautlose Aufstand, Hamburg 1962, S. 276f. **Quelle 11b** K. Heintz/R. Kaldewey, Religion. Konzepte 1. Frankfurt 1976, S. 10. **Quelle 12** E. Bethge (Hg.), Dietrich Bonhoeffer: Widerstand u. Ergebung. München 1952. Kapitel 25: **Quelle 1a** Kirche in der Zeit. April 1961. Düsseldorf, S. 132f. **Quelle 1b** zit. n.: Schriftendienst der Kanzlei der EKD. Zur Schuldfrage; KJ 1945–1948. Gütersloh 1950, S. 26f. **Quelle 2a** W. Mommsen (Hg.), Deutsche Parteiprogramme. München 1960, S. 702. **Quelle 2b** ebd., S. 583f. **Quelle 3a** G. Heidtmann, Hat die Kirche geschwiegen. Berlin 1958[3]. **Quelle 3b** W. Schmauch/E. Wolf, Königsherrschaft Christi. NF H. 64. München 1958, S. 67ff. **Quelle 3c** zit. n.: KJ 1959, S. 66. **Quelle 4a** zit. n.: Die Lage d. Vertriebenen ... Gütersloh 1965, S. 28f. **Quelle 4c** Christen und Juden. Gütersloh 1976. **Quelle 4d** Frieden wahren, fördern und erneuern. Gütersloh 1982. **Quelle 5a** zit. n.: K. Kupisch, Quellen z. Geschichte des dt. Protestantismus ... 2. Teil (Siebenstern-TB 160), Gütersloh 1971, S. 79ff. **Quelle 5b** zit. n.: Christian Berg (Hg.), Brot f. d. Welt. Dokumente. Berlin 1962, S. 11–13. **Quelle 6a** zit. n.: U. Seidel/D. Zils (Hg.), Aktion Gottesdienst I. 1970, S. 7–10. **Quelle 6b** ebd. **Quelle 7** zit. n.: K.-M. Beckmann (Hg.), Anti-Rassismus-Programm d. Ökumene (epd dokumentation 5). Gladbeck 1971, S. 251ff. **Quelle 8** zit. n.: S. Mampel, Die Verfassung der sowjet. Besatzungszone... Frankfurt 1962. **Quelle 9a** E. v. Luuk (Hg.), Peter Fischer: Kirche und Christen in der DDR. Berlin 1978, S. 72f. **Quelle 9b** ebd., S. 77. **Quelle 10a** ebd., S. 86. **Quelle 10b** ebd., S. 28f. **Quelle 11** ebd., S. 110f. **Quelle 12** ebd., S. 157f. Kapitel 26: **Quelle 1a** zit. n.: Trierer theol. Zs. 56. Jg. 1947, S. 357ff. **Quelle 1b** G. Gorschenek (Hg.), Katholiken u. ihre Kirche i. d. BRD. München 1976. **Quelle 1c** ebd. **Quelle 1d** ebd. **Quelle 1e** ebd. **Quelle 1f** ebd. **Quelle 2** N. Herkenrath (Hg.), Aus einer Broschüre von MISEREOR, Aachen o.J. **Quelle 3** E. v. Luuk (Hg.), Peter Fischer: a.a.O., S. 127, 129f., 132. **Quelle 4** zit. n.: J. Neuner/H. Roos, Der Glaube der Kirche i. d. Urkunden d. Lehrverkündigung. Regensburg 1965, Nr. 334c, S. 207ff. **Quelle 5** zit. n.: Texte z. kath. Soziallehre. Kevelaer 1976, S. 281ff. **Quelle 6a** zit. n.: Lexikon f. Theologie u. Kirche. Erg. Bd. 1, Freiburg 1966, S. 171ff. **Quelle 6b** ebd. **Quelle 6c** ebd. **Quelle 6d** zit. n.: O.B. Roegele, Versöhnung oder Haß? 1966, S. 89–94. **Quelle 7** zit. n.: Texte z. kath. Soziallehre. Kevelaer 1976[3], S. 443f., 453, 457, 464. **Quelle 8** zit. n.: Herder-Korrespondenz 19. Freiburg 1965, S. 648ff. Kapitel 27: **Quelle 1** zit. n.: K. Kupisch, Der deutsche CVJM. Kassel 1958, S. 119. **Quelle 2** zit. n.: Die Eiche. Berlin 1919, S. 181ff. **Quelle 3** zit. n.: A. Deißmann (Hg.), Die Stockholmer Weltkirchenkonferenz. 1926, S. 685ff. **Quelle 4** zit. n.: L. Vischer, Die Einheit der Kirche. München 1965, S. 29ff. **Quelle 5** H.L. Althaus (Hg.), Ökumenische Dokumente. Göttingen 1962, S. 11, 14, 70. **Quelle 6** zit. n.: Uppsala spricht. Die Sektionsberichte der 4. Vollversammlung des ÖRK, 1968, S. 14, 52f., 68. **Quelle 7** H.L. Althaus (Hg.), a.a.O., S. 161f. **Quelle 8** R. Schutz, Einer Liebe Staunen. Freiburg [2]1981, S. 83f. **Quelle 9a** zit. n.: Lexikon f. Theologie u. Kirche, Erg. Bd. 2. Freiburg 1967, S. 41ff. Kapitel 28: **Quelle 1a** zit. n.: E. Staehelin (Hg.), Die Christentumsgeschichte..., ThZ S. 4. 1974, S. 308ff. **Quelle 1b** zit. n.: Jahrbuch d. Norddeutschen Mission I. 1837, S. 11–12. **Quelle 2a** W.R. Schmidt, Mission, Kirche u. Reich Gottes bei Friedrich Fabri. Wuppertal-Barmen 1965, S. 178f. **Quelle 2b** ebd., S. 200. **Quelle 2c** zit. n.: R. Weirich/G. Bürk, Historisch-politisches Quellenbuch III. o. J., S. 304. **Quelle 2d** zit. n.: 1. Teil: E. Johann (Hg.), Reden des Kaisers (dtv-dok. 53/54). München 1966, S. 90f.; 2. Teil (2. Version des Schlußteils): B. Fürst v. Bülow, Denkwürdigkeiten Bd. 1. Berlin 1930, S. 359. **Quelle 3a** zit. n.: B. Ziegenbalg, Hallesche Berichte I, 1710, S. 130f. **Quelle 3b** H.L. Althaus, a.a.O., S. 227. **Quelle 4** zit. n.: A. Schweizer, Kultur u. Ethik, Ges. Werke Bd. 2. 1923, S. 377ff. **Quelle 5** zit. n.: Ph. Potter (Hg.), Das Heil der Welt heute. 1973, S. 181f. Kapitel 29: **Quelle 1a** R.L. Bruckberger, Amerika. Die Revolution des Jahrhunderts. Frankfurt 1960, S. 33. **Quelle 1b** ebd., S. 34. **Quelle 1c** ebd., S. 86. **Quelle 2b** zit. n.: aktualisiert v. K. Biegert, Die Wunden der Freiheit (rororo 7357). Hamburg 1980, S. 35. **Quelle 2c** ebd., S. 36f. **Quelle 2e** ebd., S. 60f. **Quelle 2f** zit. n.: Unterrichtsmodell f. Schule, Konfirmandenunterricht u. Jugendarbeit »Indianer«, Hamburg 1981, S. 19. **Quelle 2g** ebd. **Quelle 3a** zit. n.: F. Wagner (Hg.), USA, Geburt u. Aufstieg der Neuen Welt. München 1947, S. 191f. **Quelle 3b** zit. n.: Propyläen-WG, Bd. 5. Berlin 1943, S. 536f. **Quelle 3c** zit. n.: F. Wagner (Hg.), a.a.O., S. 190f. **Quelle 4a** zit. n.: H. Grosse, Die Macht der Armen. Hamburg 1971. **Quelle 4b** zit. n.: Martin Luther King (Gütersloher Taschenbücher Siebenstern 79), 1974, S. 124f. Kapitel 30: **Quelle 1** R. u. E. Grün, Die Zerstörung des Inka-Reiches, Tübingen. 1975[2], S. 37ff. **Quelle 2a** F. Dickmann, Renaissance, Glaubenskämpfe, Absolutismus. München 1976[2], S. 89. **Quelle 2b** ebd., S. 87. **Quelle 3** zit. n.: H. Angermeyer, Dokumente z. Kirchengeschichte. 1971. **Quelle 4** I. Illich, Almosen u. Folter. München 1970, S. 43ff. **Quelle 5a** zit. n.: E. Tödt/T. Rendtorff, Theologie der Revolution. Frankfurt 1969. **Quelle 5b** ebd., S. 162f. **Quelle 5c** R. v. Iblacker/M. Lange, Christenverfolgung in Südamerika. Freiburg 1980. **Quelle 5d** ebd. **Quelle 5e** ebd. **Quelle 6** El Salvador heute. Nr. 1. Münster, S. 1f. **Quelle 7** zit. n.: Dokumente von Medellin. Deutsche Übersetzung: adveniat, 1970, S. 34ff. Kapitel 31: **Quelle 1a** G. Stökl, Russische Geschichte. Stuttgart 1965[2], S. 227. **Quelle 2a** zit. n.: A. v. Harnack, Wesen des Christentums. Leipzig **Quelle 2b** ebd. **Quelle 3** E. Benz, Die Ostkirche. **Quelle 5a** R. Stupperich, Kirche u. Staat i.d. Sowjetunion. Witten 1962, S. 5f, 12. **Quelle 5b** ebd.

Die Passagen S. 9b, Z. 4–18; S. 10a, Z. 15–30; S. 11a, Z. 7–S. 12a, Z. 1; S. 13a, Z. 7–19; S. 13b, Z. 11–S. 14a, Z. 8; S. 14b, Z. 13–S. 15a, Z. 6; S. 30a, Z. 47–S. 30b, Z. 17; S. 31a, Z. 2–S. 31b, Z. 11; S. 32a, Z. 4–12; S. 32b, Z. 13–19; Z. 33–40; S. 37a, Z. 6–28; S. 59a, Z. 24–48; S. 60a, Z. 1–S. 60b, Z. 3; S. 60b, Z. 15–S. 61a, Z. 13; S. 75b, Z. 12–19; Z. 26–45; S. 76a, Z. 3–5; S. 76a, Z 9–S. 76b, Z. 19; S. 77a, Z. 38–S. 77b, Z. 19; S. 86b, Z. 17–29; S. 122b, Z. 18–43 wurden ebenso wie eine Reihe kürzerer Passagen – zum Teil in leicht veränderter Form – einem Manuskript von Dr. Eva Maria Smolka entnommen. Sie wurden, infolge von konzeptionellen Unterschieden, teilweise in Zusammenhänge gestellt, die vom ursprünglichen Kontext erheblich abweichen.

Bildnachweis
Aus: W.I. Baldin, Troice-Sergieva Lavra, Moskau 1958: S. 138 (rechts). – Aus: Ernst Benz, Die Ostkirche, Freiburg/München 1952: S. 138 (links). – Aus: Calwer Missions-Blatt, 57. Jg., Mai 1884, S. 45, 88. – Henning Christoph, Essen: 104 (rechts), 121. – Aus: R.O. Crummey, The Old Believers and the World of Antichrist. The Vyg Community and the Russian State 1694–1855: 133. – dpa-Bild, Frankfurt a.M.: 36, 76 (links), 103. – Evangelische Pressestelle für Weltmission, Hamburg: 87, 89 (oben). – Evangelisches Missionswerk/Bildstelle, Stuttgart: 91. – Archiv Gerstenberg, Frankfurt a.M.: 8, 11 (unten), 12 (links), 13 (links), 25 (oben links), 85, 100, 106, 114, 119, 120, 131, 132 (unten), 134, 140. – Dr. Gerhard Hildebrandt, Göttingen: 132 (oben). – Bildarchiv Jürgens, Köln: 135 (oben). – Keystone, Hamburg: 34, 37, 59, 60, 76 (rechts), 89 (unten), 90, 115, 123 (oben links). – KNA-Bild, Frankfurt a.M.: 61, 77, 78, 123 (oben rechts). – Archiv für Kunst und Geschichte, Berlin: 25 (unten), 99, 102. – Erich Lessing / laenderpress. Düsseldorf: 135 (unten). – foto-present, Essen: 35, 104 (links), 122, 123 (oben Mitte u. unten). – Bildarchiv Preußischer Kulturbesitz, Berlin: 14 (unten rechts u. links), 15 (oben links), 16 (links), 17, 23. – Dr. Jürgen Schmidt-Voigt, Königstein/Ts. 137. – Henri Stierlein, Genève: 118. – Süddeutscher Verlag, München: 10, 11 (oben), 12 (rechts), 13 (rechts), 14 (oben), 15 (unten), 16 (rechts), 25 (oben rechts). – Ullstein Bilderdienst, Berlin: 9, 14 (unten Mitte), 15 (oben rechts), 24.